零距离语文

——初中语文探索与实践研究

周永福／著

吉林人民出版社

图书在版编目（CIP）数据

零距离语文：初中语文探索与实践研究 / 周永福著
. —长春：吉林人民出版社，2021.4
ISBN 978-7-206-18305-8

Ⅰ.①零… Ⅱ.①周… Ⅲ.①中学语文课—教学研究
—初中 Ⅳ.①G633.302

中国版本图书馆CIP数据核字（2021）第145051号

零距离语文：初中语文探索与实践研究
LING JULI YUWEN：CHUZHONG YUWEN TANSUO YU SHIJIAN YANJIU

著　者：周永福　　　　　封面设计：姜　龙
责任编辑：关亦淳　　　　助理编辑：李子木
吉林人民出版社出版发行（长春市人民大街7548号　　邮政编码：130022）
印　　刷：北京政采印刷服务有限公司
开　　本：787mm×1092mm　　1/16
印　　张：16.75　　　　　字　　数：310千字
标准书号：ISBN 978-7-206-18305-8
版　　次：2022年4月第1版　　印　　次：2022年4月第1次印刷
定　　价：45.00元

如发现印装质量问题，影响阅读，请与出版社联系调换。

序 言

PREFACE

所谓伊人　在水一方

——写在《零距离语文：初中语文探索与实践研究》成稿之际

"蒹葭苍苍，白露为霜。所谓伊人，在水一方。"这是一首出自《诗经·秦风》的诗歌，被誉为中国"朦胧诗"的开篇之作，那凄美朦胧的意境，令无数文人墨客醉彻心脾，也让我这个语文教师醉梦三千。除了大多数学者解读她为怀念情人的恋歌之外，我更痴迷于那溯洄从之，溯游从之，上下求索的执着。因为，主人公这种执着更像我对语文探索的执着，这美丽的伊人也就成了我心中语文的化身。

执着求索近三十载，追寻者已经青春不在，步入不惑之年，而心中的伊人依然风姿绰约，魅力无穷，岁月的风刀霜剑无情地在我的身上留下斑驳的痕迹，却没有动摇我对语文的探索和追求的初心。

初入教坛的我，怀着万分的忐忑、期冀、陌生、青涩站在讲台上，面对一张张陌生而又熟悉的脸庞，一节课下来竟然语无伦次，声音低得让听课的领导都听不清，课后我反思了自己，也拜访了一些经验丰富的语文教师，经过了多少个星星月亮陪伴的夜晚，又经历了多少次的尴尬，多少次的自我鼓励，我终于可以自信地站在语文课的讲台上，也能够与我的听众们侃侃而谈语文的教学，与一些经验丰富的语文教师的教学成绩比肩。这也让自己获得了心灵的慰藉。

记得1999年全区举行教科研成果评比活动，我结合自己的教学实践，并尝试参考了一些资料，撰写了一篇拙作《谈谈语文课堂教学的和谐》进行了投稿，最后竟获得了省、区级三等奖，这份意外的收获着实让我兴奋了许久，也为我后来踏上语文教学研究之路播下了希望的种子。自此之后，每年我都会在各级各类的论文评比竞赛中积极参赛，并尝试在省级刊物《宁夏教育》杂志上投稿。当一份份论文稿件的不断获奖和变为铅字，我变得越发勤奋，二十几年来，我不敢怠慢时光，更不敢偷懒岁月，辛勤地耕耘，勤奋地反思，不辍地笔耕，也让自己收获了不少丰收的喜悦。

在2000年市教研员进行中考调研，找到了我，希望我能够代表初三毕业班语文教师，在全市中考研讨会上做一次中考研讨讲座，受宠若惊之后就是压力山大，经过十几个日夜的努力，我终于完成了讲稿和PPT的制作。研讨会上的紧张都没有让我自信地抬头好好端详一下台下听众的反应。演讲结束后，我汗流浃背地走下台，教研员的总结点评才让我如释重负。紧跟着就是全市的信息技术初次支持课堂的竞赛，全区的远程教育资源应用课堂评比，我都获得了不错的成绩。就这样在"零敲碎打"的教学研究活动中我走过了新技术应用改革、全区课堂质量工程，也走进了新课程改革。这次的新课程改革是一次全新的改革，让语文教学爆发出未曾有过的新的生机，当然也为自己的教学迎来了巨大的挑战。多年练就的敢为人先的挑战精神让我挑起了我们乡村学校的语文课堂教学改革的重担，变革课堂教学行为，变革师生地位和关系，变革学生的评价方式。一样样的实践，一样样的碰壁，终于催生了我系统研究语文课堂教学的念头。

2008年，一份来自教育部"十一五"课题组的邮件送到了我的桌上，当我看到那一份份选题时，蓦然映入我眼帘的是语文读写结合的研究与实践，我马上想到我们农村中学写作教学的困境，于是征得学校的同意后申报了子课题《农村初中语文教学读写结合策略研究》。就这样开启了我利用课题解决语文教学中的疑难杂症的研究之路。

后续十余年间，我从语文教学的多个角度——语文教学中有效教学行为的研究，"在语文教学中三步五段式课堂教学模式的应用研究"，初中语文教学中进行传统文化教学的策略研究，涉及阅读写作教学、语文课堂教学模式、语文教学行为、传统文化传承等方面坚持进行课题研究，完成了教育厅的三项规划课题和基础教育课题，并获得了优秀结题和成果二等奖的殊荣，也被教育部教师奖励基金会评为全国优秀教科研先进个人。这几十年间坚持每节课撰写课后反思，积极参加各级各类优质课竞赛，积极参加各级教研室的教研活动讲座、示范研讨，指导学生参加各种语文竞赛。功夫不负有心人，一路风雨，也成就了我教学科研上的硕果累累。一直到今天我才能有幸把这些研究的方方面面进行梳理，形成了涵盖语文教学与学生零距离、与文本零距离、与信息化零距离、与生活零距离的一些语文教学理论与实践的文字。

"醉后方知酒味浓，为师方知为师难"。教师工作的繁忙程度非亲力亲为者是难以体味其中的艰辛，每天要备课、组织教学、批改作业、集体教研，还要处理学生间发生的各种问题，参加各种培训……在这样"一地鸡毛"的状态下，若没有对初心的挚爱和持续的坚持，是很难想象如何诗意般地坚守的。爱默生曾说过："人生最高的奖赏和最大的幸运产生于某种执着的追求，人们在追求中找到自己的工作与幸福。"在顺境中被动地成长无助于获得幸福，而主动做出有价值的行动并朝着自己的目标迈进则更容易感到幸福。

教育注定是一种慢的艺术，它需要教育者真情地坚守，是一项需要用爱心去倾注，用爱心去浇灌的事业。在流转不息的生命之轮中，我为教育而来，让教育成为我生命的诗意存在！从选择教育事业的那天起，我就心怀梦想地行走在这条路上，虽然探索和践行教育教学改革路上很苦、很累、很孤独，但无所谓结果，只求这是一个完美的教育教学探索过程。躬耕虽重要，拾穗更艰辛。

梦在心中，爱撒杏坛！耕耘在教育的热土上，做一个有梦想的教育行者，做着自我感觉愉悦的工作，虽然清贫点，平淡点甚至苦一点，但只要对得起良心，自己高兴，不枉对学生和家长，给社会多少还有些贡献，就已经很满足了。

老话说："放胆文章拼命酒，无弦曲子断肠诗。"做点教育科研，努力去做一个优秀的普通教师，让时光在教学科研中飞逝，让每次教学科研的历练都成为人生最宝贵的财富，才不辜负当初选择用教研来促进教育的这种生活方式。

感恩阅历，感谢自己，感谢一切的挫折荣辱……

时光在流逝，容颜在衰老，我相信，追寻伊人的初心将永远在路上！

初次著述，才疏学浅，倘有悖逆之论、错讹之误，诚望读者不吝指正。

感谢我的恩师、领导：陈英君、安奇、李培虎、张永华，对我工作的大力支持和鼓励。感谢我的同仁们一路同行，让我在教科研的路上，越走越稳。

目 录
CONTENTS

第一章
1

"零距离语文"的提出

第一节　提出的背景

一、当前教学改革的困境

改革是因为有了问题，是为了解决问题。在改革的过程中解决了旧问题又出现新问题，改革的过程就是循环上升的过程，社会是如此，语文教学改革也是如此。新课程改革从摸着石头过河，到有效教学、高效课堂，到今天如火如荼的信息化教学改革，每一步都是一次进步，每一次进步都是一次飞跃，每一种改革方法的提出其实都围绕着素质教育这个核心问题而展开。

课改的这一步步经历了痛苦—迷茫—坚持—明晰的过程。语文课改的执行者们也是经历了这么一个过程。要从坚守了多年的传统教学理念和行动中走出来那是一次痛苦的蜕变，始入新课改，摸着石头过河，没有现成的方法、模式可以借鉴，迷茫和无所适从在所难免，需要教师静得下心，耐得下性子从中甄别判断坚守，最后不论是高效课堂还是有效教学、信息化教学，万变不离其宗——素质教育是核心。

语文教学是为民族奠基的教育，担负着提升全民语文素质、语文能力，传承中华经典文化素养的重任，它不是一种快餐式的教育，不可能一蹴而就，更不可能立竿见影，它是需要潜移默化、循序渐进、熏陶渐染的一种遍及整个人的一生的富有生命教育之质的教育。

因此，我认为模式固然重要但非必要，语文教学改革必须要返璞归真，一定要做到"不畏浮云遮望眼"，我们要积极倡导那些以提高学生核心素养的真正的教育教学改革。不要花腔、不唱高调、不弄玄虚、脚踏实地，立足于素质教育。真正去实践那些有识之士倡导的"绿色语文""本真语文""本色语文"。

二、当前语文课堂教学改革的问题

语文是一门工具性和人文性相融合的学科，它的本质是工具性和人文性兼备兼容。对课程标准三个理念细细分析，就会发现它其实主要说了三个方面的内容，就是我们倡导的三维目标：知识能力、过程方法、情感态度价值观。课标的总目标、阶段目标实际上是对三个理念、三维目标的具体要求和具体呈现，因此语文教学改革的蓝本就是课标，语文课堂改革的方向就是这三个理念、三维目标，语文课堂的任务就是阶段目标和总目标的实践与达成。

在课改教学实践中，语文因其学科特殊性不可避免地处于课程改革实验的"风尖浪口"，各种教学理论流派教法纷呈，在这种急切破旧与立新的关键时期，语文教学容易出现偏差，不少语文教学逐渐出现"失真""失味""失质"倾向。

（一）迷失一：语文教学"失真"

在多轮课改实验中，一线教师的工作热情和积极性是不容置疑的，在这些活动中，许多教师也体会到了成功的喜悦，但我们不得不承认，如今不少语文教师对课改理念的理解、认识趋于简单化、绝对化，盲目学习他人的东西，缺乏分析、缺乏消化，在课堂教学中存在一些应该引起我们重视的问题。著名教育学家杨再隋教授曾用"虚""闹""杂""碎""偏"这五个字对当今语文课堂的一些浮躁虚假现象进行了概括，同时也提出了"平平淡淡教语文，简简单单教语文，扎扎实实教语文，轻轻松松教语文"的本色语文概念。

（二）迷失二：语文教学"失味"

中国古代文学批评理论中有关"味"的论述有较为悠久的历史，如西晋的陆机在《文赋》中不满意于"阙大羹之遗味，同朱弦之清氾"的质朴无文，以音乐来比喻文学，开始把"味"引入文学，刘勰《文心雕龙》中讲到"味"的地方有十几处，有的指内容，有的指指导形式，但更多的是指内容和形式相统一的艺术形象特征，例如《体性》篇说："子云沈寂，故志隐而味深。"《隐秀》篇说："深文隐蔚，余味曲包。"钟嵘则把"味"的地位提得很高，他认为只有使"味之者无极，闻之者动心"的作品，才是"诗之至也"。

最好的诗，必然是"滋味"浓厚深远之作。钟嵘把"滋味"作为衡量作品的重要尺度，使之成为一个中国古代文论中的基本审美范畴。由上可知"味"是衡量语言、音乐、艺术、文学等审美特性的一个重要标准。语文作为文学、语言文学、文化等多种范畴的综合体也必有其独特的"味"，所以我认为文学批评理论中"味"的理论对我们语文教学也有一定的理论指导意义。真正语文课欲开学生"胃口"，激活思维，触发灵感，引起顿悟，满足求知欲，一定要讲究它的"味"，诗歌中的滋味，来源于诗歌中的艺术思维特征，那么语文中的"滋味"也应来源于语文特质中的言语思维特征，语文味即语文的文学韵味包括语言文学、形象构思、意境、哲理、情趣等韵味，也即语文之美。

要领悟语文之美，首先从语言入手，语文课要引导学生思考，让学生在思考中展开想象，有所体验，有所感悟。文学语言不同于其他语言，它具有含蓄性、情感性、隐喻性、模糊性和不确定性等特点，只有学生真正自由进入思考、想象体验、感悟的阶段才能真正理解语文之"味"。否则，即使语文大餐满富美味佳肴，如果我们不引导学生去咀嚼体验和品味，那也会"尽失其味"。

我们现代化多媒体信息化教学往往重视语文课表现形式的热闹，轻松的电影，优美的音乐和画面可能会短暂刺激学生，一定程度上能引起学生的兴趣和注意，但又难以真正让学生走进语文世界去体味语文艺术的美味，因为直观的视觉形象、听觉形象让学生忽视了思考，难以真正理解语文的内涵，难以将自己的心灵真正融入文学所传达出的至尊美味之中，这就会使语文教学处于一种"失味"的状态。

语文之味表现在外在形式上既体现趣味，也体现情味，还应含有韵味。具体来说，语文课要上出"滋味"，就得灵活地运用健康幽默的语言，使教学充满趣味，就能巧妙地运用情感熏陶，使教学饱含情味，切忌全盘授予，要给学生思考的空间，使教学富有韵味，令学习者回味无穷。

（三）迷失三：语文教学"失质"

语文的性质在于工具性和人文性的统一，语文的工具性在于其实用性，在于其与实际生活中的应用性联系，认为传统语文教学偏向于语文学习的工具性，其实也是对学习语文发挥其工具性的误导，因为中国传统语文教育主要做两件事：识字，做文章。

但语文的本质应体现为语言本体，语文教学之花只有扎根于汉语言的深厚沃土，方能万紫千红，争奇斗艳，永不凋谢，语文教学也只有把汉语言及其承载的民族精华切实有效地传给一代又一代子孙，才能保证其经久不衰，才能称真正成功。

因此，作为语文教师我们要在不断反思中及时警醒，要维护语文教学本真意味，倡导原生态语文教学观。

第二节　概念阐述

一、零距离有几层含义

1. 零距离在数学方面就是没有数字意义，也就是0。

2. 在文学方面讲是指感情方面，心与心的交流没有距离，两心相连，这就是零距离。

3. 在物理方面讲那就是物体与物体之间无距离。

"零距离"这个词在生活中被广泛运用。江苏电视台的一档新闻资讯直播节目《零距离》的宗旨是亲民、为民、民生，因为此档节目的红火也让这个词遍布所有的媒体，成为年度热词。不难发现，《零距离》的热火朝天就是由于它贴近普通百姓，为了普通百姓，报道和呼吁民生问题。

二、零距离成了接地气为民生深度融合的代名词

在语文方面我们提出的零距离语文概念，首先是为了杜绝和纠正当前语文课堂的高、大、上的"洋气"倾向，还原语文真、实、活的"土气"本色。即本色语文、真语文、生命语文。

积极倡导"创意课堂绿色语文"，力求创设常教常新的与时俱进的课堂，最大限度地改变应试教学现状。

积极关注"生命快乐人生成长"，力求贴近学生实际，关注学生快乐学语文，教师快乐教语文；关注语文与学生生命的高度融合和促进语文根植于学生的心灵，促进学生终生的成长；关注语文与社会科技信息化能够深度融合，与时俱进，全方位促进学生的成长。

积极探索"教学相长互利共赢"，力求探索实践和达成教学活动的终极目标——教师与学生的共同成长互利双赢。

积极追求"创新求真科研兴教"，积极促进教师用创新的眼光、务实的作风推进语文教学与信息化技术和资源高度地融合与发展。

第三节　核心理念的研究

零距离语文研究涵盖以下四个方面。

一、与学生零距离

（一）遵循的原则：围绕以人为本的教学理念

（1）创设生本课堂，促进学生发展。

（2）贴近学生生活，走进学生生活。

（3）快乐学语文，为学生未来奠基。

（二）研究实践具体内容

（1）研究不同类型（如阅读教学、作文教学、语文综合实践活动教学）的课堂中如何突出以学生为中心的理念。

（2）研究不同文本的教学中如何体现以学生为中心的理念。

（3）研究从课内到课外的语文学习过程中如何体现以学生为中心的理念。

（4）研究如何用模式来实现语文课堂中突出以学为中心的理念。

（5）研究在信息化背景下语文教学如何实现以学为中心的理念。

二、与文本零距离

主要从教材的解读、使用、设计、课程资源的设计开发方面研究实践。具体地讲就是如何做好用教材教的问题，杜绝教教材的弊端。从教师的备课上课入手，处理好从文本教材到备课方案的方式方法策略，处理好备课预案到课堂教学实践的关系策略，处理好预设与生成的关系策略，处理好教学设计与教学资源和教学技术的关系策略等方面。

三、与信息化零距离

研究语文与信息化技术资源巧妙对接深度融合。在当前信息化背景下，信息化技术资源的设计使用，包括课堂和课外，改变单机制作课件的片面认识做法，利用好网络和网络终端制作网络课件，探索微信、qq群等平台的碎片化学习方式，探索微课、翻转课堂、智慧课堂等新形式的学习方式和三通两平台的实践运用。契合"互联网+教育"的发展背景和步伐。

四、与生活零距离

语文的外延是生活，生活的纷繁复杂、博大深广决定了语文拓展学习的多样性。语文作为最重要的最基本的工具学科，它除了是学习其他学科的基础工具以外，更多的是作为学生走向生活、走向社会、创造生活、创造未来的必备工具。单纯地把语文教学划定在语文这个"本本"中，难免让语文教学"画地为牢"，难免会让学生将来走进生活"水土不服"。如何让语文教学与生活高度融合，促进学生健康地从语文学习走进语文生活，从语文生活走进社会生活，这就是我们研究的关键。

第四节　零距离语文的理论研究支撑

零距离作为一个新名词是被我们首次嫁接到语文教学中来，但上文提到的四个理念并不是全新的概念，其实我们许多的语文教师、教育工作者拼其一生都在实践和研究这几个理念，我们只是在前人的基础上通过具体的语文实践做些梳理规整。

单纯地从这四个理念来说零距离语文，大家对零距离语文的认识也只是停留在表面，并不能给读者或者同仁们有多少启发，所以我们又进行了具体的理论研究和实践研究，具本就是依托语文研究的常态方式——课题研究，以零距离语文的核心理念为出发点，从不同的角度、不同的深度进行了研究，提炼了一些理论，做了一些实际的研究。

从理论方面我们认为语文教学要实现这些理念，必须要做到"六度""二本"。"六度"是：①语文教学要有一定的高度。②语文教学要有一定的深度。③语文教学要有一定的宽度。④语文教学要有一定的温度。⑤语文教学要有一定的密度。⑥语文教学要有一定的浓度。"二本"就是语文教学必须坚持"以文为本"和"以生为本"的意识。

下面就"六度"和"二本"从不同的角度和深度来做较详细的阐述。

语文教育教学应有一定的"高度"

"十年树木，百年树人"是人尽皆知的教育口号。立德树人是教育的主要目标，育人工作是一项长期的繁重的高智慧的工程，育人的很重要的一个目标就是培养和健全人的人生观、价值观、世界观。作为语文教学，每一篇文本的教学都会设计情感态度价值观的情感德育目标，教师在进行教学时既要进行知识技能的教学，又要注重情感态度价值观的教育，引领学生学习继承优秀传统文化，引领学生认识生命可贵，增强生命意识，教育学生明辨是非善恶增长智慧，形成健康向上的人生态度，培养学生应该具备的最基本社会公德意识等。换言之，也就是语文教学要实现人文性与工具性的统一，做到人文性与工具性的双赢。

《语文新课程标准》中论述"语文课程对继承和弘扬中华民族优秀文化传统和革命传统，增强民族文化认同感，增强民族凝聚力和创造力，具有不可替代的优势。""认识中华文化的博大精深，汲取民族文化智慧。关心当代文化生活，尊重多样文化，吸收人类优秀文化的营养，提高文化品位。"如何让传统文化回归呢？如何让精神家园修复呢？语文教育工作者对此项精神建设工程义不容辞。语文教育工作者应高举发扬传统文化、构建精神家园的旗帜而上下求索。

经、史、子、集是传统文化的载体之一。综观现行的语文教材，"集"在教材中占的比例相对较大，语文教育工作者一方面要呼吁让更多的经、史、子、集的内容进入语文教材，另一方面可以开发一定量的校本教材使经、史、子、集的内容进入学生语文学习视野。

语文教师作为传统文化传承的桥梁和推手，一定要记住自己的使命：我们是中国传统文化的火炬手，学生是传统文化的接班人，只有在语文教学中不断挖掘传统文化的精髓，才会让传统文化潜移默化地扎根在学生纯净的心田，才有利于学生继承发扬传统文化。

传统文化博大精深，在学生学习传统文化的过程中，语文教育工作者切记浮光掠影的解读，一定要注重实践过程。传统文化的实践有多方面的抓手，但在实际操作中语文教师要紧抓其中一点。这样，可以取得事半功倍的效果。

在传承传统文化的实践过程中，进行规定教学文本和自主开发文本的整合和重组，利用单元教学法，综合设计长效学习和实践的语文教育教学过程，例如，语文教师可以以"孝亲尊师"作为核心要求，用"孝亲尊师"引领学生，用"孝亲尊师"规范学生，用"孝亲尊师"评价学生。在传承传统文化的实践过程中，以点带面，简单易行，可起到"四两拨千斤"的效果。不要局限于一文一课地教读课文，应该有个全局的长远计划，不要担心一时的考试及重点，应该有语文教学的大视野，应该有传统文化实践的大意识。当然作为学校更应该从传统文化传承实践的制高点来组织管理语文教育教学。

语文教学应该有一定的深度

——从观《杨修之死》之课例反观我们的语文教学

语文作为传承人类各民族先进文化的一门学科，语文教师应该义不容辞地扛起此重任的大旗，大张旗鼓、旗帜鲜明地往前走。

记得参加过一个语文主题活动，它的主题定为"以文激趣"，主要任务是教师要挖掘文本"文趣"，利用合适的手段方式方法"激趣"培养学生学习的"兴趣、情趣、趣味"。选择的呈现主题的观课议课的课题为九年级上册名著文化单元节选自《三国演义》的"杨修之死"一文。从本次活动的主题来看，紧扣零距离语文的核心贴近文本、贴近学生、贴近信息化时代。文本内在的文趣应该是教学的关键，学生的兴趣应该是教学的一个目标，教师的激趣应该是授课的方式方法和途径。通过这样教学打通学生阅读名著的兴趣之门。从所选授课文本来看，"杨修之死"的可设计因素丰富，完全可以很好地照应体现这一活动主题。从上课情况来看，三位教师都能从文本的核心情节"杨修之死"的原因来设计教学，都能利用多媒体和主问题设计激发学生学习的兴趣，但三节课例更加明显地显示出在语文教学的深度、宽度、高度、浓度方面存在值得商榷的地方。

《三国志》中是这样记载曹操如何处置杨修的："太祖既虑始终有变，以杨修颇有才策，而又袁氏之甥也，于是以罪诛修。"曹操在汉中战事中，随便找了个借口罪名，诛杀杨修后，又厚葬之，赏与许多物品，以示慰藉其亲属。曹操杀人后又为其送葬的手段，向来运用得十分老到娴熟，让外人看不出半丝假公济私、公报私仇的痕迹，给局外人留下杀得在理，曹操又不得忍痛不杀之的印象。曹操此番做得实在高明，此招比孔明挥泪斩马谡还要巧妙。

"杨修之死"的详细细节，在罗贯中的《三国演义》中写得最为翔实生动，虽然是演义化了的小说，同样让人看不出曹操诛杀杨修的蛛丝马迹，而是秉公处置"鸡肋事件"，为了严肃军纪，按律斩了杨修，做得既天衣无缝，又除掉了心中一大隐患，解除了百年之后的后顾之忧。在曹操眼中，为了日后曹家社稷江山与千秋大业的稳固，杀一个杨修何足挂齿？

其实，在曹操与杨修两人的关系上，最为直观集中地展示了中国古代封建社会，统治者与知识分子间的关系本质，封建统治者对待知识分子，具有疑惧心态，为维持其统治体系的运转，而又不得不加以利用的矛盾状态。有人曾形象地把这层关系比喻为皮与毛的关系，皮之不存，毛将焉附？在骨子里，封建统治者是排斥家族外的知识分子这一群体的，他们把自己当成皮，将知识分子当成毛，只要保证皮的完好存在，即使脱掉一层毛，都无所谓，还会自然地不断萌生出新毛来的。

语文的外延是生活，那么生活的深度就应该是语文的深度，浅薄的语文教学无法让学生的思维达到一定的深度，他们就不能从文本中获得深入理解生活的经验，多角度对文本的纵深解读既能让语文课堂教学异彩纷呈，又能让学生建立从文本到生活的联系，拉近文本同生活的距离，为学生将来走向社会积淀丰富的文化素养和生活经验，这样语文课程才能成为为学生的人生成长奠基的一门学科。

语文教学应该有一定的宽度

——谈谈语文阅读教学中利用拓展延伸来进行大语文教学实践的思考

《语文课程标准》（2011版）指出"语文课程的建设应继承我国语文教育优良传统，注重读书积累和感悟，注重整体把握和熏陶感染；同时应密切关注现代社会发展需要，拓宽语文学习和运用的领域，注重跨学科的学习和现代科技手段的运用。使学生在不同内容和方法的相互交叉、渗透和整合中开阔视野，提高学习效率，初步养成现代社会所需要的语言素养。语文教师应高度重视课程资源开发与利用，创造性地开展各类活动，增强学生在各种场合学语文，用语文的意识。通过多种途径提高学生的语文素养。"建设开放的富有活力的课程体系，是语文课程改革的目标之一。

一、课改理念下的教材使用观

在新课程理念下，教材只是课程的一部分，教材是语文教学的一种载体，是学生学习的材料。新课程理念下的教师应该做教材的主人，而不应该是教科书的奴隶，教材并非教学的金科玉律，而是一种教学资源。课本不是教学的全部内容，教材是可变的、发展的和开放的，教师既要凭借教材又要跳出教材。既要遵循于教材，又不囿于教材。总之，教师应突破教材的禁锢、创造性地使用教材。

创造性地使用教材可在调、改、增、组、挖上下功夫。调：调整认知目标，调整教学内容，调整训练习题；改：改变情境（问题情境、游戏情境、活动情景……）、改变例题、习题；增：增加探索实践活动；组：重组教学内容；挖：挖掘教材中可发展学生创新思维的因素等。

教材不是圣旨，而是教学的线索和工具，要创造性地使用教材，使教材为教学服务。课程不等同于教材，课程开发也不是专家的权利，课程是生成的，教师和学生都是课程的创造者。《语文课程标准》（2011版）在课程建设上倡导要有大视野，要树立大语文教育观。提倡"用教科书教"，而不是"教教科书"。在语文教学中应结合其他学习内容，拓宽学习资源，有机渗透历史、地理、美术、音乐等方面的知识内容，提高学生综合素质。并且要结合生活，应用于生活，真正做到学以致用。

二、利用拓展延伸来创新教材使用

（一）首先谈谈拓展延伸的原则

1. 立足文本

立足文本就是教师进行课堂教学延伸时必须从文本出发，不能脱离文本。不能脱离本课的教学主题，在文本的基础上进行拓展，拓展的内容是为了提升本节课的教育教学效果，不是为了拓展而拓展。比如教学七年级语文文言文《三峡》时，教师在拓展延伸时就拓展到三峡大坝，让学生讨论三峡大坝的设计难度以及地位作用，这种拓展很明显地偏离了本节课的教学主题。脱离文本太远，对阅读教学，提升学生语文素养这个总纲来说关系并不紧密。

2. 围绕目标

教学目标是语文教学指向的任务方向，每节语文课必须有自己的教学目标，它统领这节课教学设计的整个环节，是所有教学环节必须实现的重点和终点。不论是怎样的延伸，哪个环节的延伸，都必须紧扣三维目标展开。延伸的目的也是更好更高效地实现教学目标，并不是本节语文教学的目标之外的环节和内容。比如教学《桃花源记》时，教师设计一个问题是：你觉得"遂与外人间隔"中的"外人"，他们的状态是怎样的，都经历了哪些历史？这个问题直接引导学生回顾从秦到东晋的历史事件，让学生感受"外人"的饱经战乱的生活状态。表面上看没啥大问题，实际上作为分秒必争的语文课，如果学生把时间耗在述说历史大事件上，有背离语文目标的嫌疑，之所以设计这个环节，其实就是为了让学生感受"外人"的生活状态饱经战乱、民不聊生，从而达到品味桃花源这个虚构的理想社会是什么样子。点到为止，不必要展开那么多的历史事件。

3. 延伸适度

延伸的目的是为了更好地实现教学目标。如果是为了课堂的"热闹""花里胡哨"的延伸就是喧宾夺主，甚至出现"种了别人的田，荒了自己的园"的怪现象。我曾听过几节七年级下册《老山界》的课堂教学，正好是学校要求把"四史"融入语文课堂教学的竞赛课，这节课的内容正好是长征题材的教学内容，按理说选作"四史"进课堂的同课异构的课目，长征题材是最好的教材了，基本上没有必要再附加延伸其他的内容进课堂就足以实现"四史"进课堂的授课主题了。由于是同课异构，几节课下来我从课堂上听到了井冈山会师、南昌起义、抗美援朝、四渡赤水等类似的战争题材，在课堂中大量出现而且用时都超过了语文课堂的15%，一节本身就是"四史"的教材被教师弱化并偏离文本，甚至大量采用视频展现。课堂热闹了，那么本节课的目标呢，文本的自身特点呢，都被教师忽略了。这样的设计就是过度延伸，其实是教师没有认真地去解读教材所致。

4. 保持真味

语文的真味就是语文味，语文味其实就是以文本、语言为基础训练实践活动提升学生的语文核心素养。由于信息技术和资源的大量介入，我们的语文课堂教学到处充斥着资源的身影，导入环节、教学辅助突破重难点环节、拓展延伸环节，这些环节常常是语文失真的重灾区。音视频图片资料这些直观形象的大量介入弱化了语文的本质，取代了文本特有的含蓄蕴藉的魅力，课堂容量大了很多，直观性强化了，语言文本特有的内涵被取代了，课堂更直接了，学生的品味涵泳语言文本的能力大幅度下降，学生的语文思维训练被明显地弱化了。相比较而言，课堂热闹多了，好看多了，我们的语文教学水平和学生的语文能力却下降了。语文味也被淡化了。没有语文味的课堂就不是真正的语文课堂。

5. 拓展适时

很多课堂上对于语文的拓展都是在教学内容基本结束或者课堂的尾声之处，进行一些迁移延伸。这种理解是一种对语文教学延伸的误解。实际上课堂教学的延伸可以在任何一个教学环节中进行。比如在创设情境的导入环节，教师从作者的其他作品或者相关的作品引入新课就是课前拓展；对作者写作背景的介绍也是拓展；课中针对某个教学知识点的举一反三或者深度挖掘也是拓展；课后针对某种写作手法的读写结合延伸训练也是拓展；课后作业设计除了巩固性作业之外其他作业也是拓展。所以拓展延伸并不是发生在课堂主要教学内容之后的那个环节，应当是融合在每一个教学环节之中，延伸教学的使用要遵循适时原则，该用则用。

6. 对接生活

不论什么学科，学习的最终目的是要学以致用，要把学习同生活联系起来。而进行拓展延伸教学就是最好的将课堂学习向生活延伸的途径。比如学习《社戏》一文，针对作者对少年生活的回忆可以延伸学生小片段练习，写一写自己少年时期最快乐的一件事、一个画面。针对文中去赵庄路上的那段景物描写及其作用赏析，可以进行读写迁移，让学生用景物描写来烘托心理活动。学习《桃花源记》了解了桃花源不仅是陶渊明的梦想，也是当时劳动人民的梦想，可以延伸到当下我们每一个中国人的梦想——"中国梦"。这些拓展很明显都是结合学生的生活和时代特点进行的延伸，将语文的外延扩展到生活，符合"大语文"教育的思想。

（二）拓展延伸的"焦点"如何确定

初中语文拓展延伸的目的是实现语文课堂效果的最大化，有序合理地适度延伸必须得有的放矢。这个"的"就是拓展延伸的点，这个点选得好，延伸的效果就可以得到初步保证。在常规的语文阅读教学中该如何去确定这些点呢？

1. 同"主题"横向拓展

我们初中语文教材是按照主题来设计单元的，每单元是一个相对比较独立的主题，这个主题是同一个题材，也可能是同一类文体体裁，因此教师在拓展延伸时可以根据同一主题进行适度拓展。比如七年级语文上册第一单元以"美丽的四季"为主题，本单元四篇文本都围绕四季景色展开内容表现主题，教师上课时就要处理好预习课和精读篇目的示范教学，让学生掌握基本的写景方法，了解写景的作用。然后指导学生自学自读篇目，把学生所学写景方法及其作用的能力应用到自读篇目的自学中，实现举一反三，从而达到本课及本单元的教学目标。

2. 同"写法"读写拓展

初中语文的阅读教学和写作教学应该是相辅相成的。在阅读教学中学习写作技巧，是教师教学语文最常用的一条途径。用阅读来为写作铺路搭桥，实现读写能力的转换。以文本中比较精当的写法技巧为例，细品技巧，然后利用课堂微写作或者单元作文、练笔作文来就所学技巧写法进行深度推进，既是对阅读能力的深化，又是对写作能力的指导和实践。比如学习了"阿长与山海经"一文中的欲扬先抑的手法后，为了深化学习，可以模仿本课的写法来写一个人，通过在作文中模仿欲扬先抑的写法，既实现了让学生真正意义上掌握欲扬先抑的写法的阅读品析，又能够提升学生用欲扬先抑的写法来刻画人物的写作能力。从而实现以读促写，以写促读的读写结合的教学目标。

3. 同"文体"扩容拓展

对语文阅读教学来说，依文体教学根据课标淡化文体的要求虽然有所弱化，但是实际上每种文体都带有鲜明的特色，教学时能绕开文体来教学阅读教材的可能性不大，因为利用文体鲜明的特点，我们可以实现以一抵十的阅读教学效果。比如进行说明文体的教学，如果能够按照说明文的几个要素"说明对象及其特征、说明顺序、说明方法、说明文的结构、说明文的语言"来教学文本，学生很容易形成学习说明文的方法，方法能够熟练应用就是能力，然后利用所学知识和方法，教师适当拓展一些课外说明文的文章练习或者本单元本教材说明文，学生就会在举一反三中实现知识、方法向能力的转换。实现少教多练，达到融会贯通。

4.同"知识点"融会拓展

语文阅读教学从七年级到九年级其实我们都在做同样的事情：教会学生如何阅读鉴赏文本。只不过我们的差别在于低年级到高年级教材文本的深度难度随着学生的年龄和学龄以及所学的能力逐步增加，但是阅读的基本能力是一以贯之的，就是在反复的训练中实现能力的提升和固化。如果前面所学是基础的话，后面所学就是拓展加深。比如学习诗词中"意象"这个知识点，学古诗"客舍青青柳色新"中的"柳"这个意象，教师可以联系古人诗词中有"柳"的诗句，结合诗歌的内涵让学生发现大多含柳的诗词都有送别离别之意，教师再实时介绍古人"折柳送别的习俗"，这样学生从意识深处就牢牢地把握了"柳"有谐音"留"之意，但凡有这种意象的诗歌都会表达离别送别的主题。既实现了掌握诗歌意象的教学目标，也传承了经典传统文化，实现诗歌教学效果的最大化。

5.同"作者"纵向拓展

同一作者的作品由于所处时代不同，文本的内涵和意义也有所不同。比如学习杜甫的诗歌，来了解杜甫忧国忧民的现实主义情怀时，大多数教师采用了贴标签似的教学，易用杜甫"安史之乱"同一时期或者单首诗歌教学来感受作者的忧国忧民的情怀，给学生一种错觉，杜甫就是在这一时期体现出忧国忧民的情怀。其实不然，大家都知道一个人的情怀思想的形成是有很长的一个过程的。我们教学杜甫的诗歌感悟及作者情怀时，就应该把杜甫从年轻时到他穷困潦倒时的作品进行整合拓展，才能感受到一个真实地忧国忧民的形象。比如可以选择课本中的《望岳》《春望》《茅屋为秋风所破歌》三首来进行整合拓展教学。我们就可以从杜甫人生三个不同时期的作品真切地感受到杜甫从年轻时胸怀天下大济苍生的志向到"安史之乱"中感时伤逝，再到潦倒困窘时"大庇天下寒士俱欢颜，吾庐独破受冻死亦足"的仁者大胸怀，就能够真切地感受到杜甫思想情怀的从一而终的人生轨迹和人生理想。一个立体的忧国忧民的杜甫会永远站立在学生的心头。

6.同"命运"深度拓展

我们的语文教材中有很多人物的命运类似，可以尝试把这些同命运的人物联系起来，进行整合拓展深度学习。比如同样揭露科举制度罪恶的《孔乙己》和《范进中举》这两篇文本可以整合在一起来进行学习。同样是封建时代的两个读书人，接受的是封建教育，受尽了科举制度的毒害，但是表面上看两人的命运不太一样，一个摇身一变从忍气吞声的卑微读书人变成了趾高气扬的未来的官老爷。一个成了连自己的命都无法保全的下层潦倒者，他们为什么会有着不同的结局？又为什么说这两篇文章都是揭露科举制度罪恶的主题？通过比较学习，可以深度探究两个人的命运其实都是科举制度的牺牲品，不论是身体还是心理都已经让科举制度毒害得不像正常人了，就可以让学生真实地感受到在封建科举制度的毒害下，所有痴迷于科举的读书人没有一个可以逃脱它的"魔爪"。这种学习后的收获和感受是刻骨铭心的，绝对不是老师贴标签、下定义式的肤浅教学所能达到的境界。

7. 基于"训练点"巩固拓展

学生的语文能力需要在语文实践活动中形成，并不是在语文老师三番五次的强调中形成的。语文实践活动实际上就是语文教师结合语文教材文本开掘实践资源，创设实践情境，指导引领学生在这种独特的情境中提升能力形成语文素养。比如教师教学人物心理描写的方法时，是直接告诉学生心理描写的各种方法好呢，还是通过一些具体的例子来阅读品析总结得出好。所有的人都认为让学生通过这种语文实践活动自己发现要明显好于教师直接讲述。为了让学生更扎实地掌握这种描写能力，教师可以借助一些小情境的延伸，分点训练学生的心理描写能力，然后再通过整篇作文的训练实现从小片段到整篇作文的训练。这样的训练其实就是我们许多语文教育教学提倡的微点作文训练理论的实践，我们的现行语文教材每单元后的作文训练基本上就是遵循微点训练，实现了从小步走到大踏步地作文训练思维。当然不光是作文训练如此，阅读能力的训练也应该讲究从小步走到大步迈的训练思路：一课一得多情境训练，反复强化，最终习得能力。

8. 基于"多角度"发散拓展

语文文本独特的含蓄蕴藉的特点决定了语文文本内涵的多样性和丰富性。教师如果能够在课堂中发现并利用好这些"独特因素"，就可以让语文教学充满生机活力。比如教学《走一步，再走一步》时，设计了一个问题：当我趴在悬崖上下不来时，我的朋友们中你最喜欢哪一个？为什么？这个问题指向的不是喜欢不喜欢的问题，它指向的是引导学生明白当别人有难时如何做，如何交朋友以及这些情感态度价值观的目标。这个目标就丰富了本课教学"化解大困难成为小困难，逐步实现"的情感态度价值观目标，实现了教材的教育教学效果的最大化。

9. 基于"生活"跨界拓展

"小语文"是单就语文教学而言，"大语文"是就学生的生活而言。现在我们都提倡"大语文"教育，就是要把语文的外延拓展到生活中去。要缩短课本与生活的距离，打破时空限制，把课文知识和生活紧密联系起来，调动学生的学习积极性，让学生去感受大自然和生活中的美，帮助学生形成正确的人生观和价值观，同时还要帮助学生提高语言表达能力、写作能力和鉴赏能力，促进学生综合素质的提高与语文核心素养的提升。我们的综合性学习就是一种对学生综合素养能力的整合训练，它的设置常常基于本单元教材的特点进行，绝不会是脱离本单元教材的独立教学内容，教师一定要理解把握人教版语文教材的设计意图，利用阅读教学和本单元综合性学习的关系，指导好综合性学习活动，实现学生由课内向课外的延伸综合，长期坚持下去就可以大幅提升学生的综合性核心素养。

10. 基于"主旨"升华拓展

语文文本中的一些经典文本的魅力要远远大于我们一些参考书和指导书上的意见和建议。比如《我的叔叔于勒》一文的主旨定位为在资本主义社会中人与人之间的关系是赤裸裸的金钱关系。因为这个教材本身所写的就是资本主义社会中现实的"虚构"故事，有这样的解读是可以理解的，但是如果要让学生真正把握这篇教材的经典意义，我们就得跨越时代，因为任何一部真正的经典它都是跨时代的，内涵绝不会局限于作品所写的那个时代。正所谓"一千个读者心中有一千个哈姆雷特"说的就是这个意思。实际上人与人之间的金钱关系在哪个时代都存在，用金钱来衡量亲疏关系实际上是人性深处的弱点，是属于人的社会性，并不是时代的产物。教师教学时适度拓展到现实生活中，学生的理解就不会局限于教参的指导意见，会超越教参理性地理解为用金钱衡量亲疏关系并不是资本主义社会中的独有现象，而是任何时代都会存在人性的弱点。主旨的理解超越时代性，回归理性和人性。

11. 基于"名著阅读"导读拓展

语文文本中很多篇目都来源于经典巨著中的节选，教师在指导学生进行课外名著阅读时，如果能够充分利用好节选的篇目，就一定能够把学生的注意力引向长篇巨著的课外阅读,教师要善于把节选篇目当作"药引子",当作序幕,做好做足功夫,对名著阅读教学就可以达到事半功倍的效果。比如教学"范进中举"一文,教师在教学时着力突出范进中举前后的夸张性变化,来引导学生探究可笑的范进及其他人的命运如何。实时推荐学生阅读《儒林外史》,这样的引导要比教师单独上一节《儒林外史》的名著导读课来得更有诱惑力,学生是在期待中主动去读名著,并不是在教师的布置作业和任务中去被动读名著,这种教学的优缺点不言而喻。

12. 基于"生成"创新拓展

语文课堂教学如果是高效的,那么这个课堂必须是生成性课堂,并不是完全按照老师和教案课件的预设按部就班的课堂。课上的"旁逸斜出"应该是语文课堂的常态。教师要利用好这种打破"套路"的资源,实现课堂的创新生成。比如曾经的一堂观摩课,教学"桃花源记"一文时,教师提问文中的"外人"指哪些人,他们的生活是怎样的?当解决到"男女衣着悉如外人"时,一个学生就在下面偷偷小声说"衣着悉如外人不真实,陶渊明胡说呢"。一下子教室里安静了下来,紧接着又逐渐地躁动起来,有责备声、有赞成的声音,更多的是学生之间对这个问题的发表看法争议的声音。因为是听观摩课,教师没有立即打断大家的议题,而是停下上面的问题,转而进行了学生质疑的这个话题,让大家说说有什么疑问,作为一代田园诗人的代表怎么会"无知"到这个地步。加上教师因势利导学生马上得出结论:陶渊明有意而为的错误是要告诉人们在那个时代"桃花源"是不存在的,是虚构的。歪打正着,反而加快了对本节课教学难点"如何看待陶渊明的桃花源"的突破。这当然也成了那节课的最大亮点。所以课堂上的即时生成教师不能全盘否定或者不管不顾,应该结合教学目标因势利导,化危机为时机。这样的课堂才是有生机的课堂,并不是预设捆绑下的"死的"课堂。

阅读教学是初中语文教学的重要环节。语文教学要以文本为中心,通过打破教材的限制,立足学生、立足教材、立足课堂,充分挖掘拓展教学资源,把握好拓展教学重心,才能有效拓宽学生的阅读视野、强化学生对知识内容的理解、实现学生知识迁移能力与思维能力的提高。最大限度地拓展阅读教学的深度与广度,提高阅读教学质量,提升学生的语文综合素养,从而真正提升学生的语文核心素养。

语文教育教学应该有一定的温度

语文课堂是一个有温度的空间，语文教材是充满温度的文本，语文教学更是充满温度的实践过程。创建有温度的语文课堂，这是很多语文教师的共同认知。在有温度的空间里，教师利用有温度的文本解读，创设有温度的课堂情境，完成有温度的教学预案的实施，这样的语文教学才是有温度的语文教学。

一、创设有温度的教学情境，让学生广泛地参与课堂教学

和谐的学习情境是进行高效语文教学的关键。首先创设学习情境要关注学生的学习主动性和兴趣。让学生更广泛地参与到课堂教学中来。这里的"广泛"包含两个方面的内容。

（一）"广泛"在学生的全体参与

1. 教学的效益是通过学生来体现的

课改前我们许多的语文教学，重在灌输、传授，对学生的感受考虑不多。由于学生每日的记忆量和记忆速度受多方面因素制约，各有不同，教师的讲授和教学就必须尊重学生个体差异进行，应该以不超过学生的短时记忆容量限制为前提。可是我们在日常教学中能够考虑学生接受程度状况的教师不多，大多是为了完成教学任务而忽略学生状态，也就是我们常说的心中眼中没有学生的学只有教师的教，这就造成了学生的被动接受，无意中把学生当成了容器。这样的教学效果可想而知。随着社会的发展，教育改革的不断深入，面临信息如潮，新知识"爆炸"的局面，语文教学的改革势在必行。因此，阅读教学必须重视教学观念的改变、教学手段的更新、学科特点的凸显。

2. 教师观念的转变力求体现在教学行为上，教师应自觉转变角色

联合国教科文组织在其编写的《教会生存——教育世界的今天和明天》一书中，指出未来教师的角色是"越来越少地传递知识，而越来越多地激励思考，教师必须集中更多的时间和精力去从事那些有效果的创造性活动"。因此，教师既不能简单地把自己当作知识的传授者，也不能把学生当成被动接受知识的容器，更不能把自己抬高成"明星""大腕""主角"，总担心自己失去表演机会，而

应勇敢地"退居二线",担当"顾问""引导者""参与者",力捧新人。把自己从"台前"转入"幕后",充当"导演""设计师"和"指挥家",对教学进行总体设计、精心调控、有效组织,提供学生充分表演的空间。

3. 文本解读的主角是学生

应强调学生的阅读体验与感受,注重学生的全员参与、全程参与和有效参与。学生的参与度成了当前课程改革和课堂教学改革的一个评价指标。课堂教学的中心和主体是以学生为中心,文本的解读也不完全是依据教师或者教参的解读,必须要尊重学生对文本的独特体验和解读。但是,对照我们目前许多课堂教学的文本解读课,的确还存在不少误区,虽然教改探索了很长时间,但在观念上、教学手段上都还不够彻底。

教师的关注点更多地注意教学任务的完成上,学生单纯的考试成绩提高上。因此,课堂的话语权被教师掌握,学生的话语权被剥夺,文本的解读大多停留在形式上。一篇文质兼美的文章,往往被几个考点肢解,忽视了学生的主体地位,使学生的参与面变窄,没有很好地关注到学生的"全体参与"。为此,在现在的阅读教学中,必须改变这一现状,让学生参与进来,大胆放手,放"权",让学生成为文本解读的主人,而不是记录教师解读的机器。

要让学生全体参与,就必须尊重学生的个性发展,尊重学生的自主感悟。充分激发每位学生的阅读积极性,而不是只关注部分学生。要因文而异、因人而异、因时而异、因事而异。因为不同的人生活背景不同,人生阅历不同,个性不同,认识事物的角度与程度不同,就会出现差异,这是正常的。那么在对文本的解读探究上不宜用一个尺码衡量,应该有差异,强调分层、分类、分项,突出学生个性,尊重每个学生的阅读体验与感受,如果只是出现价值取向上的问题,或认识有偏颇时,需要教师"引导和帮助,或启发争论、思辨,或进行富有人情味、说服力的耐心引导,促成思想自由的交会、碰撞、升华。以平等的对话,把注意价值取向和尊重独特体验统一到学生全面发展和终身发展上。"

(二)"广泛"在学生的全程参与

学生在教学中对文本的解读是一个体验过程,如果过程不充分,没有较为足够的阅读、思考的时间和空间,那他们的体验与感悟就会很粗浅,学生得到的思维训练、情感体验、人格熏陶就显得很苍白。因此,学生在文本解读中,应该参与整个过程。从朗读、感知、互动、交流、感悟、体会、总结、回顾、练习、反馈、巩固、延展、提升中学生能够自觉主动、积极踊跃地参与文本解读的每一个环节，能够真切地分享阅读的快乐，对文本的解读才会落到实处，才会有效。语文教学才是促使学生成长的一个过程。

要想促使学生广泛的全员和全程参与，除了重构师生关系之外，也必须注意情境的创设和课堂氛围的营造。"情不通则理不达"，良好的课堂氛围是课堂成功的基础。可是，随堂听教师的课常常会发现这样的情况：部分学生恹恹欲睡，提不起精神；教师提问，少数人应答，思维积极的往往仅有几个。教师确实在认真指导学生阅读课文，有些精彩的词句也在着力推敲，可学生不承情，没能打动学生的心。这样的课堂氛围，怎一个"冷"字了得？造成这种"冷"局面的原因是多方面的，其中，"情"的缺失是一个关键。情感如同肥沃的土壤，知识的种子就播种在这块土壤上。一旦学生对学习失去兴趣，思维、记忆等认识机能全会受到压抑阻碍，无论何等抽象的思维，没有情感都不能进行下去。

当代中学生在日益浮躁的社会环境中需要交流，需要沟通，需要理解，需要宣泄，需要慰藉。他们把课堂作为情感通道，把老师和同学作为诉求对象。面对生情百态，是弘扬，是容纳还是抵制；是倡导，是允许还是反对；是歌颂，是激励还是鞭挞；是赞许，是默认还是否定；是热情，是温和还是冷淡；是褒贬，是劝勉还是告诫……教师总要有一个倾向性，总要有鲜明的感情色彩。语文课堂中的"高情感"，有助于教师和学生智慧不断发展、不断更新、不断升华。"高情感"的语文课堂，尊重师生人格的尊严与独立，寻求师生文化上的和谐，摆脱纯技术纯知识的枯燥乏味，充满对智慧的挑战和对好奇心的刺激；"高情感"的语文课堂，师生的生命力能够得到充分的发挥。

创设良好的语文教学情境能使过于理性化的、知识传授型的传统教学转化为极具生命化的、文本对话型的现代教学，使语文教育达到知识和能力、过程和方法、情感态度价值观的三维统一。

二、进行有温度的文本解读，才能合理有效使用教材

从教材的使用意义上讲，阅读是一种高度个性化的心智活动。教师和学生的阅读也是基于达成教学目标的阅读，而不是纯粹的自由式的阅读，这是一种旨在培养学生阅读能力及人文素养的阅读，所以对于文本的解读必然要建立在读懂作者文本、明确编者意图的基础之上。作者文本的解读指向文章内容主

旨、情感、观点的把握，编者文本的解读指向能力要求、教学目标的确定，而教者文本是要将语文能力及人文素养融为一体，将教师与学生的生活体验融为一体，做有温度的解读。

（一）基于文章体式来解读文本

王荣生老师曾说过："好的阅读教学，往往基于合适的文本解读，即依据体式的文本解读。"所以文本解读首先要清楚文本的体式。教师对文本的解读必然是基于文章体式的，因为不同体式的文章的解读方法往往会有很大的差异性，正如我们解读一篇小说离不开人物的分析，解读一首诗歌离不开情感的体会一样，文章体裁的不同会标示解读重点的不同。我们经常看到在许多语文课堂上会出现一些花样解读，但如果这种解读不是基于文章体式，往往会出现误读或者是重点的偏移。我们进行《社戏》的教学时，如果不关注小说这种文体的特点来教学，学生很容易把本课当成鲁迅回忆儿时生活的一种回忆性记叙文来看，那么对主题的把握就停留于对儿时快乐的回忆了，不可能延伸到作者对理想社会生活的向往上来。

（二）基于时代背景解读文本

解读任何一篇文章，都离不开时代背景，文章的情感主旨一般都会打上时代的烙印，人离不开生存的环境，文同样也离不开产生的土壤。不同的时代有着不同的时代特色，而这些来自社会的背景必然会对作者的创作产生深刻的影响。因此，要准确地解读文本，弄清时代背景也是必要的一步。比如，教学《天上的街市》时，如果不借助对时代背景的把握，学生根本无法理解郭沫若为何要把"牛郎织女"的故事进行改编的意图，也就无法真正地理解作者所要表达的主题。更不可能走近作者与作者进行思想上的对话与交流，也就无法理解编者把此文本选入教材的意图。

（三）基于作者情怀解读文本

要做到准确而深刻地解读文本，了解作者也是必不可少的。通常情况下，作者的自身经历与性格特征和其作品的创作风格存在很强的辩证关系，两者相互依存、相互影响。古往今来，许多优秀作品都渗透着作者的情感和感悟，也可以说作者的人生态度和性格决定了他的创作风格。每个作家的生活阅历是不一样的，思想情感也是不一样的，甚至可以说每个作家的性情也会流于笔端、现于文本。比如，教学《石壕吏》时，我们很明显地发现，文本中对官军夜捉

25

人的残酷，作者并没有进行正面的非常激烈的批判，而是把笔墨更多地用来描绘老妇的哭诉和去向，用侧面描写这种曲笔来揭露官军的罪恶，这不是杜甫一贯的"作风"。如果结合作者的忧国忧民的情怀和当时的现实来琢磨，就会发现这官军捉丁是为了抗击安史叛军，从而不难发现作者既同情劳动人民的疾苦，又充分揭露了当时官吏的胡作非为。这种内心的矛盾更加让读者深切、真实地体会到杜甫的忧国忧民的真实立体，并不是我们从课堂上得来的那种给杜甫贴一个忧国忧民现实主义诗人的标签的独断式教学。

（四）基于编者意图解读文本

教材是按照一定的体系来编排的，每个单元都有其不同的侧重点，从而构成一个相对完整的体系。每个单元所选文章希望教师在教学过程中达到怎样的知识能力目标，达到怎样的思想情感目标都有相应的要求。这是对于教者的目标指引，也是对于教者和学者提出的要求，所以弄清编者的要求对于解读文本也是十分必要的。因为同样一篇文章，用来教小学生和高中生所要达到的目标肯定不一样，所以弄清楚编者意图，往往有利于教者确定符合学情的教学目标。笔者认为，解读编者文本的核心是基于目标，也就是要明确编者的意图，弄清编者希望教者和学者达到的目标。比如，教学八年级下册第一单元的四篇文章《社戏》《回延安》《安塞腰鼓》《灯笼》，就得把握单元目标和各篇目目标，理解编者意图。这几篇文章共编于一个单元主要是考虑它们都有涉及"传统文化"的共性，虽然涉及不同时代、不同地域、不同的文化形式，但它们却有着承载作者和时代情感的共性。教学时能让学生真切地感受到文化与人的情感息息相关，所以才会生生不息传承下来。这也是教学中教师需要潜移默化地植入学生思想情感的教学意图和目标。

（五）基于文本特点解读文本

文本语言是有温度的，因为作者的情感就是融合在文本来表现的。不同的文本所表现的作者情感不尽相同，教师教学时必然要抓住文本来实现对作者情感的把握。如果能够抓住文本特点，那么理解文本情感也就相对容易一些。比如教学写景的文句，学生就可以通过所用词语修辞感悟到作者融入的喜怒哀乐等情感，进而可以归纳出"一切景语皆情语"的论断。从而能够体会到借景抒情、融情于景、情景交融的写法之巧妙。同理融情于事、融情于议，皆可融会贯通。但凡词句品析都会遵从"词不离句、句不离篇"的规律。

（六）基于现实生活解读文本

文本现实和学生生活现实是有差距的。要想准确解读文本，还要基于现实，只有基于现实生活对文本进行解读，才有可能拉近读者与文本的距离，让读者即学生更深入地走近文本，也只有真正走近文本，才有可能做出有温度的解读。读一篇文章，真正能够让读者感受到温度的应该是从文章中读懂了作者，读出了读者自己，所以联系读者的现实生活显得尤为重要，否则这种温度是不可感的。

任何一篇经典的文章之所以经典，是因为无论到哪个时代，文本都能够拥有深刻的现实意义。换句话说，就是文本本身能够在不同的时代焕发出不同的意义。正因为如此，经典才成为真正意义上的经典，才可以经过时间的洗礼而永葆生命的活力。比如教学《背影》时，学生对朱自清写背影、刻画背影是存在疑虑的，对朱自清眼中的慈父形象的刻画无法真实地理解，所以教师教学时应该把握两个点：其一是"父亲"在何种情况下送"我"；其二是"父亲"为什么要亲自去买橘子。教师应引导学生从自己的生活体验中寻找类似的例子，从而使学生能够真正理解这位父亲的行为，进而真正体会到作者创作《背影》的意蕴和情怀。

三、预设有温度的教学设计，才能让课堂教学顺理成章

教学设计作为教师备课的必须环节和工作程序，对于课堂教学的重要性毋庸置疑。虽然教学设计只是课堂教学的预设方案，但是预设得合理能够保证课堂教学的实效性。合理的预设必须是基于对教材的透彻理解和把握、对学情的准确掌握和调控、对教学手段方法和媒体技术的娴熟应用。整合这三个基本点，忽略哪一点都会直接影响教学的实效性。

审美教育是贯穿整个语文课堂教学过程的。那么基于语文本质的教学设计是怎样的呢？以文章《桃花源记》为例，首先在导入环节，教师利用几张图片让学生直观感知到"世外桃源"这个词本身，然后实时引入它的来源，巧妙导入新课，从学生意识中已有"世外桃源"是美丽的这一初级印象，自然过渡到第一个环节"说说桃花源的样子"，然后再引导学生进入文本寻找桃花源的美。学生通过对文本的感知理解就容易根据语句归纳出桃花源美在：自然环境优美、人民安居乐业、社会民风淳朴这些方面。然后教师立即插入对陶渊明一

生的介绍，年轻时有大济苍生的情怀和梦想；后来由于官场黑暗却"不为五斗米折腰"而归隐田园，追求精神的自由；当社会在战火中动荡不安连田园的自由快乐梦想也无法实现时，就在心灵深处勾画了"世外桃源"的美妙梦想。并适度拓展讲述陶渊明一生即使一无所有也精神抖擞的行进在追梦的路上。这样让学生基本没有难度地进入下一个环节"说说桃花源的内涵"，再适度抓住文本中"外人"的解读，学生很快能够归纳出桃花源的内涵就是：表现作者对黑暗现实社会的不满，对没有战争，没有剥削、压迫的和平安宁美好生活的向往，也间接地反映了当时劳动人民对美好幸福生活的强烈渴望。接着教师适时引导：这美好的愿望能否在当时实现，从文章中找找依据。从而进入第三个环节"说说桃花源的写法"，发现作者创作的桃花源故事具有奇幻神秘的浪漫色彩，可读起来却给人一种"逼真"的效果。奇幻表现在：忽逢桃花林美景、洞口入、豁然开朗、离开时处处志之、寻向所志，遂迷、寻病终、无问津者等；逼真则表现在：详细记录渔人进出桃花源的行踪、文章头尾人物的设计、桃花源里的情状与现实生活无异等。通过紧扣文本的分析我们就得出了作者采用充满神奇浪漫主义色彩的"虚构"和真实细腻的"写实"相结合的手法，有详有略地通过渔人的角度代言了自己的美好社会理想，又以渔人地再寻否定了世外桃源的存在，告诉我们在那样的社会状况下理想社会是无法实现的，只能是一种空想。

这样基本完成了本节课的教学内容，实践了文本教学整体感知—文本研读—整体探究的由浅入深的基本教学规律。接下来教师适时引导："世外桃源是陶渊明的梦想，也是战乱中古代劳动人民的愿望：环境优美、生活富足、和平安宁、安居乐业、自得其乐、民风淳朴、社会和谐。但是那梦想代表的是农耕文明时代人民的梦想，在现代文明时代里我们的伟大中国梦是怎样的呢？"自然进入最后一个环节：说说"桃花源的深远意义"。投影显示："伟大中国梦的内涵：中国梦是中国共产党第十八次全国代表大会召开以来，习近平总书记提出的重要指导思想和重要执政理念。习近平总书记对中国梦战略思想作出过系统阐释。他指出，实现全面建成小康社会、建成富强、民主、文明、和谐的社会主义现代化国家的奋斗目标，实现中华民族伟大复兴的中国梦，就是要实现国家富强、民族振兴、人民幸福。"

引导学生交流对中国梦的理解，对接生活和社会，增强时代感。学生交流到环境方面的"绿水青山就是金山银山";幸福生活方面的"脱贫攻坚";国家发展方面的"综合国力、科技创新"等,最后教师以这样的小结结束这节课的教学:"在深深地叹惋中,陶渊明远去了,但是他追寻理想的身影,深深地印在我的心里。年轻时候,他做官,希望大济苍生,即使官场污浊,他也不为五斗米折腰;后来选择了归隐田园,求得精神的寄托;田园梦破,继续寄梦于桃源,给世人一方心灵的守望。一代代有识之士不断地在为这样的世外桃源的梦想前赴后继,不懈追求。现如今,我们的中国梦:国家富强、民族振兴、人民幸福、天蓝水净、社会和谐正一步步地实现,这是一个比桃花源更值得期待,也更切实际的梦想,让我们共同努力去实现这个梦想吧!"把精彩的掌声送给我们每一个追梦的中国人!整节课的思路非常清晰,紧扣"梦想"展开:陶渊明的"梦"——中国人的"梦"。整个课堂在寻"美"—说"美"—思"美"的进程中实现了语文教学、审美教育、思政教育的目标。整体上的设计没有生硬的重难点解读,准确地把握了学情,整合了教材,教学环节行云流水,逐层递进,比较巧妙地完成了教学任务。这种基于教材特点和学生学情及媒体技术资源整合而建构的课堂深度融合设计就是一种有温度的教学设计。

语文教学应该有一定的密度(信息化融合度)

——从一堂信息化背景下的语文课来谈谈信息技术环境下的语文课堂教学深度融合

习近平总书记在2018年5月的北大座谈会上讲:"随着信息化不断发展,知识获取方式和传授方式、教和学关系都发生了革命性变化。"这"革命性变化"用语已经非常明确肯定了这几年教育信息化取得了质的发展和成果。

随着"互联网+教育"这个政策的深入推进,教育信息化也从1.0到2.0不断地发展推进,国家也相应地在教育信息化方面对顶层设计有了质的提升的目标和要求:由最初的信息技术和资源的应用整合到信息化环境下教育教学的深度融合,扼要地说,这两个阶段的侧重点是不一样的,它们之间的关系不是并列的,而是连续的、层级的、递进的,前者是基础,后者是飞跃。

　　教育信息化1.0重点是信息技术和资源应用的融合，教育信息化2.0是大数据背景下对整个教学生态过程、教学模式的重构和深度融合。也就是说，类似于过去我们的发展都是各地方发展经济提升本地域GDP，而现在则是全国一盘棋的经济规划，是一个全产业链下的具备生态可持续性发展的国家层面的发展环境，甚至是世界范围内的全球经济发展生态域。教育信息化2.0其实追求的就是在信息化环境下的教育生态链生态域与教育环境中的信息化生态链。教育与信息化就是你中有我、我中有你，谁也离不开谁，相依相存、相互促进。

　　作为语文教学，传统的教学方法固有的优势自不必说，但作为学科和知识点融汇度非常高的一门学科，单凭教师的一张嘴、教材的一本书、教学的一堂课根本无法实现真正打通语文学习的生态链。现代信息化背景的介入让语文教学在保持先天优势的基础上使教学的深度、广度更上一层楼。从教育信息化1.0到教育信息化2.0的推进过程中，语文教学呈现出前所未有的勃勃生机。从课堂的内容本质到课堂的外在表现形式可以说变化是翻天覆地的。那么作为语文课堂的教学，实现真正意义的融合将是教育信息化2.0的首要任务和目标。下面结合八年级上册第五单元的一篇课文《蝉》的课堂教学来谈谈信息化融合的实践。

　　这是一篇科学小品文，在科学小品文教学时教师必须关注两个文本特点：科学性和文学性。科学性主要基于文本所普及的科学小知识和科学家的科学精神的学习领会，科学兴趣的激发和培养。文学性则是侧重于文本的生动性、情感性以及学生的兴趣培养。两种特性有个交汇点就是学生科学兴趣的激发和培养。因此教师可以以兴趣为出发点来实现信息化与文本的融合教学。下面结合这篇文本的一个课例进行阐述。

　　针对这篇文本的阅读教学，教师整体课堂教学设计了三个环节：穿越蝉之迷宫—趣说已解之谜—破解未解之谜。在第一个环节穿越蝉之迷宫中，教师利用文本特点来设计教学。这篇课文作者法布尔在文本中并没有按照昆虫整个的成长过程来设计文本，而是先写蝉的地穴再写蝉的卵。教师利用课件投影《蝉》的生长过程，融合作者的整体构思来引导学生关注文本，让学生对照蝉的生长过程来练习复述文本。蝉的生长过程：四年地穴生活—蝉出洞脱壳—成蝉—产卵—幼虫蜕皮—掘地隐蔽。

　　在复述中实现对文本的重新整合和梳理。在关注文本中掌握了关于蝉的一些科学知识，同时也训练了学生的语言复述能力。接着在梳理完相关文本信息总结出本文的说明对象及其特征后，教师有意出示了"打洞"和"产卵"两个重点。进入第二个环节：趣说已解之谜。引导学生理解文本写作的重点："地穴之谜和天敌之谜。"在"天敌之谜"的理解中引导学生感悟蝉的生命的脆弱，并依托文本进行理解阐述，体验作者在文本中的所隐含的"悲悯"情怀。在引领学生理解文本"地穴之谜"中，引导学生感悟蝉打洞的奇妙智慧，体验作者在介绍昆虫界的奥妙中赋予的"赞美"之情。在这两个重点的理解中自然而然地融入对说明方法的理解。接着教师重点解说"金蝉脱壳"之谜。利用网络视频资源展示金蝉脱壳的过程，结合学生对文本的理解，要求学生登台对照视频做个小小解说员，并且利用讯飞语音输入插件，实时用软件转换成文字在一体机上记录学生讲述的内容。然后把作者原文展示在屏幕上进行对照评阅，这个环节非常有创意地实现了对阅读文本的批注评点，强化了学生看图作文的能力，更在比较中实现了语言的审美性体验，实现了由读到写的能力的迁移。深刻理解这篇科学小品文文本的生动性、情感性、趣味性，从而使学生认识并感悟到作者对昆虫世界研究的热爱之情。进入最后一个环节"破解未解之谜"——通过对作者法布尔的深度了解，实现从走进文本到走进作者的过渡。结合文本中的词句段落，品读感悟作者法布尔的科学精神和对生命的敬畏，破解"法布尔之谜"——对作者研究昆虫的科学精神的感悟和作者对昆虫的敬畏、对生命的敬畏。从而达成科学小品文对科学精神的感知学习这一目标。然后再次回到文本结尾对蝉的生命的议论句的感悟，实现对教学难点的突破。

接着从这堂课延伸到对蝉的更多更深更全面的理解，巧妙地延伸到课外对法布尔的作品《昆虫记》的导引，实现了由单篇阅读到整本书阅读、小阅读到大阅读的引导，既学习了《蝉》一文，也很巧妙地实现了名著阅读的导读，将文本的学习由课内延伸到课外。这也是我们大语文教学的必然趋势。在课后作业设计中教师提出了让学生学习法布尔的写法技巧和观察精神来学习科学小品文的写作训练建议。并依托网络将学生写作上传到学生空间平台中进行交流评点。

根据以上课例我们发现教师完全颠覆了我们对科普说明文的阅读教学的基本程式：从说明文教学的角度分别梳理文本信息解决说明文相关知识点和学习小品文的文学性这两个点。从整体上看，这种传统的做法既能把握文本的重难点，也能整合信息技术和资源实现信息化教学，但是相比较这个课例而言，传统的设计融合度明显欠缺，依然没有摆脱传统的说明文教学的设计思路，谈不上创新教学。而这节《蝉》的教学课例的创新之处表现在以下几点：

一、教师处理好了两个融合

（一）文本的融合

按照课文的安排，作者用了两个标题：蝉的地穴和蝉的卵，教师并没有完全依照这两个板块进行教学，而是进行了重新整合，依托原文本又加入新的内容，把文本与课堂环节整合为三步，第一步：穿越蝉之迷宫，第二步：趣说已解之谜，第三步：破解未解之谜。而且以"谜"语可以激发学生的学习兴趣和探索欲望，第一步重点进行的是整体感知文本，让学生对照蝉的整个生长过程来复述补充蝉的各个成长环节，既是对文本信息的梳理，也是对禅的科学知识的学习，直接指向教学目标。第二步则是把学生的兴趣点和文本的重点结合在一起，重点解决了金蝉脱壳的奥秘，但教师并没有单纯地把知识学习作为目的，而是融合直观的视频资源、信息技术与学生的观察能力、口头表达能力，进行了辩论式训练，这也巧妙地将阅读与写作融合在一起，体现了语文学习通过实践活动来实现体验式学习的本质。第三步则是抓住文本学习的难点，进而突破难点。以文本中作者着力介绍的蝉挖地穴和蝉的卵中的一些词句的品析，感受作者对自然界小生命的敬畏之情，同时也让学生清晰地感受到作者严谨执着的科学精神——因为爱所以细腻真实。因为爱所以倾尽一生，不怕艰辛，这就叫科学精神，这是每一位科学家的灵魂，是每一位学子最应该具备的学习精神。但教师并没有停留在本课的文本上，而是借此机会引导学生走近名著《昆虫记》的阅读，巧妙地将课内和课外阅读融合在一起，避开了单独设计《昆虫记》的阅读指导课，实践了单篇阅读教学到整本书阅读教学的大阅读观。

（二）文本教学与信息技术资源和环境的融合

从大的方面说，整堂课的三个环节完全融合在信息化环境下开展教学，教师大屏（希沃一体机）、学生小屏（共享平板）实时互动，实现了信息化环境下的语文课堂教学。从小的方面说，教师利用信息化资源：图片展示生长过程；视频展示金蝉脱壳过程。教师利用信息技术：讯飞语音实时录入学生口头描述金蝉脱壳的文字；利用一体机工具标注点评对照学生文本与原作文本，直观展现提升教学的效能。利用云平台实现课内学习和课外延伸学习的衔接。信息化环境与学习环境、信息技术、资源与文本学习紧密衔接融合。

二、关注两个中心

（一）以学生成长为中心

依据作者创作思路整合文本。以学生为中心表现为尊重学生的个性化体验，以学生活动为中心，以激发引领学生学习兴趣为中心，以培养学生能力为中心。总之，一堂课围绕学生展开，设计目标、设计教学环节、利用教学媒体技术选择资源，这就是我们所倡导的语文课堂必须以学生为中心。整个课堂的设计以兴趣为出发点，以"谜"语构设课堂环节；以"谜"语解析文本；教师以问题为导向引导学生梳理文本信息；以视频突破重难点；实现课内外知识的迁移；促进思维语言写作等能力的内化。

（二）以语文文本为中心

以语文文本为中心则是指整个课堂教学紧扣文本展开，梳理信息、突破重难点，由课内向课外的迁移，都是建立在文本之上，但训练又远远高于文本本身，如金蝉脱壳的重点学习，不光是学习文本和科普知识，还上升到语言的对比辩证的表达训练。对照文本词句揣摩出作者给予的情感然后逐步上升和扩展到作者的科学精神和情怀。并且进一步引导学生打开课外阅读名著《昆虫记》的大门。教学的出发点都是以文本为基础，都是在文本的基础上生发开来，进行发散学习，源于斯却又高于斯，这种教学和训练能使学生学有所获，学有所新，节节进步，堂堂提升。

总体来说，这节信息化背景下的语文课的教学最大的亮点就是"融合度"恰到好处，既做到了文本的重新整合和课堂设计的创新融合，又做到了把信息技术、资源、环境等巧妙地融合在整个教学过程中，实现了技术手段的融合，也实现了知识资源和信息素养的融合。既做到了学生成长、教师开发、文本创造的三位一体的融合，又做到课内课外、文本内文本外、阅读写作、知识能力、单篇阅读到整本书阅读的有效融合。

通过这堂课结合教育信息化2.0的背景势必会引起我们对信息化课堂教学的一些反思。抛开教育信息化1.0时代的技术资源的应用，我们一定要考虑的是课堂与信息化环境的融合度。不管怎样的课堂，传统也好，现代信息化课堂也好，想要成功一堂经典实用高效的课堂，首要必须考虑"生本"这个前提。要抓住学生对文本学习的需求来设计课堂教学。就是要把融合点的选择建立在学生的需求之上，而并非建立在教师的设计之上。教师的备课需要考虑这几个方面：学生学习的困惑点、疑难处，学生学习的兴趣点，教学的重难点，课堂的兴奋点等。只有我们的课堂一切以学生的成长为中心，运用信息技术、资源辅助课堂教学，创设信息化背景下的课堂教学才能实现信息化与教学的高密度的真正的融合，破解信息化与教学之间的融合紧密度的迷局困局，实现走进真正意义上的教育信息化2.0时代的目标。

语文教学应该有一定的浓度

语文作为集工具性、人文性于一体的学科，由于其特殊的文、质特点，使得语文是"感性"因素多于"理性"因素的，学生作为学习的主体，正走在由"感性"趋于"理性"的成长成熟之路，所以学生学习语文的原始基础应该是"文本"与"人本"的"感性"共性，教的老师应该抓住这一特性，学的学生也应该体会到了这一特性。"乐学"的关键是兴趣，兴趣是最好的老师，能抓住学生兴趣的语文课堂也必然是最好的课堂！是让学生兴味盎然地学习语文还是让学生索然无味地学习语文，这是语文老师必须反思和必修的一门"功课"。

如何让语文教学走出人机对话的盲区，摆脱应试课堂浅薄的泥沼，让语文课堂充满激情，绽放出生命的光彩，迸发出智慧的火花，使课堂成为学生向往的乐园呢？笔者认为，语文教学应该在"有质有味"上做足功夫，这样，语文课堂才会独具魅力，充满生命活力。这"质"和"味"其实就涉及语文的性质：工具性和人文性的统一。这种特性也是对语文四大理念的最精简的体现。

一、融入"人文味"，让语文教学"育魂"

人文教育就是将人类优秀的思想文化成果通过知识传播和环境熏陶，使之内化为人的品格、气质、修养，并成为人相对稳定的内在品质。与之类似的论述在语文新课程标准中出现的频率极高。语文学科是滋养人文精神的源泉。语文教学要充分挖掘人文资源，既要注重知识的传播，更要注重人文精神的陶冶。具体地讲，就是语文教学要坚持用课文中饱含的真善美，"应使学生初步学会运用祖国语言文字进行交流沟通，吸收古今中外优秀文化，提高思想文化修养，促进自身精神成长""应通过优秀文化的熏陶感染，促进学生和谐发展，使他们提高思想道德修养和审美情趣，逐步形成良好的个性和健全的人格"。为此，语文课堂上，教师要不断发掘文本的人文因素，使学生感悟"天生我材必有用"的自信，"长风破浪会有时，直挂云帆济沧海"的豪情，"先天下之忧而忧，后天下之乐而乐"的情怀，"会当凌绝顶，一览众山小"的气概……在语文课堂中融入"人文味"，让语文教学成为培育学生灵魂的主要手段。

二、注入"人情味"，让语文教学"怡情"

语文课堂教学过程是师生情感交流与互动的过程，而教材文本（课文）是承载和传播真善美情感的载体。教学中，"应该重视语文课程对学生思想情感所起的熏陶感染作用，注意课程内容的价值取向……"，只要教师能挖掘文本中融入的作者情感，引领学生进入文本、走进作者心里，使学生、文本、教师、作者的情感发生共鸣，语文教学就会达到"登山则情满于山，观海则意溢于海"的"怡情"境界。语文课堂上，教师注重人情因素的发掘，搭建学生与文本之间的情感之桥，引导学生与优美质朴的文本和优秀的文化接触，与古今中外对话，充分发掘教材（课文）的情愫，让学生始终涌动情感的生命源泉，培育热爱祖国、关爱社会、眷恋故土、珍爱青春、感恩亲情等情感，不仅可以实现语文教学提高学生语文素养的目的，还可以实现教育的育人目标。例如，教师可以引领学生从《背影》中感受父子深情，从《猫》中感触人性的自责愧疚之情，从《武陵春》中体悟"只恐双溪舴艋舟，载不动许多愁"的离愁别绪，从《京口北固亭怀古》中感悟拳拳赤子之情……的确，语文作为感性大于理性的学科，语文教学确实需要教师情意绵绵的投入和付出！

三、植入"文学味"，让语文教学"审美"

据统计，现行各种版本的语文教材中，文学类作品所占的比例都在80%—90%。"在语文学习过程中，培养爱国主义、集体主义、社会主义思想道德和健康的审美情趣……""语文课程还应通过优秀文化的熏陶感染，促进学生和谐发展，使他们提高思想道德修养和审美情趣"。语文课教师要根据教材编写的体例和单元教学的要求，根据每篇课文不同的特点，根据学生的实际情况，选择适当的角度切入。引领学生在品味或幽雅、或豪迈、或沉郁、或飘逸、或讽刺、或幽默的优秀文学作品时，净化学生的心灵，陶冶他们的性情，丰富他们的诗化语言；引领学生欣赏文学作品中的语言美、意象美、意境美、思路美与文化美。让学生在审美鉴赏活动中主动提高审美能力，引领学生走进文学殿堂，养成自觉阅读经典的习惯，让学生在阅读中提升生命的质量。

四、导入"时代味"，让语文教学"导航"

任何学科的教学都应抓住时代脉搏，体现时代特征，将社会与人生紧密联系在一起。"语文课程丰富的人文内涵对学生精神世界的影响是广泛而深刻的，学生对语文材料的感受和理解又往往是多元的……同时也要尊重学生在语文学习过程中的独特体验"。语文课堂上，教师恰当地结合作品中具有时代类同性的人文因素，创设新颖独特的教学情境，激发学生参与探究学习的激情，陶冶他们的情操，激活他们的思维，引领学生多元理解，阐发个性体验。所以，语文课堂教学中，教师应结合文本特点引导学生关注社会、关心民生，鼓励学生辩证地看问题，多元化解读文本，培养学生认知世界的能力和批判精神，让课堂这一小天地，成为学生体验人生导向的航船。教师则以舵手、水手等多元角色参与其中，恰当引导学生关注社会热点，了解国内外发生的大事，让学生从文本之内跳到文本之外去了解众生百态、人情冷暖、世间万象。这些对学生来说，无疑是既营养丰富，又品质不俗的精神大餐。

著名教育家陶行知先生曾说过："生活即教育，社会即学校，没有生活做中心的教育是死教育。"的确如此，生活确实是教育的中心，教育只有依靠生活才能产生力量而成为真正的教育。

生活犹如潮水，每时每刻都激荡着我们的情感，刷新着我们的知识。语文犹如旋律，教师只要能在课堂上"以文为本"引导学生反复咀嚼、仔细玩"味"，让学生动心、怡情、修身、养性，那么语文课堂就必然会充满激情，绽放出美丽的光彩，也就实现了真正意义上的"以人为本"，语文也将被称为"提升生命质量的把手"！

例说语文阅读教学之本：以"文"为本和以"生"为本

——从教学《紫藤萝瀑布》说起

课标指出："阅读是运用语言文字获取信息、认识世界、发展思维、获得审美体验的重要途径。阅读教学是学生、教师、教科书编者、文本之间对话的过程。"

"阅读教学应引导学生钻研文本，在主动积极的思维和情感活动中，加深理解和体验，有所感悟和思考，受到情感熏陶，获得思想启迪，享受审美乐趣。"

透过课标对阅读教学的要求，我们不难看出，阅读教学必须相依相存的两个基本点，即阅读教学必须以"文本"为本，必须以"学生"为本。阅读教学的过程是学生、教师、编者、文本及作者之间对话的过程。这四个因素中编者的意图和文本的内涵都是既定的静态因素，只有学生的学和教师的教是待定的动态因素。而教师的备课教学和学生的学习过程又是在动态呈现中的互动过程。师生在互动中解读教材文本最后达成学生的成长，即"有所感悟和思考，受到情感熏陶，获得思想启迪，享受审美乐趣"。但是，在实际的阅读教学中贯彻新课程理念时我们却常常出现这样的一些尴尬：

比如《紫藤萝瀑布》作为一篇抒情散文，其中对紫藤萝的描写都折射着人生和世态，尤其文中化静为动的景物描写，委婉含蓄的情感流露，那种在悲苦的人生和世态中展现的积极向上的人生态度，应该是我们教学的一个重要目标。实际教学中许多教师只是把这篇文章作为写景的文章，只停留在写景本身，并没有从文字走进作者心中，更没有明白编者的意图。所以笔者借自己教学此文来谈谈阅读教学的基本原则和主张。

一、以文为本，解读文本

宗璞虽没有经历如杜甫那样世事的艰辛，也没有经历如苏轼命悬一线的悲怆，但是他的散文却既有杜甫的沉郁、顿挫、苍凉，又有苏轼的旷达、洒脱、乐观，这两种风格的融合造就了宗璞这种代表中国知识分子的理想人格特质。所以我们阅读教学这篇文章时，首要的就是教师在备课时做足深入研读解析文本的功夫。那么如何深入而准确地解读文本呢？

（一）紧扣文本来解读文本

教师不必急着去翻阅大量的备课资料，更不必急着想依托别人的解读来引导限制自己的解读，而应该一遍又一遍地阅读课文，投入真性情去感悟课文，也就是我们现在提倡的"裸读"。这时你就会发现文中作者用十多年前的紫藤萝花的情景与眼前的繁盛的紫藤萝花状态进行对比，来突出眼前紫藤萝花的勃勃生机；作者用紫藤萝花的不幸遭遇与人的不幸遭遇类比，来说明花和人都会遇到不幸；作者用紫藤萝花的被毁坏与重现生机，以及紫藤萝花的生死荣衰暗示人生的哲理；作者的情感经历与命运也如紫藤萝花的命运；紫藤萝花的命运也是十几年来国家经历的命运的写照和象征。在课文开头我因为紫藤萝花的繁盛而停住脚步，到结尾因为紫藤萝花的感召而加快脚步，这首尾呼应的设置也集中体现了作者思想变化的过程，从迷惘惆怅、痛苦不宁到领悟宁静、振奋喜悦。还有文中对紫藤萝动静的转化描写，从静态的花到动态的似流动的瀑布的比喻，让我们真切地感受到作者内心情感由静到动的涌动与喷薄，这样也很容易引领学生明白开篇我的"停住脚步"到结尾的"我加快脚步"的深刻内涵，就不是简单地停留在首尾呼应的解读之上了。

（二）紧扣作者来解读文本

文章必是作者真性情的流露，"文章合为时而著"，也就是作品与时势有密切关系，活在社会中的人又怎能不受世事的影响呢？所以解读文本必须要探究作者的经历遭遇，才能正确把握作者构思文章的真实意图，比如本文中作者提到的"生死迷、手足情"，是作者内心悲苦的源头，还有文中提到的"生活腐化"的一笔带过，都不是可有可无、无关紧要的，虽然写得少却对文本的正确解读有提示作用，前者是作者亲人故去带给作者心灵的创伤，后者则是社会的畸变给作者带来的打击，由此我们就可以顺藤摸瓜，解决"花和人都会遇到不幸……"这一理解难点。这样用花的经历比照人的遭遇，由看花到忆花，再到悟花，人与花也就自然而然融为一体，这种奇巧的构思也就水到渠成地得以解决了。虽然形式服务于内容和中心，但这种形式与内容巧妙融合的精巧设计的文章很难看得到，教师的解读自然会对学生的读和写有潜移默化的作用。

因此，教学文本的前提应当是能正确解读文本，合理解读文本，并非是依赖教参或其他参考资料，进行文字或他人主张的宣讲与传授。只有尊重文本特质、尊重作者创作意图来解读，才不至于出现解读的偏差。

二、以人为本，教学文本

笔者曾遇到过有教师在教学此文时就简单地将此文的重点设计为对紫藤萝花的描写品析，对此文的教学目的比较牵强地说成对紫藤萝花精神的赞美，完全曲解了作者作品的丰富内涵和编者选编此文的意图，甚至于产生此文不适于七年级学生的学习的想法。这些错误的做法和认识其实源于我们对文本的粗浅的认知，对学情即当前年龄状态下学生的世界观、价值观、人生观等方面缺乏理性的分析，这也映照出当前许多老师备课几乎不考虑学情，完全照搬别人的教学目标或是教学设计的教学现状。就是把这篇课文教了就行，完全背离了教材是例子，用教材教而非教教材的理念，所以教学中难免会出现前面所列举的错误认识。作为一篇宗璞的经典抒情散文作品，它的教学价值是巨大的，不论是文本中蕴含的精神价值层面，还是作者寄托纯净人生价值的写作技法和语言文字价值层面都是我们所见文本中的极品和上乘之作。编者将此文编入七年级下册的教材，他的意图也是考虑到七年级学生不论从身心的发展需要还是学习的需求方面，此文恰如其分，至于作品略显深邃的内涵和含蓄的语言表达，则是学生从浅易文本向有内涵文本的一个质的跨越。教师作为教学的主导者，其引领式解读和精巧教学设计决定了学生主体对此文本的理解和掌握程度。教材的内涵和技法的相对固定，决定了教师必须从相对动态的学生角度来设计教学，才能很好地达成本课的教学目标，实现学生认知和知识的一次质的飞跃。

（一）巧设主问题搭桥铺路，引领学生走近文本

作为一篇相对隐晦含蓄的散文作品，文本的语言、精巧的构思、经典的表达技法都决定了此文在当代浩如烟海的散文作品中的地位。如何让七年级十三四岁的孩子能从以往的浅薄阅读和生活体验中进入作者由感性趋于理性的创作体验并非易事，教师在借助教学设计来突破这一难点时既要考虑文本特质又要关注学生学习的知情意行诸方面的进展状态。那么课堂教学中问题的设计其实就是要为学生搭建从文本到学生知情意行原有基础的桥梁，构建学生知情意行诸方面提升的平台。一篇完整而又完美的作品，切不可刀劈斧凿地

进行切割解剖，应该在完整理解的基础上进行设计，以主问题为桥梁，推进文本的学习。比如，问题一：眼前的紫藤萝是十年前的紫藤萝吗？它们一样吗？为什么？引导学生把握作者选材和对比构思的精巧设计，为主题的把握奠定基础，也是对课文整体构思中精选材料的探索感知。问题二：看到眼前的紫藤萝之前"我"是怎样的心态和状态，看过紫藤萝后"我"的心态和状态如何？为什么？此问题则是引领学生对作品深刻内涵的初步探究，为下一步教师设计由物及人的托物言志手法的理解奠定基础。也能够关涉作品开头和结尾的特点和作用。问题三：你觉得文中花和人有无相似之处？哪句话把二者结合起来？作者到底借花要表达什么？此问题就是在前面两个问题的铺垫引领之下水到渠成地直奔主旨，也打通了学生学习理解本课重难点的道路。三个主问题巧妙地把材料选择重组、语言文本感悟品析、写作技巧、作者思路精妙而完整地融在其中，既没破坏文本的完美完整，又解决了文本理解的重难点，更促进和提升了学生对语言文字的感悟能力，对作品精巧构思的品析能力，提升了学生对托物言志类散文作品的阅读水平。

（二）巧用作者经历、作品背景，引领学生走近作者

走近文本是阅读教学的第一步，而编者选编此文的另一个重要目的应该是让学生从走近文本到真正体会到作者真性情的情怀和思想内涵。从而丰富学生的阅读方法体验和阅读心理情感的体验，达到语文教学中充分体现的人文性和工具性双赢的境界。从走近文本到走近作者情怀，从而丰富自我完善自我，这才是语文教学的最高境界。传统的文如其人的看法也从另一个侧面证实了学文必须要上升到学人的境界，作为人文综合学科，很难绕开这一教学主题。所以从《紫藤萝瀑布》一文来看，我们不仅要感知作者经历磨难悲苦的心境遭遇，更应该从作者的身上学到如何在经历困厄时保持坚强乐观、积极向上的心态，逐步学会自我的调整和完善，这不就是我们所有人在人生之路上必备的也必须认真学好的一堂课吗？因此把握文本中所含蓄流露出的作者对自我遭际的暗示以及了解作者的实际生活经历和创作背景，无疑就成了跨越从文本到作者情怀的无形的桥梁和纽带了。所以笔者认为不论古今中外，但凡略有思想和内涵的作品，若要真正地理解它，达到文道合一、文人合一的至高境界，不在知人论世上下点功夫，恐怕对文本和作品内涵的把握，对丰富自我、完善自我的教学要求也只能是"蜻蜓点水"的解读罢了！

最后，笔者借用作者大名再次诠释语文教学的地位和作用。宗者，正也，主也。以文为本、以人为本，这是语文教学的正宗正道。璞者，玉未治者也。学生似璞玉，文本似璞玉，课堂似璞玉，语文教师就是要通过对文本课堂的打磨设计来达到对学生的知情意行诸方面的打磨，让学生在人生的道路上如玉般纯洁与美好。愿每位语文教师能尊重立足文本、促进发展人本，回归语文教学的本真，全面提高学生语文素养，提升语文教师教学水平。

第二章 2

"零距离语文"
课题研究实践

作为教师进行专业的研究成长必须得进行课题研究，通过课题研究来提升教学研究的能力，解决语文教学中出现的问题，拓展教学视野，实现自身从普通的教师向研究型教师、专家型教师的转型和成长。

课题一　《农村初中语文实效性读写结合教学策略研究》研究报告

一、课题的提出

（一）课题提出的背景及意义

语文课程的任务之一就是积累语言、运用语言。因为"丰富的积累，灵活的运用"是形成语文素养的基础。积累的重要性无人不晓，但目前对如何进行实效性读写结合缺乏必要的研究，具体表现在以下几点：

1. 记忆机械，不重理解应用

以前，积累的主要方式是抄抄写写，切断了记忆储存与理解、感悟、鉴赏的联系，使积累变成了孤立、机械的记忆活动，很大一部分都变成了无效积累，读与写联系不够密切，有的学生书读了不少，但写作能力没有相应地提高。

2. 注重内容，忽视态度方法习惯

积累指导偏重内容的扩充，忽视了自主积累意识、能力与习惯的培养，更缺乏方法的引导。读书面太窄，大多是比较浅显的童话故事，古今中外的经典

作品读得较少,读书缺乏思考和体会,读书缺乏积累。

3. 重阅读,轻写作

教师教学存在误区,阅读教学与作文教学分离,重阅读、轻写作。忽视了读和写的密切关系,导致教师在阅读教学中仅是为了提高阅读能力,却无意于提升写作能力,阅读教学中的写作技巧很难转化为学生自身写作的技巧,不能学以致用。尤其课本中的文章都是专家遴选的具有丰富的人文内涵和写作技巧的美文,教师只停留于阅读理解层面,而在课堂上对赏析艺术技巧更是减而淡之。学生的写作能力、写作技巧无从学之,连最起码的模仿写作都实现不了,谈何创新?

4. 办学条件和生存条件直接影响读和写的教学

农村中学的办学条件和生存条件也直接影响了读和写的教学的和谐发展。图书室图书陈旧过时,藏书量不够,开放时间限制,购书读书条件有限等原因,都直接制约了学生读的思维和行为,自然写作意识、习惯、能力相应地就受到了辖制。针对读写方面存在的上述问题,找到一条行之有效的解决办法迫在眉睫。

我国传统语文教学认为,博览、诵读、精思、背诵,是学生接受丰富的文化滋养,积累语言培养感悟,形成较扎实的语文功底的有效方法。《语文课程标准》在"课程的基本理念"中提出了"语文课程应培育学生热爱祖国语文的思想感情,指导学生正确地理解和运用祖国语文,丰富语言积累,培养语感,发展思维,使他们具有适应实际需要的识字写字能力、阅读能力、写作能力、口语交际能力"的课程总目标。还指出"写作是运用语言文字进行表达和交流的重要方式,是认识世界、认识自我、进行创造性表述的过程。写作能力是语文素养的综合体现"。

古人说"熟读唐诗三百首,不会作诗也能吟",那么如何在学生读书与写作之间搭建一座桥梁,使农村学生将有限的读与广博的写有机地结合起来,如何让农村学生在读的过程中学习写?因此,针对农村初中实效性读写结合教学策略的研究这一课题笔者认为值得研究。

(二)课题提出的理论依据

1. 语文课程标准

《语文课程标准》指出:"写作是运用语言文字进行表达和交流的重要方

式，是认识世界，认识自我，进行创造性表达的过程。"中学作文的基本职责和主要任务是培养运用语言文字的能力和思维能力。而阅读是最直接的丰富学生语言的基本途径。

2. 现代课程论

现代课程论认为，基础教育是公民教育，学生在语文教育中要获得的最基本的东西是语言积累运用，它是公民必须具备的发展的必要条件。

3. 现代教育心理学

现代教育心理学研究表明：少年个体智力发展的一个突出特点仍是记忆力强而理解力较弱，注意力适宜引到记忆类事物而不宜分散到难以理解的多种事物中去。这就表明：少年时期应该有一个强化读书，大量积累语言信息而后运用的阶段。有助于学生向青年期智力发展特征过渡。

4. 多元智能理论

多元智能理论创始人加德纳认为：语言历来是人类社会不可或缺的一种"人类智能的卓越范例"。语言是使别人信服其行动过程的一种能力。语言智能是其他智能的基础。

5. 语文是一门工具学科

语文作为一门工具学科是举世公认的，它的工具性、人文性特点必然决定了学生学校学习离不开它，终身学习离不开它，生活更离不开它，而读写是语文基本素养的中心，自然人的任何时期的生存发展也都离不开它。

6. 以丁有宽的丁氏教材教法及三大理论为实践依据

丁有宽提出了教育思想、教学思想、教学方法改革的探索；遵循读写结合的对应规律；按照学生读写的心理规律，根据儿童的"三性"——欲表性、模仿性、遗忘性，探索课堂教学的优化结构。这些理论在今天的教育教学中还是有着深远意义的，为我们进一步研究读写结合策略提供了很多的帮助。

二、课题研究的目标

（1）引导学生开展丰富有效的阅读活动。

（2）探索有关读写结合，读中学写的教学策略。

（3）丰富语文积累；提高学生写作能力，全面提高学生的语文素养。

（4）通过研究和实践，引领农村的广大语文教师不断更新教育观念，积极推进课程改革,努力转变教学方式。促使教师在研究和实践中不断提高自身的科研能力,从而使我校的教育科研取的新的突破。

三、课题研究的内容

本课题立足于对学生语文素养现状和读写教学现状的调查与分析的基础上,着力探寻读写如何结合,提高学生语文素养的有效策略,并付诸实施,最终总结一套可供借鉴的途径和方法。

(一)培养学生读书兴趣,使学生喜欢读书

指导学生掌握正确的读书方法,培养学生良好的读书习惯。因此,应增加适合学生阅读的现代、当代文学作品,古代优秀文学作品,以及优秀的外国文学作品。

(二)丰富语言积累,提高语言运用能力

背诵积累优秀诗文、优美词句段,并练习用积累的词句说话仿句,并能够进行适当的仿写、缩写、扩写、续写、改写,运用一题再做等多形式进行练习。

(1)开展"每天一文""每月一会"读写活动。力争绝大多数学生能在实验阶段熟读课标推荐的"优秀古诗文"中大部分名家名篇和优秀习作。

(2)重视引导典范语言的积累,使学生在丰富语汇的同时,体味深刻的思想和美好的情思,提高语文素养。创造条件使积累有效化、实用化。

(3)强化学生写作能力,提高学生写作素养。

(4)充分强化读与写的结合,改变以往的教学方式,力主读和写的紧密联系。

(三)开展语文实践活动,展示学生读写的成果

组织学生开展古诗文诵读、讲故事、读书心得座谈会、笔友会、读书笔记展示、博文评比、创办文学社及其社刊等活动,提供学生展示自己读书成果的舞台,帮助学生树立读书的信心,体会读书带来的成功与乐趣。设置多种交流、展示平台,引导学生积极运用平时的积累。鼓励学生自主创作,利用网络博客,展示交流评价自己和他人的习作,并定期进行评比,给予适当奖励。

（四）遴选第二课本

遴选至少一套适合学生提高阅读写作水平的短小美文佳作作为学生第二课本，将读写能力素养提高与考试考查二者有机结合起来。

四、课题研究范围

（1）从农村中学教学现状入手，分析研究适合于学生的读与写的教学策略。

（2）从现有农村的语文教学资源入手，合理配置开发利用，以求教学优化。

（3）以课内课外阅读和课内作文教学、课外练笔随笔等为主要研究内容，探索读写结合的实效性策略。

（4）以传统文本和现代媒体为支点，拓展读写范围，搭建读写平台。

五、课题研究的方法

1. 文献研究法

通过收集和分析相关的文献资料，形成对本课题的有关概念的认识与思考，寻求理论层面的支持，构建理论框架。

2. 行动研究法

课题组成员边实践、边研究。在行动中研究，使行动过程成为研究过程。及时总结反思，对实验过程进行修正完善。

3. 案例研究法

通过对典型案例进行分析，从个别到一般，透过现象来揭示其内在规律，从而逐步调整和完善实效性读写结合的教学策略。

4. 调查问卷法

分阶段对实验学生班级进行调查问卷，进行分析归纳，形成相关调查报告。

5. 统计对比法

通过对试验班级和非实验班级读写状况的统计对比抽样，来验证和推进课题研究的深入发展。

六、课题研究的步骤

为保证课题研究顺利开展，我们精心安排、分工合作、按步实施，确定研究分四个阶段进行。

1. 准备阶段

2008年3月—2008年4月为准备阶段。制定课题研究的规章与课题研究方案，开题，为课题的顺利开展迈出坚实的第一步。

2. 理论研究阶段

2008年5月—2008年9月为理论研究阶段。结合农村学校教学实际，在了解农村学生的基础上，通过课题组成员认真分析教学现状，细致研究，制定出切实可行的课题实施方案；收集整理文献，通过理论研究，提高认识，增强研究信心，为课题研究工作的开展和深化提供保证。

3. 行动研究阶段

2008年10月—2010年8月为行动研究阶段。利用教学实践进行研究，针对研究中存在的问题，及时纠正实施细节，不断积累摸索，运用多种研究方式深入研究。提高教师的业务能力和技术水平。组织教师进行教学观摩、教法研讨、学法指导，共同学习。对研究阶段性成果及时整理，适度在校内推广。

4. 总结阶段

2010年9月—2010年12月为总结阶段。改进和完善前阶段的研究工作，进行成果汇编，申请课题结题验收，对课题研究进行反思与总结。

七、课题研究的具体过程

（一）建立健全明确的组织管理与精细的分工机制

自申报课题之日起，我们就通过研究确立了课题研究的分工与职责，而且责任到人。尤其有教研员的参与，在课题的指导上有了保障，有校长的直接管理，课题的实施有了行政上的约束与推进。参与教师都是有一定经验和资历的教师和兼职教研员，所以在研究科学规范的实施上得到保障。

表1　课题研究成员及研究分工

姓名	性别	出生年月	职务	职称	学历	研究分工
李　涛	男	1976.12	校长	中一	大学	课题研究管理、经费保障
周永福	男	1972.9.15	兼职教研员	中一	大学	总负责研究工作、课题实施全过程
周登国	男	1965.11	教师	中一	大学	课题实施、材料收集、整理、汇总
蔡平生	男	1959.9	中教室主任	中高	大学	理论分析、文献收集、督察指导
张永华	女	1964.10	语文教研员	中高	大学	理论分析、文献收集、督察指导
史　辉	女	1965	语文教师	中一	大学	课题实施、材料收集、整理、汇总
李　奋	男	1968	计算机教师	中一	大学	材料收集、整理、汇总
雷振清	男	1968.9	校长（原）	中高	大学	课题研究管理、经费保障

（二）建立健全科学严格的研究与管理制度

在研究启动之时，我们依据自治区教科所、教研室、市教研室的课题研究管理制度，制定了我校的课题研究管理制度，并且用文件的形式作为学校现在和今后课题研究的制度而颁布应用。

（三）设计并逐步调整形成较为科学的研究方案，制订切实可行的计划

在课题研究初始，我们通过研究讨论制订了翔实的研究计划，并随着课题研究的深入，逐步修改完善了课题研究的方案，严格按照方案实施研究。制订了课题研究的中长期师生活动计划、课外美文阅读教学计划、课标规定的名著诗文阅读计划、大语文阅读写作教学计划、课前三分钟读说训练计划，根据计划严格执行，大部分落实了以上计划的活动和内容。开展读写教与学调查分析活动、随笔诵读与交流评比展示、学生读书卡设计制作评比展示、学生同题异构作文竞赛、美文诵读比赛、学生名著读写竞赛、名著知识测试竞赛、网络阅读作文点评、美文阅读点评、演讲比赛、古诗文诵读比赛、专题阅读与探究活动共计12项师生研究教学活动，

（四）筛选并推荐使用课外阅读教材

以新课程标准为基点的课外阅读教材四类（《阅读百分百》《阅读黑马》《金牌阅读》《培优阅读计划》），结合课题研究教材《神笔阅读与作文》和通用课程人教版教材，进行细致科学的教学和研究。

两年多的研究过程中，我们课题组集体从近十类阅读教材中筛选出三类适合于中学生阅读的文质兼美的课外阅读教材，推荐给学生使用，结合通用课程教材和《神笔阅读与作文》课题研究教材，开展并实施了美文阅读"每天一文"活动，规定学生每学年阅读不得少于260篇美文。完成读书笔记每学年2万多字。随笔每周一篇，每年48篇约30 000字。推进学生阅读课标规定的经典名著近百部，撰写各类不同形式的读后感悟近千篇。最大限度地推进了学生阅读和写作能力的提高发展的进程。

（五）科学合理的实施

课题研究作为一种规范有序的研究活动，除了有严格的制度约束外，更应该有严格的操作实施程序、操作方法。

1. 准备阶段

在课题研究的准备阶段（2008年3月—2008年4月），制定课题研究的规章制度与课题研究实施初步方案并开题，为课题的顺利开展迈出坚实的第一步。

2. 理论研究阶段

在课题研究的理论研究阶段（2008年5月—2008年9月），我们首先结合农村学校教学实际，进行了师生阅读与写作教与学的调研分析，通过全组认真精心的组织与调查分析，充分掌握并了解了农村学校师生读写教与学的现状，撰写了相关分析报告20 000多字，为进一步科学有序合理地实施研究奠定了基础。其次我们在了解农村学生的基础上，通过课题组成员认真分析教学现状，细致研究，调整并制订出切实可行的课题实施方案和各类计划6份，为课题研究活动的有序实施规划了前景。最后，为了更加便捷、明朗、清晰地实施课题研究，扫除教师对此课题的迷茫困惑，形成对本课题概括的认识与思考，寻求理论层面的支持，构建研究理论框架，我们组织教师从多方面、多渠道、多角度收集整理该课题的相关论述文献近百篇50 000余字，通过理论收集整理既培训了研究成员，也提高我们对此课题的认识，增强研究信心，为课题研究工作的开展和深化提供有效的保障。

3. 行动研究阶段

在课题研究的行动研究阶段（2008年10月—2010年8月）。我们坚持研究服务教学的原则，利用日常教学实践进行研究，一边研究，一边发现问题，一边诊断改进调整，一边反思总结，针对研究中发现的问题、存在的问题，及时纠正实施细节。

坚持以问题为引导，以教学活动为载体，以竞赛评比展示为平台，以培训汇报为助推剂，以双向研究为研究模式，以纵向深入推进和横向对比分析为总体布局，以监测月考和平时师生表现为动态分析点，以师生共同发展为目标的研究宗旨和研究方向，不断积累摸索，运用多种研究方式深入研究。我们以推进绿色阅读，绿色写作为己任。

第一，筛选并推荐使用以新课程标准为基点的课外阅读教材（《阅读百分百》《阅读黑马》《金牌阅读》《培优阅读计划》），这些阅读系列丛书是我们课题组集体从近十类阅读教材中筛选出的适合于中学生阅读的文质兼美的课外阅读教材，推荐给学生使用。既兼顾学生阅读兴趣、阅读习惯、阅读方式方法的训练，又有利于培养学生阅读兴趣和能力，使其形成良好的阅读习惯，又易于学生情感态度价值观的健康形成。

第二，以推荐阅读的教材结合课题研究教材《神笔阅读与作文》和通用课程人教版教材，进行细致科学的教学和研究，通过研究组成员分析研究，从教材中挖掘写作因素，筛选读写结合点。在备课教学设计中提炼讲解、实践应用这些写作方式方法技巧，从点上入手，培养学生写作能力和习惯。

第三，努力达到读写的有机结合。在学生的阅读中教会学生如何阅读美文，教会他们能使用批注、圈点勾画来阅读美文。使学生的阅读从简单的粗浅的对文本内容写法的理解上升到对名家美文写作技巧、写作思路的揣摩学习，从学生对文本的感性学习到对文本的理性欣赏，从学生的被动艰苦的阅读到自觉愉悦的阅读，从单方面的阅读到读写的结合。两年多的研究过程中，学生的阅读能力有了明显的增强，阅读的速度超越了非实验班级很多，对文本的准确把握已达到一定的准确程度。处理阅读类试题准确率很高，阅读方式方法习惯已基本上形成。学生会读书，不动笔墨不读书的局面已初步形成。写作能力尤其有了很大的增强。由开始时的只能写三四百字的文章，到研究结束所有的学生能够随便完成较高质量（相对非实验班级）的600字以上的文章，学生的作文中写作技巧明显的灵活于非实验班级，每篇作文中写作技巧运用种类都在3种以上，再也见不到流水账式的作文，学生对作文不再头疼，乐读乐写的局面初步形成。

第四，通过逐步科学实施读写结合策略的原则，逐步形成读写结合策略教学的模式。

① 分解性原则。在进行读写结合训练时，应根据一单元阅读和写作的训练重点，确定读写结合的阶段目标，渗透某个要点和某种写作技能。当学生掌握了这一阶段的策略之后，再进行下一阶段的训练。

② 练习性原则。读写结合策略单凭讲解是不能使学生的能力有所增强的，必须经过严格的训练，要创造机会，让学生经常随文小练笔，如写开头、结尾、口头读写、写片段等，将"读中学写"落到实处。

③ 形式多样化原则。读写结合的形式应该是多样的，比如学习《故宫博物院》之后，让学生仿例文写《我们的学校》，列出写作提纲；学《范进中举》后，让学生想象后来范进怎么样了，进行想象叙述；在单元写作指导中，重温同类课文的写法等。

④ 迁移性原则。读写结合训练之后，如果不能在广泛的条件中运用，就可能产生惰性。因此，当我们找到读写连结点之后，在课堂训练的基础上，还要鼓励学生深入生活，开阔视野，在迁移运用中进一步将阅读和写作结合起来。经过理论学习和实践，我们总结出了在阅读教学中实施读写结合策略的基本模式：整体读文，了解大意→找准重点，读写联系→读写迁移，提高能力→课外拓展，扩大视野。

具体来说，第一环节，要引导学生透过文字去整体理解文章所表达的内容，对事物获得感受，让文字所表现的事物在头脑中形成鲜明的形象，让书本的语言化成为学生头脑里的内部语言。再引导学生把自己对语文的了解、对事物的认识、感受，把头脑中鲜明的形象说出来，让内部语言化成外部语言。

第二环节，要引导学生体会作者是怎样运用语言文字表达内容的，总结文章的写作特点，感受语言魅力，学习写作知识。

第三环节，以写作为手段，在作文随笔的实践中运用阅读时学到的知识技巧，训练作文能力，同时使读的效果得到巩固。

第四环节，紧扣读写连结点，拓展到课外的阅读和表述中，在理解语言文字的基础上学习运用，在运用语言文字的训练中加深理解，使学生这两种能力都得到发展。

第五环节，借助活动竞赛推进课题研究。我们抓住学生心理特点，结合通用课程教材和《神笔阅读与作文》课题研究教材，用精选的课外阅读教材开展并实施了美文阅读"每天一文""课前三分钟""演讲比赛""古诗文诵读默写""美文诵读""主题探究性阅读""读书卡竞赛""作文竞赛""网络美文阅读点评"等12项竞赛展示活动，极大地激发了学生读书兴趣，丰富了学生语言积累，增强了学生运用语言的能力，培养了学生好读书、会读书的习惯，为学生的发展提供了锻炼与展示的平台，有效促进了师生的发展完善。

第六环节，积极倡导并力求形成"读经典做好人"的阅读格局。我们规定学生每学年阅读不得少于260篇美文。完成读书笔记每学年2万多字。随笔每周一篇，每年48篇约30 000字。推进学生阅读课标规定的经典名著近百部，撰写各类不同形式的读后感悟近千篇。通过读来达到对传统文化的吸收的目的，真正让读书成为育人、化人、塑人、成人的最佳方式。这种兼收并蓄的读写状态才能达成社会、家长、学校的共识，符合新课程标准所倡导的育人学习理念，最大限度地促进学生阅读和写作能力的发展，促进和谐育人的进程。

第七环节，促进师生教学相长的局面形成。在研究过程中，随着研究的深入，我们的教师发现了自己的不足，出现了前所未有的合作、研讨和学习局面。以前的教研活动没人参加，参加了也是一言堂，听听课评评课，学学文件，上传下达。教师的业务学习也只是停留在抄抄笔记，传传日志，跟跟帖子，而且就这些也是有强有力的考核制度作后盾的，始终处于被动敷衍的状态。经过参与课题研究，许多成员发现自己竟然有那么多的不足，经验有余、理论不足，传统有余、创新不足。于是主动去图书室、网络上学习相关理论，建立个人博客，整理笔记日志（网络）以备随时学习。而且教师间对研究中发现的问题不是视而不见，而是紧抓不放，通过研讨、交流、争辩，提高了认识，有力地促进了教师的专业化发展。

第八环节，及时积累整理研究中的所得。在研究过程中教师一边研究，一边整理研究所得，把他们的想法做法整理加工，形成论文成果；把教学中比较经典的教学设计整理成册；研究过程中每月一小结、每年一总结，形成阶段性研究总结。把研究的最切合教学实际、可供推广的经验以成果的形式首先在校内推广，然后向校外扩展，并经常和所采用学校教师沟通，不断改进推广成果，以求让成果最优化，最好地服务于教学，提高教学质量。

第九环节，创建课题研究网站，最大限度地共享资源，最大限度地推进课题研究工作。我们不仅创建了自己的研究网站，而且在青铜峡教研网语文专栏上建立课题研究栏目，实时公告研究动态，以求全体教育同人的关注和参与，通过网络让我们的研究更公开化，同时也起到了对我们课题研究的监督作用，也带动了我校我市课题研究工作的开展。

4. 总结阶段

在总结阶段（2010年9月—2010年12月），我们改进和完善前一阶段的研究工作，进行成果汇编，向我们成果应用学校征求采用意见，修改完善成果，并申请教研室对研究成果进行初步验收和推广，撰写结题报告，最后向总课题组申请课题结题验收，对课题研究进行深入的反思与总结，为以后的课题研究积累经验教训。

八、课题研究的成果成效

（一）显性成果有

（1）摸索制订出一整套读写结合，课内课外科学训练的计划。

（2）形成一套阅读教学导读导学模板。

（3）编订精选形成一册课外美文的导读导学案。

（4）整理编订一份关于读写结合的理论文集。

（5）撰写并发表研究论文13篇，教学设计60篇，研究分析报告6篇，共计文字近18万字。其中论文《语文教学中的多与少》《对反思性评课的认识》《以学生为本评价课堂教学》被《宁夏教育》采用，获市级一等奖3篇，《阅读与写作联姻促进读写互利共赢》等7篇论文或设计被"十一五"课题组中期评估评为一、二等奖，《古峡教研》采用2篇，阶段研究报告被"十一五"课题组中期评估评为一等奖。"读写结合导读导学模板"被市教研室和市第五中学应用推广获得一致好评。《在批注式阅读中提高写作能力》《发挥语文阅读对写作的促进作用》《让作文教学与阅读教学携手》《善于挖掘教材筛选读写结合点》等6篇论文和《让恨像花儿一样》《最美的嫁衣》《晚报b叠》《母亲的存折》等6篇教学导学案例，《故宫博物院》《土地的誓言》《荷塘月色》《晚报

b叠》《黄河颂》等7件课件，《故宫博物院》《荷塘月色》《晚报b叠》三节课堂实录上报参评"十一五"全国教科研成果评比。

（6）筹建运行课题研究网站，注册学生200多人、教师11人，发表日志2 445篇，点击率截至2010年5月7日已达587 401次。制作上传课件资源60件，组织师生常规和网络读写活动10次。

（7）课题负责人周永福同志2008年被教育部教师发展基金会评为全国教科研先进教师。2010年4月被市教研室推荐参评教育部教师发展基金会的"十一五"教科研先进工作者，同时其被列为骨干教师培养对象。

（8）学生方面：有30人次的作文被选登或在市作文大赛中被评为市级一、二等奖。在全市美文诵读比赛中实验班学生组队获全市一等奖。在校级作文、演讲、朗诵、默写、阅读竞赛中都取得了较好的成绩。收集整理学生各类作品文集一本20 000多字。

（9）教育教学成绩取得明显的提高。课题研究教师和实验班级已连续3次在市教研室质量监测中获得全市前三名的好成绩，任课教师被评为教学成果先进个人。

（二）隐性成果有

1. 课题研究对教师产生的影响

教育科研的过程是一个自我学习、自我教育的过程，更是一个提高教师职业理想、职业道德、心理素质、知识素质的过程。课题研究使实验教师的素质有了一次飞跃性的发展和提高。

（1）教科研能力得到提升。根据课题研究的需要，经过培训指导，引领课题组教师主动学习教育教学理论，学会查阅教学科研相关资料，写作理论摘要。掌握了一定的教学研究方法，基本上能够独立完成问题的设计、小专题的研究。

（2）教育理念得到强化。经过规范的课题研究过程，课题组教师明确了教学科研同教育教学的密切关系。能够认知教学必须要有教研的支撑。进行课程改革，必须依托于课题研究等教学科研的实践。提高教育教学成绩，解决教育教学中的疑难杂症，也离不开教学科研工作。在很大程度上确立了课改与科研并行的以研促改、以研促教的教育教学理念。

（3）教学能力有了提高。教师能树立运用"读写结合策略"教学的指导思想，引导学生以读带写、以写促读、读写结合、相互促进。提高教学质量，发展学生的读写能力，适应新课堂改革的要求。

2. 课题研究对学生产生的影响

（1）学生的读写能力显著提高。学生能从审题、选材、立意、谋篇、表达等方面把读和写密切联系起来，从阅读中找出规律性的写作知识和技巧，经过归纳、训练，比较自如地运用于书面和口头表达中。克服作文中的离题现象，选材不典型、不突出的现象，"无中心""多中心"的现象，语言贫乏、用词不当等现象。在阅读中，对课文不同的观察方法、表达方式、修辞手法、行款格式、标点运用具有敏锐的感知，阅读理解能力增强。

经过读写结合策略教学后，实验班与对照班学生的作文水平差异显著，实验班学生的阅读测试成绩明显提高。

（2）学生对典范语言的积累更加丰富。通过对经典名著和经典名家美文的阅读，对古代经典古诗词的诵读默写，学生的语言知识积累丰富了，而且在积累的同时，体味了深刻的思想和美好情感，提高了学生的语文素养和人文素养。

（3）学生的读写兴趣得到提高和加强。经过近三年的研究，学生由以前的不爱读书、不会阅读、不爱写作文、不会写作文、不喜欢语文，到会读书、好阅读、会写作、爱写作、喜欢语文。不但掌握了不同文本的阅读方法，而且会从不同文本中提炼出好的写作方法、写作技巧。整体语文兴趣和素养以及会学语文的能力得到充分的加强。

3. 课题研究对学校产生的影响

经过近三年的研究，加上研究网站的建立，课题成果的推广，我校的知名度得到提高，我校教师参与教科研的意识增强，团队教研能力得到加强。

4. 实验中总结的经验

（1）课内读写结合的五个联结点。

①阅读中的审题与作文的拟题相联结；

②阅读中材料的品评与作文中材料的选择相联结；

③阅读中区分文章主次与作文中安排详略相联结；

④阅读中归纳中心与作文中突出中心相联结；

⑤阅读中语言的赏析与作文中用词造句相联结。

（2）课内外读写结合的三个目的。

课内阅读从阅读起步，以读促写；课外阅读从评点批注起步，以写和评带读。

①带着积累词语的目的去阅读；

②带着收集间接材料的目的去阅读；

③带着学习写作知识和技巧的目的去阅读。

九、实验结论与问题讨论

通过实验研究，我们的结论是：在语文教学中科学地实施读写结合策略，能够提高学生的阅读兴趣和阅读理解能力与书面口头表达能力，促进学生语文素质的全面提高。我们的实验达到了预期的目的，但并不意味着本项实验研究活动的结束，该课题值得进一步研究的问题主要有：

（1）由于学生的语文基础与学习能力在同一班级存在着客观性差异，实行"读写结合策略"实验时，表现出明显的差异。如何让尖子学生"吃得饱"，程度差的学生"吃得好"，使全体学生在原有基础上都得到最佳的发展，这是值得研究的长远课题。

（2）如何编制出各年级、各册教材读写结合的读写点，进行科学化、序列化的训练，以此全面推进读写结合策略的推广，是今后的实验中亟待解决的问题。

（3）如何在语文课堂教学中，高效地促进每位学生能力的增强，从有效性策略上升到高效性策略研究方面还有很长的路要走。

青铜峡市邵刚中学

《农村初中语文实效性读写结合策略研究》课题组

二〇一〇年五月

《农村初中语文实效性读写结合教学策略研究》理论成果

阅读与写作联姻　促进读写互利共赢

一、当前阅读与写作教学现状分析

语文新课标指出：阅读和写作必须紧密结合起来。阅读和写作各是语文教学的半壁江山，阅读和写作能力是学生能力的最基本、最主要的组成部分，阅读和写作的关系应当是相辅相成的。阅读教学除了提升语文素养之外，还有一个重要功能就是为作文教学服务。而作文教学就是教师指导学生运用已经从阅读中习得的作文素材、技巧、方法的过程，这一过程也是引导学生由读到写迁移的过程，所以说作文教学是对阅读教学结果的检验和实践的过程，阅读是吸纳提取的环节，作文是展示运用巩固综合知识、能力的环节。但是在实际的语文教学中，却存在着许多不当之处。

（一）读写分离

在实际的语文教学中，笔者发现许多教师常把同是语文教学整体的阅读教学和作文教学分离开来。这可能和课程设置以及语文教学的相关指导性文件有一定关系。语文课程基本上还是分两类：语文阅读教学和作文教学。这样无形中在老师的意识之中就把语文教学分成了两种课程，阅读教学是阅读教学，作文教学是作文教学。课堂阅读教学抓住理解不放松，作文课上就作文题目指导学生写作。读的文本和写的要求互不相干或是模糊不相联系。不能从读写结合角度设计处理文本，不能用阅读文本给作文教学提供借鉴示范，潜意识中的分割直接导致读和写的教与学的行为的分离。课外阅读也只是停留于多读的要求，并没有明确地从读到写的迁移要求。

（二）阅读教学贪多求全

众所周知，阅读是写作的前提，阅读是知识储备吸纳的阶段，当然包括写作方面的知识技巧。写作是知识向能力转化的阶段，作为阅读教学必须要为写作教学提供知识储备、语言储备、写作素材储备、技巧技法储备。然而在实际的语文阅读教学中，笔者发现几乎所有的阅读教学在教学目标的设置上都从知识能力、过程和方法、情感态度价值观这三个方面进行，条理清晰，却很鲜见有明确指向作文教学的目标。单就阅读教学来说，这种目标设计大而全、细而精，无可非议。但从整体语文教学来说，这种设计使阅读课型单一，指向目标也相对单一，不利于语文素养能力的整体提升，也使得阅读教学由于阅读目标的细化反而使教师的教学内容繁杂，缺乏了游刃有余的宽松，课堂教学内容多了，师生疲于阅读，课堂实效反而会下降。这种模式化了的目标冷淡了作文教学，抛弃了作文教学，使阅读教学游离于作为作文教学示范的功能之外。

（三）重读轻写

每周两节作文课，其余三节或四节为阅读教学，乍一看阅读教学的设置课时占绝对优势，能很好地为写作教学提供借鉴示范，理论上符合广博的吸纳才能熟练地运用的原则。殊不知无意间将两类课型分了个轻重主次。作文教学也大多停留于完成每学期"八大四小"的作文教学任务。至于课外练笔没有硬性规定，当然重视程度就可想而知了。

（四）作文教学无计划，盲目且随意性大

虽然在近几年的考试中作文分值占的比例越来越大，无形中教师开始重视作文教学，但大多教师的重视也只是在量上有所要求和行动，没有质的改变，没有从阅读向写作迁移的明确要求。由于课时的限制，就只能利用课余时间让学生写日记、随笔、周记等。由于现在课业负担的加重学生未必认真完成，由于是课外的练笔，教师也未能从心理上、行动上把这些练笔纳入学校和教师的教学计划，这些练笔是典型的"杂牌军"。老师随意布置学生随意写，无计划可言。即便是正规军的课堂作文教学，部分教师没有作文教学的长、中、短期计划目标，想写啥就写啥，没有系统的训练，大多数的学生作文水平提高得很慢，作文技巧单一陈旧。作文成了师生头疼的"老大难"问题。据调查，语文示范课教师大多不敢涉足作文教学和这个有直接的关系。

新课程改革，对语文教学从内容到形式、从课前到课堂课后、从教师到学生等都有明确的要求和改变，但对读和写之间的关系和如何巧妙结合还是个盲点，相关的论述和指导意见很少见，没有理论上的要求和规定，教育的实施者——教师头脑中没有相关理论的支持，与之相对应的教学行为也自然受到辖制，所以针对此现状，教育工作者不论是理论阐述者，还是理论实践者，更应

当先从理论上得到启示指导，让读写结合的理念占据头脑，才能让读写结合实践于教学行为。

二、阅读与写作联姻，促进读写互利共赢

以上教学问题长期困扰着语文教学，不少的教育工作者积累了很多经验，开创了语文教学改革的新局面，笔者作为一名积极参与语文教学新课程改革的教师，认为不论怎样改，关键看"实效"。既不能加重学生的课业负担，又不能和现有的课程、课时设置冲突，所以笔者抓住阅读和写作之间的内在联系进行了实践研究，具体研究如下：

（一）寻求开掘读写结合资源，促进读写迁移，达到读写互利共赢

首先，在进行阅读教学时，设计教学目标应有意指向读写迁移。优化阅读教学目标，能真正体现读是为写储备的理念，把作文教学总目标分解，化整为零，一节课训练一个点。文笔优美的文本就重点训练朗读，积累优美词句；写作方法巧妙的文本，就重点体会赏析方法；课文故事性强的文本，则可以训练复述概括；对诗词歌赋类文本则可以训练改写散文；对文本中有留白的部分，则可以结合上下文补写续写；人物描写传神的文本，就抓住关键语句写法体会洗练生动形象的描写，等等。这样设计目标，就避免了千篇一律的教学模式，又因任务简单、指向明确，有充足的时间，使写作训练落到实处。比如教学朱自清的《春》一文，把教学重点放在写景方法上；学习《列夫·托尔斯泰》一文时，抓住文中奇妙的比喻、大胆的夸张写人手法设计主要教学目标；学习《我的叔叔于勒》这篇小说时，抓住情节特点，可以仿照原文风格续写，可以改换人称进行改写，可以补续人物心理活动，等等。这种设计和教学形式，明确突出了利用现有教材做学生写作示范的目的，同时也会反作用于阅读教学，促使阅读能力水平提高，这和新课程改革倡导的教材使用观："不是教教材，而是用教材教"相辅相成。长此以往，就可以摆脱"巧妇难为无米之炊"的窘境。

其次，精心创设情境，促进读写迁移。其实任何一套教材所选文章都是文质兼美的，在指导学生阅读的时候，都要根据教材特点发掘出激发写作兴趣欲望的元素内容，这就需要教师在教学中力促文本与学生的共鸣，达到学生心灵与文本的深层对话的目的，在教学茨威格的《伟大的悲剧》一文时，原本设计

一课时，但当笔者和学生一同徜徉在冰雪覆盖的茫茫冰原，聆听那肆虐横行的暴风雪的喧嚣，见证了斯科特一行艰苦卓绝的跋涉，目睹了他们一个个相继牺牲，感受到他们坚强不屈的灵魂与绅士般宽阔的胸怀，特别是看到他们一个个鲜活的生命无可挽回地离我们而去，我们被强烈地感染了、震撼了……教学进行到这里，笔者认为就此罢手将失去一次绝好的机会，于是笔者立即改变预先设计，增设了这样一个环节，抓住学生激动、悲痛、崇敬的心情，让他们为这些英雄们写几句墓志铭。学生很快投入训练中，全神贯注地思索着，几分钟后学生们开始举手发言了，他们的发言着实令我激动不已。虽然已经拖课了，但我和学生们仍然意犹未尽。以下节选几则学生发言，刘璐：在速度上你们是失败者，但精神上却是伟大的胜利者。张权：暴风吹不灭你们精神的火焰，狂雪淹不没你们灵魂的光辉，冰雪下埋葬的是不朽的躯体，高原上屹立的是你们高贵的灵魂。周琳：世间最低的坟墓里埋葬的却是世间最高的人……这一创设让学生释放了自己，表现了自己，升华了自己。也让读和写巧妙地天衣无缝地融合在一起。

最后，在阅读教学中学写作，强化读写迁移。阅读教学除了提高学生阅读素养之外，还有积累词汇与写作技巧的重要目的。所以离开了阅读教学的作文教学是无源之水；离开了作文教学目标的阅读教学是舍本逐末。因此在阅读教学中渗透强化作文教学的意识和目标，是达到作文教学目标最有利最高效的途径和方法。好的作文技巧都来源于阅读文本，文质兼美的阅读文本本身就是作文教学的范本，虽然它高于我们写作教学的要求和目标，但这种"居高临下"的积少成多、循序渐进、熏陶渐染，最终会成为学生习得的作文语言、表达、构思技巧和能力。我们常说，学生作文既是老师教会的，更是学生学会的。比如，学习了《行道树》后我们可以仿照这种象征手法，选取一种能引发联想的事物，完成一篇托物言志的作文练笔；学习了《春》一文抓住景物描写的方法，通过赏析多角度、多层次、多感官、动静结合、虚实相生、人景结合的写景特色，写家乡的四季中的某一个季节；学了刻画人物方法的文章，比如学习了《故乡》中正侧面结合、对比手法等技巧后，就可以仿写这类手法等，在仿写中习得作文写法技巧。还可以进行"同题异构"的作文训练，阅读教学的文本题目就是作文题目，在对比与示范中既可以仿写，也可以自己进行创新写作。

只要教师在教学中灵活运用，精心备课，不愁找不到写作情境。诚如是，大量的阅读训练就很好地为作文教学提供了借鉴，阅读教学也真正落到了实处。作文技巧的提高，内化为自身的能力之后，又转变为学生的阅读能力。这样读和写既各得其所，又相得益彰，最终达到互利共赢的理想化境界。

（二）以读促写，引导读写结合，达到互利共赢

于漪老师说："阅读是吸收，吸收越丰富，下笔才会越有神。"鲁迅在给赖少其的信中说："文章该怎样做，我说不出来，因为自己的作文是由多看多练习，此外并无心得与方法的。"古语说："读书破万卷，下笔如有神。""熟读唐诗三百首，不会作诗也会吟。"

以上观点恐怕不是虚言，其实共同传达了一个信息：广博的阅读对写作有巨大的促进作用。文学作品是优美的，美的事物和现象总是形象具体的，总是凭着欣赏的感官可以直接感受到的。因为具有很强的感染力，能诉诸学生的情感，因此可以激励学生、愉悦学生，使其产生写作的欲望。但是在实际学习生活中能遍览群书的学生为数不多，时间、精力、条件、环境等因素制约了学生的阅读。

因此在有限的条件时间内阅读，方法就尤为重要了，笔者是这样做的：每周五节语文课（三节阅读，两节作文）都想方设法渗透写作元素，另外要求学生利用课余时间进行推荐书目的阅读。不论课内还是课外，课堂阅读还是课余时间阅读，专题阅读还是自由阅读，都有意引导读写的结合。具体来说有以下几个方面：

1. 课内阅读文本作为阅读教学的主要内容，如何处理文本这是先决条件

除了前文所谈目标的处理之外，课前的自我预习环节要把握好，笔者所说的预习与我们传统的预习有很大差别，除了要求学生进行一般性的预习，了解作者作品背景、识记字词、概括内容、划分层次结构之外有更高的要求。积累摘抄文中经典语句并适度仿写，积累的词汇可连词成话，对经典句子段落的写法、篇章的结构构思技巧进行初步的点评赏析，并写出读中所悟、所感、所惑。课堂上利用几分钟对学习情况做一定的交流检查。而在课堂教学中除了突出阅读目标之外，有意引导强化作文教学技巧、素材、语言方面的训练，通过创设情境，进行当堂训练，或通过学后随笔、改写、续写、仿写、同题异构等形式进行强化训练，使读和写自始至终形影不离。

2. 课外阅读作为课内阅读教学的有力补充

课外阅读与课内阅读同样重要，甚至课外阅读的重要性要超过课内阅读。因为课堂上的时间有限，课本所选文本有限，而课外时间和课外阅读作品相对"无限"。它分为专题阅读和自由阅读。平时我们的阅读仅限于初步了解人物、情节等浅层次的内容，不利于阅读习惯和阅读能力的培养，更无益于学生写作能力的提高。因此笔者认为，既然花工夫读了，就应当留下"痕迹"，不能走马观花，对写法主题肤浅的文章，没有必要"细嚼慢咽"，对人物传记、文学名著等饱含写作技巧的作品则要"咬文嚼字"，不仅要读要想，还要写好读书卡，做好读书摘记随笔。虽然读的速度慢，但不能用数量来衡量读书效果。对读书的效果检测应当以读的是否深入，消化如何，习得方法能力多少，读写能力兴趣提升了多少为准绳。

3. 激励强化兴趣，培养意识习惯，达到互利共赢

任何要付出艰苦劳动的活动，要想长期坚持成为一种习惯，必须先要激发兴趣和欲望，逐渐在学生头脑中形成意识，然后才能在行为方式上有所呈现。所以读写结合要想长期坚持下去，不停留于表面或是半途而废，只能在兴趣和意识习惯上做文章。从儿童少年的心理特点来分析发现，他们对事情的兴趣和内在意识直接决定了做事情的态度和行为。因此我们就必须以此特点为心理基础，对他们的活动成果和行为给予充分的肯定，以正面鼓励评价、肯定、引导的方式促使他们能很自信地兴趣浓厚地把这项活动坚持了下来。具体做法如下：

（1）选读、选摘、选登。精选学生优秀习作、随笔、读书札记等当堂朗读，专题朗读点评，选摘为文集，选登在校刊、橱窗或其他报纸杂志上，让学生在收获中体验快乐，提高信心兴趣。

（2）办报、办文学社、办博客。以读写结合为主题，创办了馨竹艺苑校报、馨竹网上文学社、个人博客。通过媒体展示、发表、互动点评等交流方式在体验成功的同时促进学生把读和写有机结合起来。

（3）竞赛、评比、展示、交流。用活动来强化学生兴趣意识习惯，笔者常常定期开展读书卡、随笔、读书札记、同题异构的作文竞赛和读书交流会、笔友会等评比展示交流活动，常常抓住语文课前几分钟时间让学生把自己最精彩的随笔尽情地在课堂上朗读出来，对他们的随笔本在两个班级甚至学校内进行交流展示评点等。以点带面，以优促弱，提高整体水平。

　　以上做法，不外乎贯穿这样一种主导思想，读和写要变成语文教师的一种自觉意识，在进行语文阅读教学的时候有意识地结合写作教学，在进行写作教学的时候有意识地结合阅读教学，两者你中有我、我中有你。以阅读文本为依托，在读中悟写，在写中用读。读写才真正融为一体，才能达到互利共赢的目的，只有这样语文教学才是高效的。

《农村初中语文实效性读写结合教学策略研究》实践成果

《初中语文实效性读写结合策略研究》读书卡

班级姓名：

阅读篇目《　　　　　》作品作者：　　　　　章节页码：

主题内容：＿＿＿＿＿＿＿＿＿＿＿＿＿＿＿＿＿＿＿＿＿＿

＿＿＿＿＿＿＿＿＿＿＿＿＿＿＿＿＿＿＿＿＿＿＿＿＿＿＿＿＿

经典词句：＿＿＿＿＿＿＿＿＿＿＿＿＿＿＿＿＿＿＿＿＿＿

＿＿＿＿＿＿＿＿＿＿＿＿＿＿＿＿＿＿＿＿＿＿＿＿＿＿＿＿＿

词句赏析：＿＿＿＿＿＿＿＿＿＿＿＿＿＿＿＿＿＿＿＿＿＿

＿＿＿＿＿＿＿＿＿＿＿＿＿＿＿＿＿＿＿＿＿＿＿＿＿＿＿＿＿

学以致用：＿＿＿＿＿＿＿＿＿＿＿＿＿＿＿＿＿＿＿＿＿＿

＿＿＿＿＿＿＿＿＿＿＿＿＿＿＿＿＿＿＿＿＿＿＿＿＿＿＿＿＿

写作链接：＿＿＿＿＿＿＿＿＿＿＿＿＿＿＿＿＿＿＿＿＿＿

读写结合：＿＿＿＿＿＿＿＿＿＿＿＿＿＿＿＿＿＿＿＿＿＿

＿＿＿＿＿＿＿＿＿＿＿＿＿＿＿＿＿＿＿＿＿＿＿＿＿＿＿＿＿

哲思妙语：_____

_____

_____

附：

《初中语文实效性读写结合策略研究》读书卡

阅读篇目《他曾打折过我青春的翅膀》作者：八年级（8）班　王进

主题内容：本文中一个从小丧失母亲的孩子，因父亲不多加管教，从而导致学坏。父亲却只是狠狠地打他，他心中埋下了对父亲的恨。但父亲默默地付出所有，只为让儿子有出息。最后儿子终于明白折折他"翅膀"的父亲的爱。

经典词句：偏僻、起伏、枯槁、甚微、挨家挨户、东借西凑，"他的性格很倔，站在那里任由父亲打，他越是不哭，不逃，他就越打得厉害！""父亲好像成了他的仇人，他真的很恨他的父亲，不管他的学习，不管他的一切！""父亲破口大骂，鬼混，你就继续混下去吧！""那一刻，他发现父亲已经不如以前那么健壮了，他的手已经有点枯槁的迹象了。""'娃的翅膀被我打折过啊，我对不住他！'这是二十多年来，他第一次听见父亲说软话，他的泪水一下子就冲出了眼眶！"

词句赏析："那一刻，他发现父亲已经不如以前那么健壮了，他的手已经有点枯槁的迹象了。"赏析：那时的他，已经可以理解父亲了。对他来说，父亲做的一切，付出的所有，都是对他的爱。那一刻，他真正地感到，父亲老了。

学以致用：父亲，永远都是这样。他不会说什么承诺，不会像母亲那样温柔地呵护。父亲的爱表现甚微，但那枯槁的双手，已是爱的泄露。爱的无言。

写作链接：本文是一篇记叙文，用了第三人称，使故事情节更加鲜明生动。

读写结合：天下所有的父亲，都有一颗无私无畏的心。他们并不要求，也并不祈盼孩子可以像爱母亲那样来爱他。歌词里，诗曲里，永远都只有妈妈好，却总是将父亲忽略。这样的隔阂，没有挡住父亲的步伐，对孩子爱的"长征"。父亲的肩，是顶住家的梁；父亲的手，是带给家人安全的依靠；父亲的胸膛，是让家人安心的归所。家，不能没有母亲，更不能没有父亲。父亲，或许是严厉的，或许是稳重的，或许是厚实的，或许是淳朴的……无论是什么样的，爱，不会变。正如《感谢父亲》中所写："年幼时，父亲是一道港湾；年轻时父亲是一尊偶像；中年时，父亲是一段岁月；年暮时父亲是一部史书。"将父亲的爱，赞美为人间最美好的爱。父亲对孩子的爱，是孩子获得的最美好的礼物。

哲思妙语：没有哪一个人真正了解自己的父亲，但是，我们大家都有某种推测或某种信任——米南德

课题二 《初中语文教学中有效教学行为与策略的研究》研究报告

一、问题提出

实施新课程以来，基础教育教学领域又一次开始关注在新课程理念下如何实现有效教学的研究。从近几年的新课程教师培训、教学指导和课堂教学中发现，还有一些教师在有效备课、有效教学、有效评价等方面存在许多问题，概括来说主要表现为以下几个方面：

一是模糊性，对何谓有效教学概念以及意义非常模糊，缺乏基本认识。

二是肤浅性，是对新课程教学理念理解不透，掌握不够深刻，难以付诸课堂教学实践。

三是滞后性，对新课程教与学方式转变，大多体现在思想和观念上，缺乏实际的行动研究，对如何提高单位时间内教学效益等问题感受不深，缺乏现代教育意识。

四是矛盾性，一部分教师至今仍然在是否固守传统教育观和接受新课程理念之间存在矛盾，最担心的是实施新课程以后，影响学生学业成绩和升学率等。

具体来说主要表现为：备课行为的低效无效，如备课片面追求设计的出彩、教材内容的全面，却很少考虑学生；备课的单打独斗和随意性；备课方案缺胳膊少腿的现象；教学目标设计大、宽、泛、虚，难操作等。教学实施行为低效无效，如教学行为与教学目标的脱节；组织合作学习流于形式；师生的互动存在假互动现象；教师对课堂生成和预设存在处理失当行为；课堂导入的随意性；运用多媒体资源混乱；课前预习形同虚设等。

教学评价的低效无效，如课堂教学的反馈只是留在纸上；学习过程性评价的苍白无力；师生反思的可有可无；课后作业设计的随意死板等。以上这些情况直接导致了语文教学的低效，直接影响着新课程改革的质量。

为此，本课题研究的目的在于给处在迷茫中的新课程教师提供一种有效课堂教学的行动方案和有效指导，探索适应新课程理念的有效教学方法，通过研究建构适应新课程理念的有效课堂教学理论与方法体系，全面提高教育教学质量，有力促进我校新课程改革进程。所以，在新课程背景下开展本课题研究，具有十分重要的现实意义。

二、课题研究目标和内容

（一）研究的具体目标如下

（1）通过本课题研究，进一步完善和丰富新课程有效教学理论体系，在行动策略研究过程中指导学生学会自主学习，养成自主、合作、探究的学习品质，大面积提高学生学业成绩，逐步缩小差异，促进学生全面发展。

（2）通过本课题研究，教师要学会学习、学会科研，重构教师角色，转变教学方式，提高课堂教学有效性，努力使自己朝名师方向发展，有效促进教师专业发展。

（3）通过本课题研究，构建学习型、科研型教师队伍，有力提高教师专业素质，缩小差异，全面提高语文教育教学质量。

（4）通过本课题研究，建构语文有效课堂教学的基本模式，逐步实现语文教师教学行为的高效性，推动语文高效课堂的生成。

（5）通过本课题研究，重新纠正和定位语文教学过程中教师与学生在教与学方面的角色、方式、手段等策略行为。

（6）通过本课题研究，形成在语文教学中教与学行为的模式策略，形成一套比较科学合理的教与学的方案（讲学案或研究型学案）。

（二）本课题研究的内容

本课题以语文常规教学为主要研究内容，以语文教学过程：备课—上课—评价为具体研究范围，以研究课堂教学的行为和策略的有效性为突破口，以语文教学的各个环节为研究的具体对象，通过对各环节的教师教学行为和策略的研究以期提升课堂教学的有效性。

三、本课题的研究思路、研究方法

（一）课题研究思路

1. 收集问题

对教学的现状进行调研，了解教学的问题所在，分析阻碍教学效率的成因。课堂教学设计思路是否明晰，重点是否突出，教学的实施过程中哪些环节是高效的，哪些环节是低效甚至是无效的。提炼出存在的共性问题，有针对性地归纳问题指向，确立研究方向。

2. 分析规划

对收集的问题进行梳理，分头从教学的过程：课前、课中、课后来规划小专题，对课堂教学各个环节和细节处设计小专题，分头分期进行研究。

3. 逐步推进

在合理分配每学期小专题的基础上，通过对小专题相关理论的学习和教科研方法的学习，为后期研究打好理论和方法基础。然后利用各类研究课，同课异构、信息资源应用课、观课议课活动，各类评比竞赛活动推进课题研究的逐步深入，并利用常规教学活动和教科研活动全程推进课题研究工作。

4. 总结提炼

边实践边总结，分阶段形成研究成果。

5. 全面推广

推广有效教学的途径与方法。

上述五个环节是一个不断循环的、螺旋上升的过程，是教师不断成熟的过程，也是由低级到高级不断发展的过程。教师在这一循环过程中要及时总结经验，不断修正行为，加强理论学习和实践研究，全面提高课题研究水平，保证课题实验质量。

（二）课题研究的方式方法

充分体现行动研究理念，以质性研究方法为主，以量化研究方法为辅；实验研究与理论研究相结合；过程研究与形成研究相结合；个体研究与综合研究相结合。具体如下：

1. 理论研究法

通过学习相关有效教学的理论论著，丰富有效教学研究的理论素养，提高对有效教学的认识，奠定本课题研究的理论基础。

2. 行为研究法

通过学习相关理论对照自己的教学实践，运用理论与实践相结合的方式，过程研究与形成研究相结合的方式，个体研究与综合研究相结合的方式，对教学行为进行研究。

3. 案例研究法

通过对教学过程中教与学典型案例的研究，比较、分析、调整、综合形成有参考价值的比对示范案例，指导教与学的行为。

4. 调查分析法

通过问卷等多种方式，在研究的全程中关注分析研究对象、研究内容、研究行为，形成相关报告。

5. 经验总结法

在研究过程中及时将自己的研究所得以论文反思的方式撰写成文，并适时投稿交流。

6. 总结报告

在研究过程中以报告等方式记载研究过程和成果。

四、研究过程

（一）准备阶段

2011年6月—2011年12月为准备阶段。

具体进行的工作有：课题设计申报、立项、开题和制定研究方案。主要采用口头问答交流方式，汇集课堂教与学中的问题，设计问题库，初步确立研究方向，设计研究课题并向上级教科研部门申请审批，立项后初步拟订研究方案初稿。撰写开题报告并在教研室的指导下进行了开题论证。

（二）理论研究阶段

2012年1月—2012年6月为理论研究阶段。

为了研究的专业性、科学性，组织进行了课题研究的相关知识技能培训。为了对所研究专题在当前国内外的研究程度有个宏观的了解，分别开展了对应专题的理论学习研究，做了研究摘要和资料的收集整理。为了正确把握课标理念，使今后的研究和教学有的放矢，利用教研室大规模课标再培训机会组织教师学课标、考课标、用课标活动。通过理论学习研究形成相关有效教学研究的思想理论，并形成相关研究的理论研究文集，奠定了研究的理论和技能基础。

为了同步我校"三步五段式"课堂教学改革的实践，我们通过研究把课题研究与"三步五段式"课堂改革结合起来，对学校语文教师和学生进行了课堂教学现状的调研，经过周密设计调研问卷，仔细分析问卷，掌握了教师与学生对课堂教与学的意见建议，撰写了调研报告，为今后的研究指明了方向。并根据调研中发现的教学中的问题，精心选择后拟定出以小专题研究作为突破口，分别梳理出涉及课堂教学的十三个专题进行研究，专题如下：

（1）语文课堂测学和反馈的有效性研究。

（2）有效性导入新课研究。

（3）语文教学中的合作性学习的有效性研究。

（4）课前预习——自主学习的有效性研究。

（5）语文课堂有效性问题设计研究。

（6）语文教学中拓展延伸的有效性研究。

（7）有效性语文作业、练习、测试设计研究。

（8）课堂预设与生成的有效性研究。

（9）如何利用多媒体提高课堂实效的研究。

（10）教学目标设计的有效性研究。

（11）语文板书设计的有效性研究。

（12）师生教与学反思的有效性研究。

（13）语文讲学案（研究型学案）设计的有效性研究。

在研究过程中编制了理论研究摘要，要求课题组教师认真扎实地做好研究记录，填写好理论学习摘要。

（三）深入研究阶段

2012年7月—2014年7月为深入研究阶段。这一阶段具体以理论结合实践行为进行研究。

首先针对上一阶段对理论的学习研究，我们依据每位课题组教师存在的教学中的困惑问题和教师间共同的研究志趣，把课题组初步拟定的十三个小专题进行了分工安排，制定了详细的研究计划和研究小组，按照长、中、短期组合分配了在三年里的研究内容（见附表2）。并集集体智慧由周永福老师执笔设计了小专题研究手册，有利于研究的过程性管理和科学的研究。而且针对上阶段的理论学习研究进行了梳理，完成了阶段性成果"理论学习文集"。

其次我们调整了研究计划，把课题研究与我校"三步五段式"高效课堂改革模式结合起来，针对课前、课中、课后三个阶段和导学、自学、互学、测学、思学五个环节中师生存在的困惑进行跟踪梳理观察，分头研究，同时除了每个研究小组的定期研究总结汇报和展示之外，还利用同课异构活动、观课议课活动、信息技术资源应用优质课活动全员参与进行教学行为的诊断分析和课题研究实质性进展的观测展示评价。

最后根据研究的进展情况对研究过程进行实时管理指导，聘请市教研员通过检查课题研究资料，对课堂教学进行诊断分析，对按期完成的小专题进行结题论证，规范了课题研究的实效性。

（四）总结阶段

2014年8月—2014年12月为总结阶段。

这一阶段主要是再次梳理了我们的十三个研究小专题，针对研究中的反思、经验或者困惑，组织教师进行了汇报交流，并对这十三个小专题进行了总结题，对研究的过程性记录资料——小专题研究手册进行了评价展示。组织教师撰写经验论文案例反思并汇总形成文集，然后由负责人执笔撰写本课题的研究报告，向宁夏教育科学规划领导小组申请结题论证。

表2 小专题研究计划分工

课题编号	材料目录	起讫年限	研究者
Wzktyw2011-1	1.教学目标设计的有效性研究	2011.6—2012.12一年半	周永福 黄秀玲 席向梅
Wzktyw2011-2	2.语文课堂有效性问题设计研究	2011.6—2014.6三年	周永福 任秀梅 刘娟 王铎
Wzktyw2011-3	3.有效性导入新课研究	2011.6—2012.12一年半	刘娟 任秀梅 王铎 李英来
Wzktyw2011-4	4.语文教学中拓展延伸的有效性研究	2012.6—2013.12一年半	刘娟 张岩 席向梅 李英来
Wzktyw2011-5	5.语文教学中的合作性学习的有效性研究	2011.6—2013.6两年	黄秀玲 张岩 王铎 姬新社

续　表

课题编号	材料目录	起讫年限	研究者
Wzktyw2011-6	6.课前预习——自主学习的有效性研究	2011.6—2012.12一年半	宋　辉　姜建忠 张　岩　李英来
Wzktyw2011-7	7.课堂预设与生成的有效性研究	2012.6—2014.6两年	姜建忠　张永华 路媛芸
Wzktyw2011-8	8.语文板书设计的有效性研究	2012.6—2013.12一年半	席向梅　周永福 宋　辉
Wzktyw2011-9	9.有效性语文作业、练习、测试设计研究	2011.6—2013.6两年	任秀梅　席向梅 刘　娟　路媛芸
Wzktyw2011-10	10.如何利用多媒体提高课堂实效的研究	2012.6—2014.6两年	张　岩　黄秀玲 姬新社　任秀梅
Wzktyw2011-11	11.师生教与学反思的有效性研究	2011.6—2013.6两年	王　铎　刘　娟 黄秀玲　席向梅
Wzktyw2011-12	12.课堂测学反馈的有效性研究	2012.6—2014.6两年	路媛芸　姬新社 姜建忠　王　铎
Wzktyw2011-13	13.语文讲学案设计的有效性研究	2011.6—2014.6三年	刘　娟　黄秀玲 路媛芸　全组
说明	1. 各位负责人请严格按照此表规划时间完成小课题研究手册，每个小专题开头人为负责人，其他人员为成员，组内研究作为成员和交流人员。全部小专题结束一项结题一项。总结题在2014年6月。由周永福向教育厅申报。（申报必交材料为工作报告和结题报告） 2. 小专题三年期2个（长期），两年期6个（中期），一年半期5个（短期）。		

五、课题研究的结果与成效

（一）研究的结果

经过三年的理论与实践相结合的研究，我们课题组在备课、课堂教学的实施和课后评价这些教学常规方面和促进教学有效性的教科研方面取得了一些收获，基本上理出了与"三步五段式"教学模式相一致的一些有效策略和如何充分发挥教科研实力，进一步促进教学工作的深入有效推进的教科研策略行为。

（二）在教学改革方面探索出下列策略

1. 备课优化策略

（1）策略一：备课模式统一化。备课方案作为课堂教学的预案，规范的备课方案无疑是课堂教学行为有效的前提。

传统的教案格式我们沿用了几十年，基本上没有太大的变化，自我们的课题研究和学校"三步五段式"教学模式实施以来，传统的教案已经无法适应新模式的需要，学校委托各个教研组围绕"三步五段式"教学模式设计教学方案框架，经过我组反复研究借鉴先进的经验并结合我校实际，最后定下了与"三步五段式"模式相匹配的讲学案备课方案格式。

教案呈现的教学过程为：课前导学——课堂学习（包括：导学、自学、互学、测学、思学）——课后思学（包括：师生反思、作业设计、板书设计）。初期的讲学案在形式上很快就统一下来了，但是各个环节和一些细节的设计依然粗糙，我们课题组就把发现的问题作为研究对象，依托十三个小专题的研究来逐步解决优化讲学案和其中各个环节细节的问题，经过近三年的研究，我们逐步解决和优化了这些问题，从思想和行为上让老师们的备课技能理念更成熟和稳定，使备课方案更趋于最优化。

（2）策略二：备课行为规范化。规范的备课行为作为课堂教学的前置式行为，直接促进教师课堂教学行为的有效性，也直接促进了课堂的有效性。

在课改之初和"三步五段式"教学模式实践之前，我校教师的备课、教学常常是单打独斗式的孤军奋战，虽然也有个别教师由于自身的素质和努力，得到的成绩不错，但学校整体成绩，比如语文成绩第一的名次，常常在统测和中考中花落他家。自高效课堂模式实践和语文组课题研究逐步实施以来，教师的备课有了新的变化，同年级教师共用一案教学，这可是我校首次的决定也是全市第一所这样要求的学校。

在做出决定之前，我校进行过多次论证研讨，生怕出现一些课改"综合征"，例如，共用一案会滋生一些教师的惰性，养出一些懒老师；会影响教师的个性发挥，约束教师的才能。这种担心不是多余的，惰性是人人都有的。为了最大限度地杜绝不利方面的出现，学校决定每周采用集体备课的方式来提升教案的质量和备课质量，把周一、周四下午最后一节课作为集体备课的活动时间，但是一周两节课的活动时间根本就没有办法保证一单元备课的质量，备课也是匆匆地来，快快地说，草草地结束，加上一些教师活动前准备得不充分的缘故，说的人是眉飞色舞、海阔天空、不得要领，听的人是云里雾里、山花烂漫、不知所云，坐的人是昏昏欲睡、心急如焚、百无聊赖，集体备课完全成了一种形式，为了改变现状我们又多次反思了"三步五段式"教学模式和与之相应的讲学案，最后终于一致认定教案的质量是上课质量的前提和第一关，必须要落在实处，也就是要求所有的教师先要初级备课再进行集体研讨最后再进行个性再设计，初备是整理自己的教学构想，用一周多时间完成一个单元或几课的备课，由一人负责主备，套用"三步五段式"讲学案模式形成个体方案。

集体备课是集中研讨、交流构想、集思广益，利用周一、周四的备课组活动针对主备人的一单元的备课逐课研讨，修正优化讲学案，形成一套共性方案，共享共用，印刷分发到各位教师、学生手中使用。个性再设计则是教师根据教学情境、学生状态、教师状态进行的差异化、动态化修正设计，最终形成极具个性和共性的自己的课堂教学活动的执行方案。这种备课有效杜绝了形式主义，这种由初级到高级，个体到共享再到创新的备课模式不仅加强了备课的缜密程度和质量，而且提升了教学方案的理性化、个性化创新性程度，优化了教师协作行为和共享意识。

这种集体备课活动方式很快成为全校推广和写进学校教学教研制度、教师考核制度的条规。这种推广有效落实了集体备课活动的质量，也杜绝了教师惰性的产生，又发挥了教师集体的智慧，促进了教师间的团结协作，激发了教师个性教学的思维，无形中推进了教师间的互帮互学和资源共享，打破了教师的单打独斗局面，促进了教师的专业发展。可以说这种备课模式不论是对学校管理和发展还是教师自身发展是有百利而无一害。

（3）策略三：备课环节精细化。

第一是备教学目标。教学目标的设计优化策略如下：

A.策略之一——尝试两个"走向"，合理设置教学目标。①走向"规范"，明确叙写目标。②走向"整合"，着眼"课时目标"。

B.策略之二——建构三"本"一体，整体把握教学目标。①深入文本，让教学目标体现教学价值。文本是学生学习的重要资源。对文本的把握，是教师教学走向成熟的一个重要标志。提高教师钻研文本的能力是实施有效教学的当务之急。通过多读书，自觉提升自身的文化底蕴；通过教材解读，制定文本目标。②突出生本，让教学目标凸显学生发展。③立足校本，让教学目标体现鲜明个性。

C.策略之三——处理"三对"关系，有效实践教学目标。①处理"预设与生成"，让教学"出彩"。②处理"面向全体与关注个体"，让"差异"灵动。③处理"教学与教育"，让"目标"合一。

第二是备教学问题。设计语文课堂中的"问题"，预设优化策略如下：

A.抓住学生思维的聚焦点设计——保证"牵一发而动全身"。

① 可以从标题入手。

② 可以从结尾入手。

③ 可以从文章的开头入手。

④ 抓住重点词句和关键细节设问。

B.抓住激发学生思维的兴奋点设计——势必"一石激起千层浪"。皮亚杰曾经说过："所有智力方面的工作，都要依赖于兴趣。"而富有价值的问题，是激发学生学习兴趣的有效手段。

① 用问题点燃兴趣之灯，开启学习之旅。

② 用问题构建兴趣与文本之"纽带"，铺设深入探究之路。

C.抓住开启学生思维的发散点设计——能够"条条大路通罗马"。

第三是备拓展资源。拓展延伸是课堂教学中的一个组成部分，成功地进行拓展延伸，既可以拓展学生的思维空间，又可以培养学生的学习能力，从而把提高学生的素质落实到课堂教学的全过程，既教书又育人。传统的拓展延伸常作为一个独立环节出现在新课结束时，经过研究，我们又开辟出语文课堂拓展延伸的有效途径，具体包括以下几方面：

① 拓展延伸在导入环节。

② 拓展延伸在整体感知环节。

③ 拓展延伸在合作探究环节。

④ 拓展延伸在迁移练习环节。

课堂教学中的拓展延伸可以出现在课堂教学的各个环节，拓展延伸不管以何种形式出现，它都是课堂教学中很重要的一个组成部分。因此，我们要在尊重学生学好教材、立足课堂的基础上进行有效地拓宽，以实现学生学习上质的飞跃——超越教材、超越课堂，真正达到学为所用的目的。

第四是备教学媒体。教学媒体是现代教学发展的一个标志，具体表现在以下几个方面：

① 在教学过程中，恰当利用多媒体手段的直观性、形象性，可以激发学生

的学习兴趣。

② 在教学过程中，充分发挥多媒体课件容量大、传输速度快、交互性强的特点，可以进一步提高课堂教学效率。

③ 在教学过程中，巧妙运用多媒体教学手段辅助教学的特点，可以培养学生的创新能力和自主、探究学习的能力。

第五是备当堂反馈。当堂反馈是现在高效课堂上最常见的一个环节，并不是随随便便设计几个习题就解决问题了，要关注以下几方面：

① 测学习题的设计很重要。当堂测学的习题要少而精，必须紧扣当堂学习目标中的知识点，这样既使学生明确本节课的重难点，又能训练学生的思维，考查学生是否对知识理解，并学以致用。

② 测学的问题要注意难易。例如，让学生在新知识的基础上拓展延伸，那么许多基础程度不好的学生就做不出来，打消了他们学习的积极性，但如果全用教材上的原题，又会让学生感到枯燥，没意思。因此在问题的难易设计上既要有基础知识的训练，还要有综合能力的提升。潜能生做基础知识训练，优等生在做完基础训练的同时做综合能力训练以增强训练效果。

③ 测学必须要有计划性。课堂测学应遵从多层次、勤反馈，有时可就学生对基础知识的了解程度进行测学，有时可就学生对问题的理解和思路的掌握进行测学，有时可重点就学生对知识难点的掌握情况进行测学，观察学生在过程、方法、用时方面的表现，判断学生掌握知识的情况。

④ 测学一定要落到实处。课堂测学后要及时做好反馈，一方面不可不闻不问或大加指责，对出现的问题应归纳分析，大众性的错误要在黑板上写板书以引起注意，学生有疑惑要鼓励他们讨论并加以引导。对于本次测学不理想的学生需做到心中有数，如果条件允许，可有针对性地进行一对一讲解，加强学生对测学知识的认识，促使其上课认真听讲，正确地对待。

⑤ 测学须纠错，更要及时补错。测学就是为了发现问题，发现了问题并解决了问题才是关键。因此最后必须让学生补错，归纳整理错误的题，最好记在纠错本上，这样有助于学生巩固知识，做到心中有数。

⑥ 测学后的反馈需灵活。教师在课堂测学后要通过表情、眼神、语言与学生沟通，多一些热情的鼓励，少一些指责批评。对缺乏自信心的学生应多提供语言实践的机会，提问内容要难易适度，特别是对于那些在学习中有畏难心

态的学生，哪怕其有一点进步都要及时表扬。对头脑较灵活的学生可提一些较难的问题，让他们积极思维，向知识的深度、广度探索。对中等学生要让他们"跳起来摘桃子"，体验成功后的喜悦与满足。

第六是备板书设计。板书是教师课堂教学的重要辅助手段。它在内容上追求科学性，在形式上讲究艺术性，是教师课堂教学的重要辅助手段，是教师研究教材、处理教材的创造性思维结晶。

语文板书是语文教师的书面语言，是语文教师用以表情达意的重要媒介。优秀的板书不仅内容上概括深刻、恰到好处、自成一体、浑然天成，而且在形式上因内容不同、重点不同而各具特色、结构精巧、情趣横生。常采用的板书设计的形式有：纵式、横式、纵横式、总分总式、提纲式、对比式、交叉式、阶梯式、表格式、回环式、图文式、复线式、标题式、摘要式、抄录式、注释式、图解式。常采用的板书设计的方法有文字归纳法、线条标示法、列表总结法三种。

第七是备作业设计。作业设计方面要则做到六个关注：

① 是否能把握教学内容的定位，就是说必须依据具体的教学内容和教学内容所要达到的训练目的。

②具体布置作业时是否注重学生的个别差异。

③是否使学生积极参与到完成作业的过程中。

④作业能否体现互动的要求，师生是否共同参与。

⑤是否把作业与学生课堂学习联系起来。

⑥是否注重发展学习者的认知技能，提高其素质。

2. 课堂教学实施优化策略

（1）策略一：课堂结构规范化

课堂教学模式规范化直接促进教师课堂教学行为的规范，行为的规范又作用于课堂，提高课堂教学的有效性。自2007年以来，全国掀起一场课改的纠偏务正的风暴，高效课堂、有效教学理论和实践铺天盖地而来，2010年3月，我市也掀起了打造高效课堂的又一轮课改热潮，我校陈英君校长首先积极倡导打造高效课堂，打造高效课堂首先得摸索出一套适合我校特色的教学模式，在领导和教研组长、备课组长多次开会研究、外出观摩学习之后反复揣摩，借鉴洋思中学和杜郎口中学高效课堂的成功经验，在2010年10月提出了我校"三步五段式"教学模式的构想，三步即：课前—课中—课后，五段即：自学—导学—

互学—测学—思学。并决定率先在语文、数学、英语学科，七、八年级开始实验。"三步五段式"课堂模式最大的优点就是改变了师生角色，凸显学生主体地位，把课堂还给了学生，教师角色定位为学生学习的引领者，改变了以往教学教师主讲主宰课堂的诟病，也杜绝了一些所谓的高效课堂比较武断激进的八分钟讲授的非理性化的教条式理论。逐步规范了课堂教学的模式，这种模式只有课堂结构教学过程的规范，并没有束缚教师的个性教学和课堂的生成，所以这种模式更理性，更适应当前我校的教学实际。三年的实践使得这种模式已经固化在每位实验教师的思想中和教学行为中，"三步五段式"课堂模式已成我校课堂常规常态模式。

我校"三步五段式"课堂模式的实践探索恰逢2011年6月我校申报课题立项开题之始，所以课题研究与我校高效课堂模式同步进行，为了推进"三步五段式"高效课堂模式的实践，我们的课题研究计划也基本上按照"三步五段式"课堂模式的要求来设计，我们把课题研究计划按照"三步五段式"模式，分别从上课的三个环节课前、课中、课后设计了13个小专题分头研究，研究具体内容涉及课堂教学的五个环节：导学、自学、合作学习、测试反馈、思学，以及课堂教学的几个关键细节：教学目标设计、课堂问题的设计、预设与生成、多媒体辅助教学、作业设计优化和"三步五段式"讲学案的设计与计划。三年来我们的课题和学校的高效课堂实践一起成长，扎实有效的研究实践也让我们的课堂变了，课题研究真实有效。这二者虽然说法不同但却达到了异曲同工的效果，有效地促进了学校"三步五段式"课堂教学模式的稳定成熟，为我校"三步五段式"语文课堂教学模式的成熟和推广奠定了基础，大力促进了我校高效课堂的改革。

（2）策略二：预习自学环节优化

根据预习程度的深浅和学生自学能力的差异，可以把课前预习分成由低到高的三个层次，即障碍性预习、感受性预习和发现性预习。①障碍性预习指通过运用工具书和迁移旧知识解决文本的字词义和背景知识方面的障碍；②感受性预习指通过反复阅读文本和借助教师的预习指导整体把握全文的思想内容和结构脉络；③发现性预习指在原有语文素养的基础上通过运用阅读鉴赏的方法探究文本的语言、主题及写法，表述自己的思考。

在布置学生的预习作业时，教师自己要先深入文本，精心设计内容，体现层次性、开放性，还要考虑年级段的特点，遵循"低入高出"的原则，精心设计出合适的作业形式，以导引学生的预习行为。例如，①基础知识梳理主要是自主标注圈画音形，展示后强化练习。②现代文阅读教学体现在三个层次：学生利用工具书学习生字词，自由感悟批注质疑；学生利用自己的资源拓展阅读，收集资料，深化感悟，迁移知识；教师低入高出的启发性问题指引或为课堂互动活动所做的个性写作。③文言文阅读教学体现在三个层次：学生利用工具书和自己的积累学习文言文的易懂字词句，初步疏通大意；学生收集自己的疑难，初步理解文章的主题内容和写作特色；解疑后的知识梳理和内容特色的个性解读。

通过经常性训练使学生逐步学会自主学习的方法，研究问题和解决问题的方法，不断提高自我获取知识的能力。

（3）策略三：导学行为优化

导学作为一堂课的起始，良好的开端是成功的一半，导学分为两部分，第一部分要用简练的语言展示本课时教学目标，让本节课的学习之旅有的放矢。第二部分则是新课的导入，作为新课的引导非常关键，我们应根据文章体裁，选好教学的切入点，设计课堂导入。

① 叙事类文体，抓住文中的主要事件或情节作为切入点来设计导语。

教师通过温情脉脉（或激情满怀）的语言、诗情画意（或震撼人心）的画面、悠扬舒缓（或慷慨激昂）的音乐等方式来极大地激发学生心底里最柔软（或最亢奋）的情感，让学生能够贴近课文的感情基调，融进教学情境，以最恰当的精神状态获取新的知识。这种导入方式，层层深入，逐步挖掘，不仅能创造学习情绪氛围，促进师生感情的沟通，而且能化解学生对教学的抵抗情绪，使学生从心底里流淌出对新知识的渴望、对课文的亲近之情，往往起到事半功倍的效果。例如，《背影》一文，抓住背影的刻画来体会父子感情应是本文教学的切入点，在播放了一小段《父亲》的歌曲后，我们这样设计导语："可怜天下父母心，可敬天下父子情"，试问同学们，有哪位父母不爱自己的子女。回顾你的成长之路，父母为我们呕心沥血、辛苦操劳、付出一生，何等伟大。今天，让我们来看看现代散文家朱自清是怎样从父亲的背影中体会到父爱的？

诸如人教版语文七年级《走一步再走一步》《爸爸的花落了》《最后一课》《社戏》《猫》《斑羚飞渡》等叙事类文章，都可以用这种方法来设计导语。

② 写景类文体，从描写层次、描写角度等方面选择切入点来设计导语。

例如，《春》是朱自清先生的写景名篇，其最大特点就是抓住不同的事物多侧面地进行描绘，通过春草图、春花图、春风图、春雨图和迎春图五幅主要画面，赞美春天给人带来的活力、希望和力量。实际教学时，我们采用分组分节的形式引导学生边读边悟，这一点很重要。于是，我们就可以这样设计导入：一提到春天，我们就会想到春光明媚、绿满天下、鸟语花香、万象更新。古往今来，许多文人墨客用彩笔描绘它、歌颂它。现在我们就欢快地生活在阳春三月的日子里，但是我们往往知春，而不会写春，那么请看朱自清先生是怎样来描绘春景的？

诸如七年级教材中的《济南的冬天》《秋天》《钱塘湖春行》《天上的街市》《静夜》等写景抒情的文章，都可以用这种方法来设计导语。

③ 说明类文体，教学应从说明对象的特点、说明的顺序、说明方法等方面选择切入点来设计导语。

例如，《苏州园林》是介绍多景点的说明文，可以先播放苏州园林的精彩图片，然后从苏州园林特点入手来设计导语："上有天堂，下有苏杭"，苏州园林更值得我们去欣赏，它景点众多，设计也颇具匠心，亭台轩榭、假山池沼、花草树木、门窗图案、油漆色彩都很讲究。今天，让我们拜读叶老的文章，去了解苏州园林建筑群的整体特点。

④ 知识性导入就是教师在课程的起始阶段，通过设置疑问、展现背景知识、说明教学任务等方式让学生在归纳、建立新旧知识联结、比较、提问等过程中培养才情的一种导入方式。这种导入方式多适用于文化底蕴深厚的历史典故或是逻辑严密的说明性课文。

诸如七年级教材中的《绿色蝈蝈》《看云识天气》等文章，可用此法来设计导语。

（4）策略四：互学行为优化

互学即师生、生生之间的互动合作学习。在合作学习方面，我们构建合作学习小组的原则是"组内异质，组间同质"。重点采用男生与女生的搭配；表达能力强的与表达能力弱的搭配；学习程度好的与学习程度差的搭配。在发挥合作学习的效能上关注合作的有效性，坚持做到合作学习的内容要有价值，能激发学生的学习兴趣；建立相应的评价监督管理机制和奖励制度。

（5）策略五：预设与生成优化

预设与生成历来就是课堂教学的薄弱环节，备课方案作为一种课堂教学的执行方案，在课堂的施行中必然会出现"旁逸斜出"的现象，这就是课堂的生成，部分教师为了避免"麻烦"，常常采取的是"无视或漠视"它存在的方式，殊不知这种即时资源稍纵即逝。因此我们研究得出：有了充分的预设，课堂的"生成点"是有迹可循的，主要出现在以下这些环节中。

① 在尝试和探究的活动中"生成"。基础教育课程改革的目标之一是转变学生的学习方式，我们要把自主、合作、探究和有意义的接受性学习结合起来。在课堂教学中根据需要组织探究性学习，对于实现语文教学三维目标有着明显的作用。在探究性学习中，由于结论不是现成的，学生会有多种思路、多种方法，往往也会产生不同的结果。

② 在对文本的多元解读中"生成"。允许对文本多元解读，是我国语文教学理念的一大进步。在课堂教学中，这种多元解读会引发学生不同观点的碰撞，产生思想的火花，促进学生的成长。

③ 在师—生、生—生的对话中"生成"。学生、教师和文本之间跨越时空的对话应当放飞心情，感悟生命的历程，教师与学生、学生与学生之间关于文本的对话应当是平等、互动的过程。教师在课堂教学中应努力营造师—生、生—生平等、互动的对话情境，促使对话生成。我们看到，一种平等的对话会使"教学相长"。这种生成点在对话中是经常出现的。

④ 在适度拓展中"生成"。语文课程应当开放和充满活力，这就要求我们拓宽语文学习和运用的领域，使学生在不同内容和不同方法的相互交叉、渗透和整合中开阔视野，提高语文素养。

⑤ 在创造中"生成"。培养学生的创新能力，是基础教育课程改革的目标之一。课堂教学如果能向学生提供创造的机会，无疑是很好的"生长点"。我们抓住时机让孩子创造，这些地方就成了课堂的"闪光点"，而学生也能在创造中感受成长的快乐。

⑥ 在偶发中"生成"。课堂上有时会发生一些偶发事件。这种偶发事件有的与语文教学有关，敏感和富有实践智慧的老师会抓住这种机会，变偶发事件为教育良机，成为教学教育的生长点。把学生看作重要的资源因素，让学生在与教学环境、教学文本、教师以及同学的思维碰撞中产生火花，课堂教学才能不断"生成"。课堂教学有一些"生长点"。把握好这些"生长点"，有可能成为一节充分生动的课。

（6）策略六：思学行为优化

思学即对所学的反思性认识，主要针对学生对本节课内容学习情况的总结，包括知识、能力、方法、情感的收获总结或疑惑收集。此环节有利于学生对所学内容进行梳理，以量化的收获促进学生学习的成就感，利于学生自信，利于教师即时掌握了解学生的困惑，为后续教学做铺垫。

3. 教学评价优化策略

过程性评价常规化。评价是教学不可或缺的一部分，没有了评价，教学就成了独腿走路，因此在"三步五段式"教学模式中，评价是贯穿教学始终的。在课前学习后，课堂上自学交流环节则是师—生、生—生之间对课前自学情况的交流评价，互学阶段组内交流学习和组间交流评价、师生的互动评价推进了课堂教学的进度。当堂学习的检测反馈阶段则是对所学的当堂反馈性评价，还有思学环节更是师生间对收获与疑惑的梳理，课后作业的设计则是对学生学习的巩固性评价。

在发挥教科研对有效教学的促进作用方面积极推进教学研究常态化策略：

（1）策略一：专题研究常态化

我们先后提出了两种教研行为模式的构想。

① 大专题研讨行为模式，即集中研讨交流共享思想解决问题。2011年11月我校被评为全区"教研先进集体"，区教研室在青铜峡市召开教研观摩现场会，第五中学要设立全区中学教研现场会的分会场，如何组织好这次建校以来规模最大的教研活动成了领导和教研组长头疼的大问题。最后学校行政会议一致考虑决定由语文组承担这次活动，接到这个任务我们组深感责任重大，困难之大，最后全组教师商讨决定用主题教研的方式来呈现本次活动，也就是围绕教学中的问题，设计一个专题研讨话题，利用网络研讨和现场研讨的方式来探究解决问题的方式方法。经过多次的研讨演练，12月召开的现场会令全区的观摩领导、老师、教研员交口称赞。这种尝试也为青铜峡市五中的教研工作打开了一扇光明之窗，2011年开始借助课题研究平台，主题式教研活动如火如荼开展起来，我组先后三次召开全市大规模的主题研讨会，以"提高课堂导入的有效性"为专题进行教研展示活动，取得了圆满成功。以片区教研活动、全市教研活动观摩评比、课题组小专题研究汇报等形式进行的"记叙文复习阅读策略的研究""小组合作学习的有效性"等多次研讨展示也得到领导、老师、教研

室的认可肯定，这种形式也成为我校语文组教研活动的特色窗口。语文组先后8次被评为校级和市级优秀教研组。有力地带动了全校和全市的教研工作。当然我们语文组的活跃与课题研究密不可分，语文组的成长和课题研究的深入开展是同步的，到今天我校和我市这种大专题研讨模式依然是教学研究的主流形式。

② 小专题研究行为模式，即依托小专题深入研究解决教学中的问题。通过几次大的主题教研我们发现由于教师时间的不确定性，教学理念的深浅不一，教师专业素质的不统一，研讨时间的限制，研讨问题的宽泛常常对一些问题的研究交流是浅尝辄止，深度广度不够。所以在2010年6月和2011年6月，由周永福老师牵头先后逐级申报了课题《初中语文教学中有效教学行为与策略的研究》，专门解决我们在教学过程和教研过程中发现的问题，把我们的大专题教研推向纵深，结合"三步五段式"教学模式和讲学案，把我们的教学过程细化为导学（创设情境导入学习、目标设计引领）、自学—课前预习、合作学习—互学、当堂测试反馈—测学、思学（师生反思、作业设计、板书设计）几部分，把我们教学中最困惑的几个方面——课堂问题的设计、拓展延伸、多媒体的应用、预设与生成、讲学案的优化等问题，以小专题研究的方式共设计了13个小专题，在近三年时间内进行了深入研究，基本上解决或厘清了问题，研究虽参差不齐，但也取得了一定的效果。不论在理念上还是思想上都有了全新的认识，也让研究教师的教学行为发生了明显的变化。

（2）策略二：教学研究活动化

教研活动历来是学校教学教研工作的软肋，单一死板的听评课让教学研究犹如一潭死水，多样化教研活动是激活这潭"死水"的石子。教研组作为学校教学的中坚力量，它的作用人人皆知。自我组申报课题以来，为了实施和落实课题研究计划，结合学校计划我们规划了三年中的每一学期的研究活动计划，分别在理论学习阶段和实践研究阶段设计了学课标活动、两次观课议课活动、两次同课异构活动、一次信息技术资源应用优质课评比活动、微课设计活动、小专题研究竞赛活动、每年一期的课题组教师教学论文、课件、设计案例反思的评比活动和教学现状调研活动、语文教学成绩的动态分析研究活动等。从方案的制定到过程的落实总结基本上都是有始有终，丰富的教研活动让我们的工作忙碌起来，也让我们的生活充实起来，更为一潭死水的教研活动注入源头活水。三年来我们的课题研究教师倍感教师做研究的艰辛，也享受到教学教研工作生活的充实，也品味了自己的成果获奖发表的喜悦，也收获了艰辛带来的丰硕成果。可以说风雨兼程三年，艰辛快乐参半。

（3）策略三：教师专业发展系统化

教师专业发展是伴随着课改的钟声走进教师的视野中，教育的可持续发展必然少不了教师的可持续发展，教师的可持续发展由于教师工作的特殊性决定了教师专业发展的起点是自己的教学实践。"教学+反思+问题+课题+学习+研究+实践+提升=研究型教师"的这个策略，是三年来我们课题组的一个共同的理论思想与实践相结合的成果，也是课题组教师共同验证的一条教师专业化发展成长的道路。

因为教师的研究有别于专门的科研人员，教师的研究仅仅着眼于解决教学中的问题，运用他人成果优化提升自己的教育教学，把自己和他人的经验分析总结下来以利于今后的教学而已，参与课题研究的本质是提升优化教学，而并非产生什么科技发明成果论著。教师的专业发展离不开课题研究。2011年正值全市和我校大刀阔斧打造高效课堂的起始之年，我们语文组在前期高效课堂——"三步五段式"教学模式研讨的过程中发现了许多问题，经过细心认真的梳理，在课题研究方面有专长的周永福老师建议和努力下带头申报了课题《初中语文教学中有效教学行为与策略的研究》。申报研究的初衷仅仅是为了解决教学中的问题，课题批准立项后，课题组全体成员经过仔细的分工，先进行了高效课堂的教学现状调查，由周永福、刘娟、姜建忠老师执笔设计了调查问卷，先后对全体语文教师和三十个班级学生抽样进行了问卷调查，涉及师生教学行为的方方面面，教学的各个环节，教师教学思想、态度、理念方法，教师对自己教学的认识，对学生行为的认识，教研特点方式方法，教师教研意识和意愿。学生学习方法，对自主合作探究学习方式的认识，对讲学案的评价，学习态度，对教学改革的看法等诸多方面，比较客观地掌握了当前高效课堂初始之期的教学状况。紧接着就按照课题起初的计划和学校高效课堂的实验改革，以改革中发现的问题和教师学生教学活动中的一些困惑，初步梳理设计了13个问题，并以13个问题为突破口，把它们分别设计成小专题的方式，计划在三年时间内按照课题研究总进程进行突破。由同兴趣、同问题教师组成教研联盟，来申报小专题进行研究，并且教研联盟也并非是三年固定的，研究结题一项重新组合申报进行另一项，分别按照短、中、长期来布局小专题研究，研究并没有给我们的教学工作带来麻烦，由于它以我们的日常教学中的各个环节和细节问题为研究对象，所以工作和研究是息息相关的，它有效促进了教学，更有效的是经过三年的研究，教师教科研意识增强了，教科研能力突飞猛进。原本按部就班的教学工作多年来无生气，没有多少创新，更谈不上教师的专业发展，由于课题研究的推进，仿佛催化剂一般，使课题组教师在专业化发展方面走在了我校各教研组的前列，也走在了全市的前列。

① 它为骨干名师的成长推波助澜。我课题组有自治区级骨干教师一名，吴忠市级骨干教师四名，青铜峡市骨干教师两名，吴忠市名师两名。

② 它为教师专业技术职务晋升助力。本组近三年评定高级教师两名。因为课题研究带动教师在教科研方面投入精力多，自然在这些评职硬化条件方面准备更充分。

③ 它为教师教科研成果成绩的爆发搭建平台。近三年来，我们课题组教师的研究成果成绩呈爆发式发展，课题组教师周永福、刘娟、黄秀玲、宋辉、路媛芸分别在省级刊物《宁夏教育》《新课程》和国家级核心刊物《教育学》以及我市教研专刊《古峡教研》上发表论文设计12篇，论文获国家级一等奖1篇，教学课件自治区级一、二等奖5件次，教学设计获一、二等奖2次。微课获国家级三等奖一次，市级优质课获一、二等奖3节次，课题组教师承担市级观摩课示范课、专题讲座9场次。获得各类辅导教师奖项22人次，有212人次的学生作文在各级各类作文大赛征文中分别被评为一、二、三等奖。在全市演讲、诵读竞赛中都取得了优异的成绩。我语文教研组也两次被评为市级、区级优秀教研组。这三年我课题组教师的成长可以用以下几个"之最"来总结：骨干教师名师成长速度最快；专业技术职务晋升速度最快；教研能力提升最快；论文获奖发表最多；课件设计反思获奖最多；专题讲座、观摩课示范课最多。

（三）课题研究的成效

1.课题研究对教师产生的影响

教育科研的过程是一个自我学习、自我教育的过程，更是一个提高教师职业理想、职业道德、心理素质、知识素质、教科研素质的过程。课题研究使实验教师的素质有了一次飞跃性的发展和提高。

（1）理论学习给实验教师的科研素质插上了腾飞的翅膀。教育科研对教师成长的第一促进作用就是引导和督促教师加强教育理论的学习，帮助教师不断提高教育理论素养。课题组先后举办了大小型专题学习和讲座十几次。由于理论学习深入、到位，实验教师较快地掌握了一套可操作的技术，课题组十分注重理论联系实际，在教学中边学习、边实践，把理论和实践结合起来；用理论指导实践，并在实践过程中加深对理论的认识，这种螺旋式上升的教学方式使实验教师不断获得新的知识和新的技能。

（2）教育观念得到更新和优化。课题实验使教师的教育观念有所更新，一是明确了教育科研与振兴教育的关系，树立了科研兴教的观念；二是明确了教育科研与教育改革的关系，树立了教育要改革，科研须先行的观念；三是明确了教育科研与提高教育质量的关系，树立了向科研要质量的观念；四是明确了教育科研与教师的关系，树立了教师是教育科研的主力军的观念，仅仅会教课而不会教育研究的教师不是新时期的合格教师。观念是行动的先导，更新了观念，学校形成了良好的学术氛围，我校教师参与各类研究和各种竞赛蔚然成风。

（3）教学能力有了进一步提高。经过近三年的研究，教师驾驭课堂的能力有了质的飞跃，多数课题组教师多次承担了送课下校观摩课，全市高效课堂展示课和外市县观摩我校高效课堂的观摩教学任务，获得观摩教师、领导的一致好评，整体课堂教学成为我市高效课堂的典范，也使我校语文教学工作成为全市语文教学的一面旗帜。语文教学成绩在全市各级各类统测、中考中稳居榜首。

（4）扭转了教研工作的不利局面。教研工作是学校教学工作的生命线，没有教研助力的教学是走不远的，一味地死教，只能让教学走进死胡同，近三年来由于本组教师大部分参与到课题的研究中，尤其中青年教师，因此在教研组活动中自始至终贯穿课题研究的思想，以小专题为抓手，以小组合作研究为单元，改变了以往教研活动单一的听评课方式，观课议课、同课异构、案例分析、专题交流、连片教研成为教研活动的主流和常态。

（5）形成了教师之间的团结协作氛围。以前为了提升自己成绩老师们总是把自己的好办法隐藏起来，教师之间的竞争趋向不良状态，自本课题研究和"三步五段式"课堂教学模式实施以来，由于每个专题必须要有两位教师组成联盟，而且定期要向课题组交流展示研究过程，因此教师之间的交流合作是必须的，这样就使"各自为政"的教师走到一起，为共同的研究而团结协作起来，近几年我组教师已成为协作意识最强的教研组，连续六学期被评为校优秀教研组，两次被评为市级优秀教研组。

（6）教师教研能力得到升华。2011年之前的第五中学，全校部分教师的教研意识和教研能力基本上处于零起点，教师惰性强，自从我们的课题研究实施以来，经过多次的培训学习、理论学习和研究实践，本组教师经历了对课题研究的一无所知到会选题、会设计课题、申报、开题、制订研究计划、实施研究的质性飞跃，参与研究、撰写设计、参加各级各类论文设计课件征文竞赛的积极性猛增，获奖情况是捷报频传。

（7）不能独立学习是现在学生最大的硬伤，学习方式改变的关键在教师，教师的角色定位、教学手段、教育理念直接作用于学生的学习，陈校长首创的"三步五段式"教学模式是从传统的教学模式和现在教育发达地区的教学模式中综合优化组合形成的，强化了对学生自主学习、合作学习的要求，强化了教师主导、学生主体地位的先进理念。课前—课中—课后三步协调一致，自学—导学—互学—测学—思学，环环相扣，形成了师生教与学的比较完备的教学模式。

2. 课题研究对学生产生的影响

（1）学生的语文素养得到强化提高。因为本课题研究对象为课堂教学的各个环节，通过研究使课堂教学的效果提升，直接作用于学生，学生的语文综合素质逐步得到提升。

（2）学生的课业负担得到缓解。自高效课堂实施以来，本课题组把有效教学融入高效课堂后，本组教师课改意识和行为明显增强和改变，课堂教学追求高效，学生学习力求有效、高效，习题精选，杜绝教辅资料满天飞现象，一份讲学案融学生自学、合作学习、练习测试与教师的备课教学于一体，学习效率明显增强，课业负担逐步减轻。

（3）学生的学习能力有所提高。现在的学生主动学习能力被弱化，依赖性强，经过高效课堂的实施和近三年的研究，学生知道拿到一篇课文应从哪里入手自学，课堂上学生能够积极参与小组学习，当堂测试又能检测出学习情况，增强了学生的学习意识和能力。

3.课题研究对学校产生的影响

我校高效课堂和课题组近三年的有效教学的研究，有力地推动了我校教学改革的步伐，为语文课堂教学与"三步五段式"教学模式的有机契合起到了不容忽视的作用，也为我校能够成为高效课堂示范性观摩点增添了一份微薄的力量，也是我校连续多年语文成绩、办学特色稳居全市前列的因素。

（1）教学成绩全面提高，整体办学质量得到提升

① 语文成绩在统测、中考中连续三年全市第一。（附成绩表）教育教学成果获奖不断，共有12人次获得了青铜峡市政府和教育体育局教学效果奖励。学校连续3年获教学质量和中考目标管理先进学校称号。

附：三年期间语文统测学校和教师成绩对比表

表3 青铜峡市2011—2012学年第二学期期末教学质量监测中学城市教师前15名成绩统计表

学校	教师	班级	实考	去掉	测评人	总分	均分	均分70%	及格人	及格率	及格率30%	班级成绩	任课成绩
五中	席向梅	5	59	1	58	4750	81.90	57.33	58	100.00	30.00	87.33	85.53
五中	姜建忠	1	59	1	58	4601	79.33	55.53	58	100.00	30.00	85.53	85.09
五中	刘娟	7	59	1	58	4586	79.07	55.35	58	100.00	30.00	85.35	85.07
四中	徐芳	3	58	1	57	4461	78.26	54.78	56	98.25	29.47	84.26	84.64
五中	王铎	9	60	1	59	4706	79.76	55.83	59	100.00	30.00	85.83	84.13
四中	祁彬	11	53	1	52	3985	76.63	53.64	50	96.15	28.85	82.49	83.48
四中	周媛	7	52	1	51	3941	77.27	54.09	49	96.08	28.82	82.92	83.27
六中	马辉	2	52	1	51	4011	78.65	55.05	50	98.04	29.41	84.46	82.78
五中	史月芳	3	60	1	59	4674	79.22	55.45	57	96.61	28.98	84.44	82.16
四中	王丽	9	55	1	54	4100	75.93	53.15	54	100.00	30.00	83.15	80.66
六中	吴彦青	3	55	1	54	3980	73.70	51.59	50	92.59	27.78	79.37	80.03
六中	魏宏宇	9	51	1	50	3790	75.80	53.06	45	90.00	27.00	80.06	79.89
六中	黄威	1	55	1	54	4078	75.52	52.86	51	94.44	28.33	81.20	79.57
六中	宋秀全	5	55	1	54	4015	74.35	52.05	49	90.74	27.22	79.27	78.84
四中	席雪梅	5	56	1	55	4055	73.73	51.61	51	92.73	27.82	79.43	77.84

表4 青铜峡市2011—2012学年第一学期期末教学质量监测中学七年级（语文）学科学校成绩核算表

学校	年报人数	实考人数	去掉人数	测评人数	总分	均分	均分70%	及格人数	及格率	及格率30%	学校成绩
四中	617	614	12	605	45625	75.41	52.79	576	95.21	28.56	81.35
五中	598	597	12	586	46193	78.83	55.18	577	98.46	29.54	84.72
六中	529	528	11	518	38438	74.20	51.94	475	91.70	27.51	79.45
三中	179	179	9	170	12517	73.63	51.54	157	92.35	27.71	79.25
铝中	293	289	15	278	21250	76.44	53.51	266	95.68	28.71	82.21
电厂	84	84	4	80	5743	71.79	50.25	67	83.75	25.13	75.38
二中	235	235	12	223	16627	74.56	52.19	217	97.31	29.19	81.39
邵刚	190	190	10	180	13294	73.86	51.70	166	92.22	27.67	79.37
叶升	155	153	8	147	10711	72.86	51.00	132	89.80	26.94	77.94
陈袁滩	136	135	7	129	10065	78.02	54.62	127	98.45	29.53	84.15
大坝	86	86	4	82	6680	81.46	57.02	82	100.00	30.00	87.02
甘城子	100	100	5	95	6998	73.66	51.56	89	93.68	28.11	79.67
回中	327	327	16	311	22577	72.59	50.82	286	91.96	27.59	78.40
全市合计	3529	3517	125	3404	256718	75.42	52.79	3217	94.51	28.35	81.14

表5 青铜峡市2012—2013学年第一学期期末教学质量监测中学七年级（语文）学科学校成绩核算表

学校	参加监测教师数	学校上报学生人数	学生缺考人数	实考人数	实际测算人数	总分	均分	均分70%	及格人数	及格率	及格率30%	学校成绩
四中	6	688	2	686	672	43123	64.17	44.92	462	68.75	20.63	65.54
五中	6	539	0	539	528	38376	72.68	50.88	498	94.32	28.30	79.17
六中	6	500	0	500	490	31892	65.09	45.56	339	69.18	20.76	66.32
二中	6	236	1	235	223	14648	65.69	45.98	154	69.06	20.72	66.70
三中	6	158	0	158	150	10334	68.89	48.23	126	84.00	25.20	73.43
邵刚	6	153	0	153	145	10231	70.56	49.39	124	85.52	25.66	75.05
七中	6	262	0	262	249	15696	63.04	44.13	174	69.88	20.96	65.09

学校	参加监测教师数	学校上报学生人数	学生缺考人数	实考人数	实际测算人数	总分	均分	均分70%	及格人数	及格率	及格率30%	学校成绩
甘城子	6	107	17	90	86	6122	71.19	49.83	80	93.02	27.91	77.74
回中	6	281	0	281	267	17671	66.18	46.33	204	76.40	22.92	69.25
铝中	6	371	74	297	282	20394	72.32	50.62	251	89.01	26.70	77.33
大电	6	72	0	72	68	4397	64.66	45.26	46	67.65	20.29	65.56
全市合计	66	3367	94	3273	3160	212884	67.37	47.16	2458	77.78	23.34	70.49

附：2014年中考语文学校成绩对比表

表6 青铜峡市2012—2013学年中考（语文）学科学校成绩核算表

学校	参加监测教师数	学校上报学生人数	学生缺考人数	实考人数	实际测算人数	总分	均分	均分70%	及格人数	及格率	及格率30%	学校成绩
四中	6	700	2	698	665	50806	79.4	55.58	470	70.68	21.24	76.82
五中	6	540	0	540	613	54496	88.9	62.23	509	83.03	24.91	87.14
六中	6	500	0	500	475	39283	82.7	60.9	380	80	24	84.9
二中	3	236	1	235	224	16667	74.4	52.08	154	68.75	20.63	72.71
三中	3	158	0	158	150	11010	73.4	51.38	106	70.67	21.2	73.58
邵刚	3	153	0	153	145	10991	75.8	53.06	104	71.73	21.52	74.58
七中	5	262	0	262	249	19846	79.7	55.79	169	67.87	20.36	76.15
甘城子	2	107	3	104	102	8619	84.6	59.22	84	82.35	24.7	83.92
回中	4	281	0	281	267	22748	85.2	59.64	212	79.4	23.82	83.46
铝中	4	371	4	367	353	30746	87.1	60.97	269	76.2	22.86	83.83
大电	2	72	0	72	68	5140	75.6	52.85	46	67.65	20.29	73.14
全市合计	44	3380	10	3370	3211	270352	80.62	56.7	2503	74.39	22.32	79.11

② 学校声誉提升加速。我校成了家长和学生理想的期望就读学校。三年来

承担全市"三步五段式"课堂教学模式观摩现场会4次，迎接观摩团4次。课堂教学成果及高效课堂模式已经得到同仁们的认可。

（2）为有效教学高效课堂的实施积累了有据可查的实证性过程性资料

① 整理编订一份关于有效教学的理论案例设计反思文集。近三年的研究过程中，全组教师既各自为政研究自己的专题又相互配合合作研究，通过理论学习、教科研培训、新课标再学习、小专题开题、研究、反思总结，开展观课议课、同课异构、专题研讨、课例论文设计课件评比、专题研究展示交流等活动，共整理文字50余万字，形成一套有效教学研究文集。为我们在高效课堂的实施过程中积累了实证性过程性资料。

② 课题组教师撰写研究论文、反思、设计、报告60余篇。5篇发表于《宁夏教育》杂志，1篇发表在《新课程》杂志，1篇发表在国家级核心期刊《教育学》杂志，4篇发表于《古峡教研》刊物。2篇在各级各类论文评比中获一、二等奖，撰写教学设计40篇，有7篇获各级评比一、二等奖，撰写研究分析报告总结5篇，案例分析10篇，反思16篇，共计文字60余万字。

③ 近三年通过教师的努力与合作，逐渐编订设计修正，让我们的课堂教与学的方案——讲学案基本成型。它按年级分册共分为七、八、九年级各一册，为今后的高效课堂的深入推进提供了借鉴。

六、实验结论

（一）理念的更新学习是提升教师课堂教学行为有效性的前提

心动是行动的前提，行为的变化取决于理念的变化。没有先进的理念做前提，就谈不上教师教学行为的有效性。有了新的理念的支撑，教师采取的后续教学行为才会在新理念的驱动下追求有效和高效。

（二）备课行为的规范化是提升教师课堂教学行为有效性的条件

备课作为教师教学行为的第一环节，它直接决定了后面其他教学环节的有效性科学性。集体备课作为当前主流备课形式，虽然有很多益处，却也有许多学校和教师根本没有发挥集体备课的长处，只从形式上着眼集体备课，我们采用的超前一周个人备课，提前两天集体研讨交流共同备课，课前分发教师因人因"材"二次备课。如此三个环节的备课行为，有效地规避了无谓的低效的教学行为，奠定了课堂教学有效性的基石。

（三）备课方案的规范化是提升教师课堂教学行为有效性的保证

备课方案作为课堂教学行为的脚本和流程，在主导课堂教学行为方面有着举足轻重的作用。与"三步五段式"教学模式相一致的备课方案框架，在束缚教师备课随意性方面非常有效，规范的格式和各环节的优化使教学方案更趋于合理，这是课堂教学行为有效性的保证。

（四）教研模式的规范化是提升教师课堂教学行为有效性的摇篮

教学研究伴随着课改一路走来，许多的教研行为依然停留在听课、评课上，做研究型教师仍是一句时髦的空话，把教学中的困惑在集体中互相交流探讨，必将会发酵出可行的答案和结果，这就是大专题教研模式。由于时间的限制和教师素质的不均衡，许多问题是靠一两个小时的集体研讨解决不彻底的，那只能把这些遗留的问题作为课题起点，设计成小专题、小课题进行深入的研究，才会在时间充足的情况下占有更多相关研究成果资料，也必将找到或是明晰问题的解决策略，这就是小专题研究策略。这种大主题、小专题的互补性策略极大程度提升了教学行为的有效性。

（五）集体备课常规化是提升教师课堂教学行为持续有效性的必经之路

集体备课是有别于传统备课的一种最大效力的备课形式。它集传统个人备课与现代集体研讨备课于一身，规避个人备课的单打独斗，发挥了集体智慧的优势，把集体备课作为备课主要方式才能在共享集体智慧的前提下提升个人教学智慧，才能促进教师教学行为有效性的可持续发展和提高。

（六）教研活动的多样化是提升教师课堂教学行为有效性的沃土

教研活动不论在传统教学还是新课程改革中都被作为教师的必要修炼活动，单一的听评课活动很难触及我们教学中的深层次和共性的问题，有时碍于情面对问题也是浅尝辄止，多样化的教研活动不仅从多个角度，多个层面，以多种方式来解决教学中的疑难杂症，使教学研究扎实有效，且教师间的合作共享、互帮互助潜移默化，直接促进了教师在理念和教学技能方面的提升，成了教师专业发展的一方沃土。

（七）教师专业发展系统化是提升教师教学行为有效性的一个根本目标

教育质量提升的关键在教师，教师的专业发展速度和效果决定了教育发展的速度和效果。

打造有效的课堂教学是我们长期的追求。为此，我们付出了几年的努力，也取得了一定的成效。在设计本课题研究时，我们的初衷是从探索课堂教学模式和优化教学过程中，总结出提升课堂教学行为的最优化方案和利于学生成长发展和实践能力生成的课堂教学策略，以期提高教学成效。但在研究实践中，越来越感到，仅仅追求课堂教学模式的研究还不够，因为一个较为良好的课堂教学模式还与教师的教育理念、学生学习方式、学习习惯的转变、教师业务素质等因素有着密不可分的关系。研究的困惑和问题也是必然存在的。

七、存在的问题

（一）策略的有效达成有赖于教育理念的更新

在策略的验证性教学中，我们发现，所总结的教学策略，是行之有效的，但不像设计初衷那样单纯，它的有效程度取决于教师的教育理念水平，同样一种策略，不同教育理念水平的教师，所产生的效果不同。本课题的研究为教师专业成长搭建了进步和发展的平台，但教师的教学素养、人文素养也始终是制约课题深入实施的瓶颈。如何进一步促进每一位教师更新教学理念，自主地开展日常形式的校本化教学研究，还有待于进一步完善教师成长机制，从根本意义上促进教师的成长和发展。为此我们深刻地认识到，教学策略的研制与实施，首要问题在于教师的教学观、学习观、课程观的端正。这进一步增强了我们对教师队伍建设开展必要的理论学习培训工作的信心。

（二）各种教学策略互补作用不容忽视

在进行教学策略课堂普遍应用性验证过程中，我们所总结的几个策略，虽然来自教学实践，但在实践重复性验证教学中发现，策略的运用必须依据教学内容及年级的不同而有所调整，才能收到预期的效果。在研究的过程中，我们深知有效课堂既是教学理念，也是一套策略和技术。作为一种理念，它应该包含众多要素，如学习方式与教学有效性的关系等。在验证教学中一部分教师在选择学习方式时仍比较传统，如何更加灵活选择教学方式和学习方式，选择和创造出更有实效的课堂有效教学策略和技术将在我们今后进一步的研究中不断探索。

（三）教学各个环节在构成整个教学过程中缺乏有机整合

由于课题组以教学过程为研究对象，把整个教学过程分化为13个小专题，这样每学期各位教师自主组合构成教研联盟，选定自己的小专题进行研究，教研态度、意识、能力的参差不齐，导致研究的成效也不尽相同，有些专题研究深入切实解决了教学过程中的问题，有些浮于表面、应付有余，部分教师为功利性目的而进行的研究，兴趣不在，当然结果就不理想了。这些环节分开进行，却忽略了教学过程是这些环节的有机统一体，从而导致这些环节之间的脱节。无法使整个的研究为课堂教学发挥预先设计的优势。这个问题留待以后继续研究。

（四）课题研究部分内容有延期滞后现象

为了研究落到实处，不至于半途而废，分列专题形式研究很好地杜绝了这一现象，不因为一个专题的停顿，影响整个研究活动。但是这种情况和其他人为因素也导致一些研究专题拖沓、放弃，如小专题——语文阅读教学中有效指导的行为策略研究、语文教学评价的有效性研究、生活中语文教学资源的有效开发利用研究、作文教学的有效性研究，留待以后再去研究。

八、今后的研究设想

课堂是我们教学的主阵地，研究课堂的有效教学，应是教育的永恒主题。新课程改革的目标就是有效教学，而有效的课堂教学策略能较好地发挥教学理论具体化和教学活动概括化的作用。因此课堂教学策略是教学活动过程结构和教学方法的灵魂。因此，我们只有理性地认识我们的课堂教学，采取行之有效的课堂教学策略和行为，客观地面对我们的课堂教学行为中存在的问题，才能不断改进我们的课堂教学。课堂教学策略行为涵盖的内容有很多，还需要我们去不断探索，不断实践。在后续研究推广的过程中我们肯定会遇到不少困难，相信只要我们面对问题和困难，冷静思考，勇于实践，善于总结，把课堂教学策略的完善与课堂教学的高效作为孜孜不倦的追求，一定会不断提高课堂教学效率，扎实有效地推进素质教育，为教师的发展、学生的发展、学校的发展打下坚实的基础。

青铜峡市第五中学

《初中语文教学中有效教学行为与策略的研究》课题组

二〇一四年十二月

课题三　信息技术在"三步五段式"教学模式中应用的实践研究

一、研究的背景、目的和意义

（一）课堂教学欠佳的现状促使我们进行该课题的研究

当前我校语文课堂教学改革中出现的问题是我们研究的出发点。新课程的实施虽然给基础教育带来了新气象，但由于种种原因，并未从根本上改变课堂教学"少、慢、差、费"的现状，部分老师只重视知识输灌，轻视能力培养，使学生成了被动接受知识的容器。学生学得机械，失去了活力，缺乏创新精神和实践能力。

（二）新课程改革的现实对教育教学本身提出了更高的要求

新课程标准倡导自主、探究、合作的学习方式，培养学生创新思维和实践能力。我校从2009年3月至今摸索的"三步五段式"课堂教学模式改革已经进入专家论证和推广的阶段，因此笔者认为在初中语文课堂教学模式的改革实践中信息技术与"三步五段式"高效课堂模式的深入推进的研究，特别适应于目前的实际情况，值得我们对此进行探索。

（三）信息化教育教学的大背景

学校现代化的教学装备为我们的研究提供了物质基础。我校教师人手一"本"，教室每室一"机"，计算机设备和电子白板的普及与更新处于全市前列。信息技术的迅猛发展，使信息技术在学校教育教学中的应用越来越普遍。信息技术在改变着人们日常生活的同时确实也在悄然改变着传统的学习方式。信息技术环境下的教育不仅是教育信息化的必然产物，也是教育改革发展的必然走向。

（四）"三步五段式"课堂教学模式

我校从2009年3月至今摸索的"三步五段式"课堂教学模式改革已经进入专家论证和推广的阶段，在这几年的摸索研究过程中，我们逐渐发现了信息技术在"三步五段式"课堂中的整合应用出现了"断裂"，因此利用此课题以期解决以下问题：

（1）通过研究，促使教师研究教材、研究现代信息技术，改进教学方法和手段。

（2）通过研究，鼓励学生改变学习方法，利用现代信息技术激活学生多种感官参与，培养学习能力。

（3）通过研究，引导教师学习教育教学理论，探索教学实践，全面提高我校教师专业技能和科研能力。

（4）通过研究，探讨形成基于信息技术的有效课堂教学模式和教学方法，提高我校教学质量。

二、研究目标和内容

本课题旨在深入推进"三步五段式"教学模式的进一步改革和创新，促进信息技术与高效课堂的深入有效的整合，促进师生教与学思想和行为方式的变化。促进我校教学质量与学生整体素质的提高，促进教师专业的发展。

（1）通过本课题的研究与实验，基本构建形成基于现代信息技术环境下"三步五段式"教学模式与信息技术优化整合的策略。

（2）通过本课题的研究与实验，探索并总结信息化时代，改革传统语文教育思想和模式，促使师生学会利用和整合信息资源进行语文教与学的方法和途径，提升语文信息和资源处理与应用的能力，使语文实践能力得到充分提高，初步构建课件设计等信息资源包。

（3）通过本课题的研究与实验，促进基于现代信息技术环境下的科研型语文骨干教师的成长与发展。

（4）通过本课题的研究与实验，进一步推进和巩固"三步五段式"教学模式在我校乃至我市的应用，促进全体师生充分利用和使用电子白板优化课堂教学。

三、课题研究思路和方法

（一）研究思路

立足于我校"三步五段式"课堂教学模式，立足于当前信息技术资源应用的大背景，以实践研究和行动研究为主，把当前此模式下信息技术资源应用的有效性整合作为研究方向，着力解决信息技术与"三步五段式"模式的有机契合问题，通过对当前教学中存在问题的调查分析，在现代教育技术运用过程中，抓典型、树榜样，以点带面，坚持边学习、边实践、边研究、边交流，不断及时总结经验，经过再研究上升到理性的认识。

（二）研究方法

本课题的研究主要综合采用文献法、调查法、案例分析法、行动研究法和经验总结法。

1. 文献法

通过专题辅导、培训学习、参观访问等途径，学习现代教育技术、创新理论方面的论文、经验总结等，借鉴前人研究成果以指导课题研究，夯实课题研究成员的理论基础。

2. 调查法

通过调查研究语文学科"三步五段式"教学模式下的课堂教学的现状，找出课堂教学中信息技术与"三步五段式"课堂教学模式整合不协调的因素和症结所在，找准实验研究的最佳切入口和有效途径。

3. 案例分析法

基于交互电子白板在学校互动式教学中的实践，收集、整理教学案例，既为课题研究提供实证材料，又可丰富课程资源。

4. 行动研究法

这是本课题主要的研究方法。通过教学设计→课堂教学→教学反思→调整设计，辅以课堂观察、课例分析，循环往复推进课题研究。

5. 经验总结法

将课题研究内容、过程加以归纳，进行综述，撰写相关的阶段性小结，及时肯定实验成果，撰写相关论文和研究报告。

四、研究步骤

课题拟定三年完成，起止时间为2014年6月—2017年6月，分四个阶段进行，具体实施步骤如下：

第一阶段：准备阶段（2014年6月—2014年12月）

（1）建立语文课题组，确定课题组人员及分工。配置相应的课题研究信息技术教育环境。

（2）对课题组成员以讲座、集中学习、自学等形式进行专业知识培训，使他们掌握课题研究的相关知识和理论。并调研"三步五段式"课堂教学模式中信息技术应用的相关问题，确定研究内容。这个阶段的主要研究内容及成果是：加强理论学习，学习现代教育技术理论，学习创新教育理论。收集相关资料。初步提出核心概念和基本观点，完成课题申报报告和课题立项论证报告，完成前期现状调查报告，根据研究需要增加硬件设备。

（3）组织课题组教师学习课题研究的理论、方法及现代教育理论与信息技术；对课题组成员进行技术培训，学习交互式电子白板及网络资源使用技术、多媒体课件资源的设计制作使用技术。

（4）研讨制定课题开题报告和研究方案，组织开题论证和组织课题组成员对课题开题报告和方案进行设计论证和修正。

第二阶段：课题实施、中期评估阶段（2015年1月—2015年12月）

（1）做好开题前的技术准备工作，结合课题开题论证会，根据专家提出的修改建议，继续深入完善实施方案。

（2）制订阶段实施计划，课题组教师全面实施加强交互式电子白板和信息技术在"三步五段式"教学模式中整合应用的实践研究。

（3）收集实验过程中的资料和信息，总结信息技术在"三步五段式"教学模式中整合应用的实践研究的资料。

（4）进行中期总结评估。

第三阶段：深入开展课题研究，交流、推广研究成果阶段（2016年1月—2017年1月）

（1）依据初步提出的行动研究方案，继续深入研究。

（2）实践研究课展示、反思、评估总结。完成实践课录像资料及其他资料的收集整理。

（3）撰写个案分析、专题研究文章或研究论文。

（4）继续深入开展本课题研究，通过校级公开研讨课、观外校示范课、经验交流会、专家讲座、专题培训等多种形式，不断提高教师的研究水平，改进实践过程中存在的问题，不断优化信息技术与"三步五段式"教学模式的整合。

这个阶段的主要研究内容及成果是：对教师日常教学实践中的案例经验进行分析，提炼出具有代表意义的"三步五段式"教学模式与信息技术优化整合的典型教学案例，编辑成学科案例集。在实践过程中，收集数据和资料，不断完善先前提出的理论模型和构想，并给予操作化、系统化，最终提出较完整的教学策略体系，完成相关的研究报告。

第四阶段：课题总结阶段（2017年2月—2017年6月）

（1）将课题的研究成果再进行汇总、整理，最终完成整个课题的研究目标。

（2）撰写《信息技术在"三步五段式"教学模式中整合应用的实践研究》的研究报告。

（3）展示《信息技术在"三步五段式"教学模式中整合应用的实践研究》的课堂教学案例。展示《信息技术在"三步五段式"教学模式中整合应用的实践研究》的案例反思论文经验总结。

（4）申请结题，进行成果推广和运用。

五、研究目标的达成情况

（一）课题研究对课堂教学的实践成效

我校在2009年提出并实践的"三步五段式"高效课堂模式至2015年已经走过了六个年头，其间的收获颇多，存在的问题也不少，尤其近两年来，铺天盖地的信息化教学趋势，也对我们的这种课堂教学模式有了很大的促进作用，同时在信息化整合这种课堂模式过程中发现了许多问题，语文作为人文性、工具性兼容的一门学科，教学中的不确定的涵盖知情意行方方面面的信息量是巨大的，加上学生作为教学的主体本身在学习过程中的不确定因素，语文课堂必定是动态的课堂。教师课件设计的精细，面面俱到，包括问题答案等都一一罗列其中，依据教师讲学案设计课件流程精准，看似讲学案与课件整合精准，与文本零距离，却忽略了教学中最关键的因素：学生的动态与文本的内涵。这无疑限制了课堂的动态化生成。

笔者选择此题作为研究的对象，经过近三年的实践研究，摸索出了一些整合的经验和策略，取得了一定的实验效果。

1. 用微课点亮语文课堂教学

微课作为近几年来从国外引进的新的信息技术教育教学手段，因为其自身的优势，已经被越来越多的教师、教育教学机构和平台所认可，催生了不少的在线教育模式和课堂教学的应用模式，也大力促进了我国教育信息化改革发展的步伐。"三步五段式"教学模式是贯穿课前、课中、课后的一种教与学的全程化教学模式，不仅仅局限于"狭义的课堂"的学习，也重视课前自主学习即预习，课堂师生互动学习，课后巩固提升的全程，重视养成学生自主、合作、探究的学习习惯和品质，实际上在以往此模式的教学实践中，不论课前自主学习还是课堂合作探究，课后训练提升，师生都或多或少地出现过课前自学学什么的迷茫，课中互学怎么学的苦恼，课后增效增什么的疑惑。经过近三年的学习研究实践，我们借鉴翻转课堂教学模式的学习方案，尝试并实践微课进课堂的策略，用微课来激活课堂，促进学生学习方式的改变。

（1）课前用微课导引自主学习。课前自主学习不完全是预习，它是学习的一种方式，既然是学习就要有目标，而且要学有所成即达到一定目标，以前我们的预习仅仅是为新课的学习做做准备，语文就是查查生字词，积累文学作品作者知识，读读课文标注，自然段理理层次等此类的工作。学生学的浅，应付得多，对课堂学习的先期铺垫作用发挥不够，新课程改革后对自主学习的倡导是一大亮点，也符合现代学习论终身学习的理念，自主学习在人成长中所占的份额决定了人最主要的学习方式是自主学习。课堂学习仅仅占人一生学习的四分之一，而自主学习的能力和习惯是在学校教育中培养出来的，语文作为工具性学科的前提注定了语文教学在自主学习能力的培养中承担着举足轻重的作用。但是就课前自主学习来说，我们的学生习惯了被老师拉着走，牵着走的定式，他们在没有老师的引领下常常表现出来的是：不知学——没有学习意识；不会学——没有自己学习的方法；没目标——不知道学什么，达到什么目标。长此以往，学生的学习能力不会得到实质性的提升。这也是当前我们大多数教师的一个共识。如何破解这个困局？接触了翻转课堂、慕课等新的教育教学方式和理念后，我们发现翻转课堂的前置式学习可以借鉴，所以我们结合翻转课堂的自学任务单和微课系列，引进改良了我们的课前自主学习，把课前所学内容设计成分项自学任务，用微课把学习知识点又分列开来指导讲解，或是提供网上知识点资源链接，供学生做课前的自主学习，比如，作者作品介绍、背景链接、课文朗读、文本解析等，学生在学的过程中提前就可以掌握课堂学习的一部分内容，同时记载学习中的疑惑，为课堂学习打下扎实的基础，也有效缓解了课堂学习时间紧的压力，保证了课堂互学的学习效果。

（2）课中用微课促进课堂学习。"三步五段式"教学模式的课堂教学过程包括五个环节：导学—自学—互学—测学—思学，导学环节主要是展示本课学习目标；创设情境导入新课。创设情境就可以利用微课微视频的形式，引起学生注意，利于创设情境，也可以利用微课形式进行新旧知识的桥接，巧妙过渡到新的学习内容，这要比单一的语言或文字导入，复习旧知导入的效果好多了。自学环节主要是学生对照自学任务完成情况，自己梳理上报汇总课前自学中的疑难，小组长汇总，教师汇总浏览。以备后续学习指导使用。互学环节，则是学生小组合作互动、师生互动的过程，主要解决学习中的疑难困惑，组内解决不了的教师可以从旁做指导，也可就集中的问题出示预设的微课进行集体学习。已达到教师少教的目的，把学习的时间空间充分地留给学生，有力地倡导和实践了合作探究的学习方式。测学环节，主要是教师设计的当堂测试达标题目，通过随堂测试，及时掌握学习情况。思学环节，师生梳理问题，对学习有问题的学生，再次投放微视频进行学习，如果时间不够可推送到微信群里，进行后续补充学习，力求做到堂堂清、天天清。并可以微课形式梳理归纳规律性知识当堂回放或推送到学习群里，以便学生进行知识回顾和复习。

（3）课后用微课延伸拓展学习。作为此模式下的最后一个环节，不是画蛇添足，而是画龙点睛。课后学习是每节课的学习内容的终结，但绝不是学习的终结，应该是学习的新的开始，所以课后学习阶段，除了设计基本的课后作业外，还要解决两个问题，对于"吃不了"的学生，则利用课后进行回笼式学习，根据教师推送到群里的学习视频，补充强化当天所学。对于"吃不饱"的学生可设计提升作业，并辅以微课引领，如学习了《秋天的怀念》，就要设计史铁生相关作品的导读视频，引导学生由课内走向课外，去课外大阅读。同时根据阅读与作文不分家的原理，抓住文本中值得学习的写作手法、技巧，设计读写点微课，进行微点作文的训练，比如，学习了《从百草园到三味书屋》

里"雪地捕鸟"的动作细节描写，百草园写景"不必说……也不必说……但是……等经典句式的运用"；《春》一文中写春草、春花、春雨的技巧以及结尾排比段的形式，都可以以微点微技巧制作微课的形式来指导和训练学生从阅读文本中积累写作知识、写作技巧的习惯，逐步化零为整地提升学生的写作能力，真正做到由读到写的知能迁移。

2. 优化了信息技术与"三步五段式"教学模式的整合

何谓信息技术和学科整合呢？我们现在所说的真正意义上的信息技术和学科整合，其实就是把教育观念的转变和更新与信息技术的应用相结合，借助于信息技术的应用带动课程体系、教育内容、教育方法和手段的全面改革。在我们"三步五段式"教学模式的实践中，很多教师可以说是已经开始充分利用现代信息技术，进行教育教学的创新，推动教育信息化进程。变革传统教学以教师为主的教学方式，变革教学围着教材转的教学模式和手段，把以"教"为主的教学方式转变为以"学"为中心的教学方式。实现优秀教学资源、设备在课堂教学中的"共享"和"互补"的整合。把教学学习资源包括网络资源整合转变为有效的"资源"，从而助"教"和助"学"，引导和帮助教师和学生借助信息技术资源及技术融合教学设计、课堂教学模式实现良好教学效果的教学教研过程。那么我们的课程、教学模式与信息技术究竟如何来实现真正意义上的整合呢？首先我们得明确我们的立足点是借助信息技术资源设备来培养学生的创新精神和实践能力，最大限度地满足和促进教师教学和学生学习的需要，最直接的帮助就是借助于信息技术与课程整合对教法和学法方面的借鉴和探究，使"技术"和"资源"的助教和助学落实到应用现代教育技术设计教学过程中，推进信息化与语文学科教学有机的整合。所以在这三年的研究中，首先我们明确了作为信息技术和资源整合语文课堂教学模式的核心部件——多媒体课件，在制作和使用上必须遵循的几个原则；同时也摸索出课件整合"三步五段式"教学模式上的几个关键点；也充分认识到信息化手段和资源对语文教学的优化作用，可以提升语文教学的广度、深度、浓度。

（1）多媒体课件设计使用原则

①有效性原则

在教学中使用多媒体的目的就是实现教学过程的最优化，更好地完成教学任务，提高教学质量和教学效率。盲目地使用多媒体是无法取得良好教学效果的。手段从属于目的，多媒体教学这种手段大而言之应当为实施素质教育服务，小而言之应当服务于每节课具体的教学内容和教学目标，对学生知识的掌握和能力的形成起促进作用。所以多媒体课件使用中应遵循的首要原则就是有效性。

②科学性原则

教学目的明确，内容准确，表述规范，文本、图形、动画、音像、视频等各种媒体使用合理、搭配得当、层次分明，屏幕设计清晰高雅，色调搭配适中，生动活泼而又不失严肃，注意引导式启发，防止简单的书本搬家和呆板的说教，要充分利用多媒体白板的交互特性，不失时机地穿插学与教的信息交流。

③交互性原则

灵活的交互性是当前电子白板最大的特点。但是仅有白板系统的交互性并不能完全满足语文教学的需要，除了实现人机交互之外，多媒体课件也必须有良好的交互性，比如，链接的设置不能层次叠加太多，上下页的翻转、网络资源链接不能太多等，否则，虽然这样表面上交互性强了，但是实际操作起来对自己可能方便，对其他共享的使用者造成操作负担。同时课件的设计使用必须也要考虑学生的参与互动，能很好地促进师生、生生、人机的对话互动。

④简约性原则

课件展示的画面应符合媒体传播规律和学生的视觉、心理。画面的布局要突出重点，同一画面对象不易多，避免或减少引起学生注意的无益信息干扰。注意动与静的色彩对比，前景与背景的色彩对比，线条的粗细，字符的大小，以保证学生都能充分感知对象，避免多余动作动画、减少文字显示数量。因为过多的文字阅读容易造成视觉疲劳，干扰学生的感知。同时，从运用方面而言也讲究简约和适度运用原则。要运用认知学习和教学设计理论，适当运用多媒体课件，根据语文教学内容创设生动有趣的教学情境，使学生通过多个感官来获取相关信息，提高教学信息传播效率，增强教学的积极性、生动性和创造性。把一定的时间和空间留给学生，让他们理解、思考、交流、质疑。

（2）多媒体课件与"三步五段式"教学模式整合上的几个关键点

课件是服务于教师教学、服务于学生学习的辅助工具，如何让信息技术高效服务于教学，必须注意这几个关键点：

第一，兴趣点：运用信息技术的优势，创设情境，激发学生学习兴趣。

美国教育家布鲁纳说："学习的最好刺激，乃是对所学材料的兴趣。"我国教育家孔子也曾经说过："知之者不如好之者，好之者不如乐之者。"兴趣对学习产生的巨大力量是不言而喻的。而多媒体的引入，就像课堂教学中的一个"魔术师"，在激发学生学习兴趣方面，有着得天独厚的优势。它可以借助声、光、影、像，化远为近、化虚为实，把大量的感性材料直接展现在学生眼前，使教学内容更加具体、生动、形象。这较之教师的抽象讲解、有限的板书更容易诱发学生的求知欲，激发学生兴趣，使学生很快地、效果显著地进入教师创设的学习情境之中。

① 积极导入、激发求知的催化剂

一堂课巧妙的开头设计，有利于创设良好的课堂教学情境。在这个环节使用多媒体手段，可以在激发学生强烈的求知欲的基础上，增强学生学习的积极性，所以在导入新课时，适时利用多媒体手段是语文教师喜欢的一种方式。

② 创设氛围、渲染情感的添加剂

在课堂教学中，有时会出现一种让我们教师十分尴尬的场面：一篇情深意切的文章，教师早已入情入境了，可是学生大多十分冷漠、无动于衷，对情感的体验出现了"剃头挑子一头热"的现象。而合理地运用信息技术，能帮助我们在教学中创设良好的情境氛围，往往会产生"未有曲调先有情"的效果，收到事半功倍的奇效。这一环节的设计，创设了良好的教学氛围，对学生的情感起到了很好的渲染作用，获得了牵一发而动全身的效果。

③ 有声有色，激情朗读的强化剂

利用现代教育技术，可以使课文无声的语言材料变成可感的声音，让课文中的语言形象和情感迅速渗透到学生心里去，从而使学生耳醉其音、心醉其情，激发朗读愿望。

第二，重难点：运用信息技术优势，突出重点、分化难点，引导学生积极参与。

课堂教学最基本的要求是紧扣教材重点和难点进行，多媒体的教学手段给我们提供了有利的条件，将抽象概括的文字符号转化为形象具体的可感的东西，使文字与客观事物之间建立联系。化抽象为形象，化概括为具体，化静态为动态，突出重点、分化难点、化难为易，逐步解决问题。学生在学习语言文字过程中的障碍就是我们教学的难点。一堂课中的教学难点，往往与学生已有知识之间有一定的距离，使学生在学习中产生困惑。究其原因，或是知识过于抽象，或是知识过于复杂，或是知识过于陌生。要解决这一难点，由教师单枪匹马、一味讲解，往往适得其反，这时，教师可发挥多媒体的作用，直观、形象、准确地展示知识，帮助学生排除思维障碍，达到对新知识的深刻理解，进而突出重点、击破难点，促进知识内化，实现能力提高的教学目标。

① 化困难为简易

在语文教学中，往往会为了突出教学重点或突破、解决教学难点而花费了大量的时间和精力，然而结果是学生的感触仍不深，还易产生疲劳感，甚至有厌烦情绪。而多媒体能活化课文内容情境，化难为易，促进学生对课文内容的理解。

② 变抽象为具体

在语文教学中，有些内容词句包含的意义是非常抽象的，这些内容仅仅靠老师的讲解很难使学生理解，如果使用多媒体辅助教学，阅读的效果就会事半功倍了。

③ 变静态为动态

在语文学科的教学中，往往会渗透着许多自然科学知识，如《看云识天气》一文，云的种类有卷云、卷积云、积云、高积云等，这些概念也非常抽象，区分起来很困难。我们就可以把各种云的画面用多媒体展现在同学面前，再结合生活中谚语并根据学生观察到的现象，引导学生理解课文、解决难点，同时也可以借助多媒体的展现落实学生亲身体验"看云识天气"的趣味。

④ 突破时空限制

多媒体可以不受时间、空间的限制，可以改变微观、宏观的约束，直接表现各种事物和现象，使教学中一些无法让学生实际接触的事物可以通过声音和画面显示出来，拓宽学生的视野，获取学习所需的材料，为学生提供具体生动的形象，把虚的变实了，把难的变易了，把复杂艰巨的认识活动变得简易且轻松愉快，从而帮助学生解决抽象思维、逻辑思维、语言理解表达方面的困难，降低难度，使教学中的难点得以顺利突破。

第三，思维点：运用信息技术优势，提炼课文内容，启迪学生思维。

在初中语文教学中，运用信息技术创建与教学内容相关的教学情境，是最常见的教学方式，而且效果也非常好。比如在讲到课文《罗布泊，消逝的仙湖》时，教师就可以多收集一些关于罗布泊的图像和视频资料，结合课前制作的PPT，营造良好的课堂氛围，让学生有一种身临其境的感觉，更加突出课文保护生态环境的主旨。在这样的氛围下学习，可以有效地提高学生学习的积极性和主动性，培养学生的探究性思维。

第四，拓展点：运用信息技术优势，延伸拓展，深化学生体验。

教材只是教学的凭借，课堂上不仅要让学生掌握书本知识，体会它所包含的思想内涵，更重要的是教给他们学习知识的本领，引导他们去阅读各类课外书籍，同时深化课内知识。这就要借助多媒体课件存储量大、功能强、操作简便等特点，给学生提供大量的知识。从文本到多媒体再到课外知识，无形中让学生们学会自主学习，引导他们探求新知的欲望。从而也更透彻地让他们理解了课本知识。

（二）运用信息化资源手段优化语文学习

1. 提升语文学习的趣味性

语文学习是枯燥的，尤其面对当前学生，智能设备、网络的诱惑明显冲击着学生对语文学习的兴趣，单纯的师生文本间的交流互动的课堂迟早会让学生"移情别恋"，如何让学生更专注于本身，就在当前教育形式下"江河日下的"语文教学课堂，无疑也要"赶赶时髦"，跟着信息化走！信息化进课堂，最大限度地抓住学生的兴趣点，如若合理、科学运用，从自主学习到课堂学习到课后拓展，信息化技术资源的灵活、便捷、丰富的特性，必将使学生深深地爱上语文，也必将把语文学习之旅化枯燥为神奇！

2. 提升语文学习的深度广度

没有信息化资源设备技术的介入，我们的语文课堂大多停留在对文本的教学，很少也很难把文本之外的大量信息展现在课堂上，信息技术的发展让语文课堂的信息量成倍增趋势，语文课的广度、深度都有了提升。比如教学《杨修之死》，对杨修死因的解读我们可能停留在个性悲剧和社会悲剧（卷入宫廷之争）方面，而不能更深层次地解读杨修之死的历史渊源，有了网络资源的介入，就能够让学生更易于接受杨修之死还有历史原因，再加上古代评论家、史学家的评判，足以让这节语文课上升到一定的高度，涉及社会学、伦理学的高度。为今后学生的语文素养和社会阅历的提升产生促进作用。

3. 增强语文学习的自主性

在传统的教学过程中,一切都由教师主宰,从教学内容、教学策略、教学方法到教学步骤,学生只能被动地参与整个过程。新的语文课程标准提出,在语文教学中,要积极倡导自主、合作、探究的学习方式。这一理念不仅强调了学习方式的变化,而且强调了学习和发展的主体是学生,学生在语文教学中的主体地位得到重新确认。

信息技术环境下的以学生独立探索为主要形式的个别化学习和基于网络的协商学习两种模式,恰恰是新课标倡导的学习方式的集中体现。运用现代教育技术这样交互式的学习环境,学生可以平等地共有、共享人类的学习资源,可以按照自己的学习基础、学习兴趣来选择学习内容、方法、策略和发展目标,学生在这种开放式的学习空间里有了主动参与的可能,有了自主学习的天地。所以,信息技术介入课堂教学,完全可以构建"自主、合作、探究"的新型学习方式,充分显示信息交流的多向性、丰富性和快捷性。它可以通过师生互动、生生互动、师机互动、师机生互动、生机互动、生机生互动的多种友好合作方式,为学生提供立体式的多向交流的机会,有助于培养学生的合作精神。比如"三步五段式"教学模式中,课前自学的落实,依托微课或是搜索网络资源,实现课前自学的有的放矢,课堂学习互学环节中对重难点的突破,依托微课或是随时进行自主的网络资源的引入助学,教师提前制作的资料链接,都可以帮助学生进行自主学习、合作探究,培养学生自主或合作解决问题的习惯,培养其自主合作探究品质。

4. 改善优化教师的教学方式

在信息化教育环境下,教师不再以是否能够把教材讲解得清楚明白、分析得深入透彻作为课堂教学评价的重要标准。信息化教育环境下,教师的角色必须发生根本变化,由前台的"演"转为后台的"导",这就要求教师要深入钻研教材,把更多的精力投入到为学生提供丰富有序的学习材料,为学生创设最佳学习情境,调动学生的学习兴趣和积极性、主动性,组织学生深入到学习过程中去思考探究,使学生在生动活泼的氛围中愉快而自觉主动地学习,让学生能最大限度地发挥其积极性、主动性。比如借助信息化手段,我们尝试翻转课堂,尝试把"三步五段式"教学模式与翻转课堂教学模式结合起来,通过实践摸索出来的自主学习(课前:微课或网络学习+自学任务单)——导练环节(课堂：分组—合作—互动点拨—拓展评价=练习测试+反馈评价）—三清环节（看微课补救—巩固加强），这种反转模式于我校"三步五段式"模式合二为一，为我校2016年引入智慧课堂，2017年全面在起始年级铺开奠定了基础。我校的智慧课堂就是在我们这一季师生开始，基本模式就在我们实践的前两种模式的框架下逐步摸索形成，课题实验教师有两名参与智慧课堂的实验工作。下面是智慧课堂的运行模式即操作步骤。

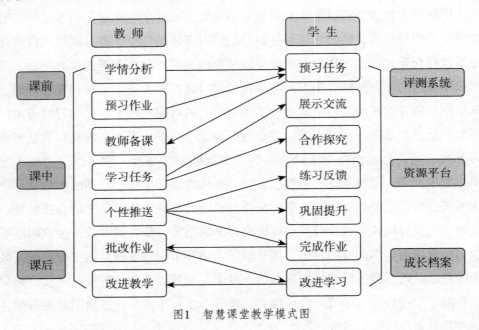

图1　智慧课堂教学模式图

第一步：课前备课教学环节中，教师先对学生进行学情分析并通过评测系统调用资源平台资源布置作业，学生通过个人平板或PC等学习终端通过微课等学习资源的学习完成预习作业，教师通过评测系统获取掌握每一位学生的预习情况报告，从而明确教学目标并有针对性地设计教学活动。

第二步：课堂教学环节中，教室里用教学终端、互动反馈教学系统进行教学情境的创设、小组活动的布置、课堂活动的设计，激发学生参与课堂的积极性。教师根据教学内容发布学习任务即随堂检测题，并将其推送到学生的智能终端。在学生的学习过程中，学生通过小组协作的方式合作探究，并向同伴展示分享交流学习成果，教师还可以根据不同学情向学生推送个性化随堂检测题，并基于得到的实时反馈情况，通过相关知识点精讲、薄弱环节补讲和重难点辨析等多样化方式，对学生学习的内容进行巩固拓展和提升。

第三步：课后教学环节中，教师根据学生学情个性化推送学习作业，学生完成作业后，结果及时反馈到教师，教师利用评测系统批阅作业，可根据批阅情况录制微课并推送给学生，学生查看学习记录档案和教师给的建议，有效提升学习效率。教师根据反馈系统，开展教学反思，改进教学策略，提升教学水平。资源平台和评测系统为学生的学和教师的教提供丰富的资源支持，同时也记录了教与学的所有数据，成为师生成长档案的重要组成部分，清晰地记录了师生成长的轨迹。

智慧课堂模式运行实验一年来语文学科成绩在我校和全市统测中名列第一，取得了实验的初步成效。

（三）课题研究对教师成长的实践成效

"科研强校"不应该只作为一种口号，科研强师是科研强校的前提，近十年来笔者一直坚持课题研究，共研究结题教育部"十一五"子课题和教育厅规划课题各一项，当前课题业已进入结题阶段。经过这几年的研究，尤其近三年来，适逢新课程改革的攻坚克难的深化阶段，信息化教育教学的改革大背景，挑战中蕴藏着机遇，经过这几年的研究，我们摸索出了几项进行教科研训的规律和途径，也有力地促进了我校语文组教师的专业发展，带动了我校大部分教师投身教科研的积极性，为学校和教师的发展奠定了基础。

1. 形成了教师进行小课题、专题研究的范式

教师的课题研究主要是解决教育教学中的问题式研究为主的研究方式，经过这几年的课题研究，我们确立了这样的研究模式：教学调研—提出问题—确立专题—进入研究—评价管理—成果展示。进行研究首先是要通过教师群体或个人对自己教育教学或专业发展中存在的问题进行调查摸排，然后提出问题及设想，经过个人决定或教研组审定确立研究专题、研究方向，形成研究小组和研究方案，定期集中培训或研修交流，把平时的教学和研究结合起来，把组内和学校的教研活动结合起来，并且设计了一套相对科学的课题研究管理手册，记录研究全程和轨迹，包括课题研究的成果都在管理册上有所呈现。这样不论是研究的专题还是研究的过程都是针对性、实用性很强的研究活动，不会出现课题研究普遍重两头、轻过程的弊端。最后再全程进行成果展示推广。

2. 形成了教师信息化成长培训的思路和策略

在当前信息化大背景下的教科研训，主要是围绕教师信息化素养的提升为主的培训，学校和教研室都进行过多次不同形式和内容的信息化培训，结果大多数教师都是培训时兴致高涨，培训完后弃之脑后，虽经反复培训，但是培训效果还是不尽如人意。经过反思我们发现，信息化作为一种理念和教育技术，多数教师感兴趣于这种教育技术的应用教学的震撼，而对教学中运用这种信息化的理念却不太感兴趣，所以在培训时震撼过后，也就把教学中尝试应用束之高阁了，这种培训与应用两张皮的现象广泛地存在于历次培训活动中。所以我们经过观察调研反思，尝试了一种针对性定单式实用性培训模式，即调—培—习—用—赛的模式。"调"即调查，通过调查明确教师在信息化教学中欠缺什么，给教师定位，给培训定向。"培"则是针对欠缺的理念和技术进行专项专人（可利用微课培训）培训，"习"则是培训中、培训后教师反复练习研习，强化熟练程度，等熟练操作之后，进入"用"的阶段，就是要求教师在教学中实践运用，培训小组跟踪观察监督研究，也就是我们的观课议课活动，逐步把技术理念强化为教师自身的信息化素养和能力。等大家都能熟练掌握之后，进入"赛"的阶段，进行一定的评赛活动进行展示和推广，带动和引领教师其他群体。经过这样的研训活动，我们课题组和语文组教师在两届的优课评赛中获得两届部优课、两节市优课、两节县优课的成绩，制作的课件、微课，撰写的信息化设计和论文，参加的优质课大赛在全国、全区和全市的大赛中获得了一、二、三等奖的硕果。

3. 创新了课例研讨的形式

课例研究已经被教育者认为是"改变21世纪教师专业发展的强有力途径"，因为课例研究是一种课改实践活动，是对教师的教育观念、教学行为的持续改进过程。不管是示范课、观摩课、研讨课还是"同课异构"，还有教师自身的教后记、教学反思，其实都是课例研究。传统的课例研究通常是关于一节课的案例研究，难以真正起到探寻课堂教学实质、促进教师专业发展的作用。因此改革课例研究的形势迫在眉睫。

网络与智能终端广泛融入人类生活的方方面面，让我们的世界发生了天翻地覆的变化，也颠覆了我们许多传统的物质的、非物质的东西，尤其现在社会是讲究效率和效益的时代，社会各领域都进入"微"时代是大势所趋，如微信、微图、微营销、微广告、微电影、微小说、微系统、微课程等。当然教学研究促成教师专业发展领域，教师的学习方式、学习资源也受到"微时代"的影响，相应出现了微视频、微课、微课程等。

（1）引入微课例研究，进行以"微"研"著"的课例研究

"微课例"研究顺应微时代的变革，作为课例研究新动向，悄然兴起。

"微课例"一般是指时间在10分钟左右，记录教师在课堂教学过程中围绕特定主题开展的教与学活动过程的案例。"微课例"的核心组成内容是课堂教学视频片段，同时还包含该教学主题的背景、教学设计、素材课件、教学反思、练习测试等辅助性资源。相比传统课例而言，微课例主题聚焦，时间较短，有的放矢，能够抓住教师注意点，且文件小，易于网络传播共享，录制成本低等特点，顺应网络时代的趋势，适合教师繁忙的工作节奏，有效整合利用碎片化时间，能有效解决教师工学矛盾问题。

第一，有效设计微课例的主题。

① 从教学常规问题定专题，逐次强化

教学常规问题是每位教师都要面临的基本问题，尤其是青年特岗教师在入职之初，想要站稳讲台需要经过长期实践经验的积累。利用微课例研究的方式，选择教学常规相关的主题，逐次强化，将有效帮助青年教师快速成长。如研究教师课堂导入语，如何三分钟吸引学生，获得良好的开端；研究教师随堂反馈练习如何突出重点，照顾到多数的学生；研究如何组织小组的合作学习，让每位学生都能够参与交流、获得提高，等等。一系列的教学常规问题，分解为若干个微课例，实施时可以请青年教师上汇报课，规范教学行为；也可以请骨干教师示范展示，引领青年教师发展。

② 从共性问题定专题，各个击破

在特定的区域或者特定的时期，某一范围的教师发展存在一定的共性问题。比如当前信息化背景下，课堂教学中用信息技术手段转变教师的教学方式及学生的学习方式，可以确定系列专题，开展微课例研究。还比如，如何应用电子白板写的功能辅助教学，可以开展微课例研究。普遍问题的确定可以采用学期初的教师问卷调查进行筛选，或者部分教师座谈会进行头脑风暴产生。

③ 从热点问题定专题，系列完成

随着教育教学改革向深水区挺进，教师的教学方式和学生的学习方式也发

生了变革，出现了以教学方式改变为主题的教学热点问题，如翻转课堂、以学定教、减负、高效课堂等。从当前教育热点问题出发，开展微课例研究，能够让教师成长始终跟随教改的发展。如"翻转课堂"专题，学生课前利用教师提供的资源进行学习，确定课上"课堂测验""合作交流""教师总结"等系列小的研究主题，录制微课例，进行分主题的学习，系列的主题研究能够有效帮助教师完成翻转课堂中教师角色的转变。

④ 从内涵发展定专题，深化特色

在提倡学校发展特色的时代，各所学校都有自己的办学理念、办学特色。从学校自身的特色出发，确定系列专题，进行课堂教学行为的微课例研究，将学校特色与教师自身专业发展结合起来，以特色引领教师发展，以教师的专业发展深化特色内涵。如结合学校特色构建以"本真语文"为核心的语文课堂，开展"本真语文"的探究，包括教学预设与课堂提问、合作学习、课堂评价、作业设计等。各个教研组选定一两个要素集体备课研讨，实录课堂教学，视频切片分析，开展微课例的研究，深化学校特色发展。

⑤ 从教学风格形成定专题，促进成长

教师教学是执行共性任务的一种集体活动，更是教师实现个人教学风格的个性活动。教师既要严格执行规定的教学任务，更要在共性教学中逐渐形成自己独特的教学风格，利用微课例研究可以逐步促进老教师形成并逐步稳定自己的独具特色的课堂教学风格，更有利于带动新教师学习这种风格，加速促进新教师的成长。

第二，有序进行微课例研究。

微课例并不是简单地将一节课截取出十分钟的视频，而是在全息研究、系统设计的基础上生成的。微课例研究一般遵循这样的步骤：集体备课定主题；主讲授课录课例；对照分析明策略。

① 集体备课定主题

微课例的研究主题是关键，主题一定是由有经验的教研组长在整体把握的基础上，根据学校特色以及目前课堂教学热点、难点或普遍性问题，与相关教师沟通之后产生的。一个学期可以围绕一个共同的、大的主题，如根据学校的安排，本学期专题讨论交互式电子白板的学科应用、减负问题等，也可以根据学科特点各个学科自定主题。之后，教研组的各位学科教师一起商讨选定教学课题，确定执教教师，全体成员围绕主题和教学内容收集相关资料，共同探讨，形成教学设计初稿。为了不让微课例研究停留在低水平阶段，每一位教师都要清晰自己的角色定位和上课、听课任务，授课教师的教学并不是常规的公开教学或示范教学，听课教师要基于课堂观察量表带着任务听课。

②主讲授课录课例

微课例研究关注的是切合微主题的课堂教学片段，所以对授课教师的教学过程可以进行全程实录，然后再合理切分微课例的片段；也可以以"微镜头"的形式，对课堂教学进行片段记录。全程实录后根据之前讨论的主题进行打点切片，观课评析。"微镜头"拍摄是一种创新型课堂拍摄模式，即根据微课例主题，发挥微镜头短小精悍的特点，根据主题，利用微拍、美拍、美摄等微视频摄录软件通过手机就可以拍摄教师导入、问题设计、交互式电子白板技术应用、板书、课堂小结拓展等环节，分段分享到视频研修平台或微信、QQ教师群，帮助教师进行反思，形成学校微镜头优秀课例集。相比而言，微镜头的拍摄是一种更高的要求，要求拍摄者能够把握教学进程和规律，熟悉课堂教学，深刻理解研讨主题。

③对照分析明策略

课后，授课教师梳理教学设计思路，并对上课的主题开展情况进行自我反思，综合听课教师的点评以及教学专家的意见进行改进，形成新的教学设计。第二轮的上课可以由同一位教师来进行，或者同学段的另一位教师进行。教研组教师再次进行有目的的课堂观察、拍摄微课例视频、开展研讨等过程。教研组对两次微视频课例进行分析比较、追踪反思，进一步明晰问题的解决策略，总结规律、形成经验，从而更好地指导学校的课堂教学。最后对本课例的教学设计初稿、改稿、微课例视频、研讨过程记录等保存，提炼总结微课例研究报告。

（2）依托"优课教研室"进行大主题研讨

"一师一优课，一课一名师"的活动已经进行了三届，随着两届活动的辉煌结束，第三届活动就显得有些冷清，其实本项活动并非只是简单地评优课、推优师，也并非只是构建优课资源库、构建平台架构那么简单，顶层设计者结合优课同时设计和推出了"优课教研室"栏目，这才是本项活动的最大亮点，最具有意义的窗口。虽然我们许多学校老师把目光集中在评优推优上，并不是很关注"优课教研室"栏目，但是也有许多地方、学校已经认识到这千载难逢的全国大教研的机会并行动了起来，由地方牵头和平台共建的大主题研讨形式已初步形成，我市也于2017年开始设计和推广大教研主题活动，我们课题组作为由教研员、兼职教研员、各级骨干教师构成的课题组，责无旁贷地参与了我市语文主题教研活动的设计运行，逐月依托"优课教研室"栏目设计的每次活动主题，依次同步跟进或是依据我们教学主题，收集截取优课课例和我们的同主题课例，设计大主题研讨，依托青铜峡市语文教研QQ群、微信群，推送教研主题安排，发布教研信息、研讨材料，展示研讨成果，汇集研讨资料。这种全市性的大研讨，杜绝了各校单兵作战的劣势和疲于应付的现状，落实了校本教研的机制，让教研活动在共研、共享、共进中扎实有效地开展。

（四）课题研究取得的实践成果

经过三年的研究，在2014年至2017年的中考和全市统测中课题组教师所任语文学科总体取得了连续多次全市第一的好成绩。黄秀玲老师2015年获得中考优秀教师称号，2016年中考成绩第一并获得中考优秀教师，2017年全市质量检测第二名。姜建忠老师2015年获得全市质量检测优秀教师。席向梅老师三次获得质量检测和中考教学先进个人。张岩老师2016年获得全市教书育人先进个人。李淑萍2015年获得全市质量检测优秀教师，2016年获得中考优秀教师称号。任秀梅老师2016年获得质量检测优秀教师称号。周永福老师被评为2016年度全区和吴忠市信息技术应用名师。

1. 课堂教学评优硕果累累

在"一师一优课，一课一名师"活动中，周永福老师的课例《破阵子为陈同甫赋壮词以寄之》获得2015—2016年度部级优课，课例《罗布泊，消逝的仙湖》获得吴忠市优课一等奖，课例《曹刿论战》被教育厅评为国培计划资源优秀课例二等奖。黄秀玲老师的课例《中考专题：句子排序》获得国培计划优秀课例全区三等奖。李淑萍老师的课例《华南虎》获得吴忠市优课二等奖。

2. 教学作品经验论文获奖发表

黄秀玲的课件获得2015年全区信息化大赛一等奖，论文《尺水兴波澜，点滴成华章》获得全国三等奖，微课《望江南》获得全市二等奖。周永福老师的论文获得2015年全区信息化大赛论文二等奖，论文《语文教学中的多与少》《从迷失中回归原生态语文》获得中国教育学会论文评比一、二等奖，论文《例谈文本的人文价值取向》发表于中文核心期刊《中学语文教学参考》2016

年篇12期，并在宁夏第十三届基础教育科研成果评奖活动中被评为三等奖。微课《中考专题：漫画》全区优秀主题资源暨网络学习空间评选活动中获得一等奖。论文《课改路上春色正好集体备课任重道远》发表于《宁夏教育》2016年第7、8期，微课《破阵子》获得青铜峡市二等奖。姜建忠老师的课件获得2015年全区信息化大赛二等奖，论文《巧借文本语言搭建学生语言实践平台》发表在教育科研杂志上，微课获得全市二等奖。张永华老师的论文《初中语文质量监测命题的思考》获得全国三等奖，《从碎片化的语料中提纯》《善问才能会教》获得全国一等奖，《作文教学怎样才能接地气》获得全国二等奖。

3. 专题培训获得好评

周永福老师的专题"信息化背景下的教师专业发展"，姜建忠老师的"中考复习专题：非连续性文本的阅读"，黄秀玲老师的"尺水兴波澜，点滴成华章"在全市寒暑假教师培训和中考研讨中获得好评。

4. 形成调研报告

形成调研报告3份，研究报告2份，理论学习文集1套，课例文集（光盘）一套，微课、设计、课件资源包一套。

六、课题研究存在的主要问题和今后的设想

（一）研究中存在的问题

本课题研究已经进行了三年，虽然在研究中我们初步达到了课题预期的效果，基本明确了"三步五段式"教学模式与信息化整合的策略方法，也大力促进了课题组教师乃至语文教研组教师的教科研能力和教师信息化素养的形成，基本构建了符合此模式下的微课、讲学案、课件配套资源库，提升了课题组内骨干教师教科研训、信息化教育教学诸方面的能力和素养，但是由于个人或集体的主客观因素，研究中也暴露出以下诸多问题：

1. 课题组内教师研究的积极性、研究素养能力参差不一

主要表现为参与研究时建设性建议意见少，主要由主持人、负责人设计制定，合作参与意识薄弱，被动型工作状态较明显。参与时间有时因为个人原因不能完全保证参与所有的集中研讨活动。研究任务处理有时很拖沓，不积极主动承担研究任务。成员主动学习意识薄弱，常常用什么才学什么，不会主动去获取相关的教育教学和教学研究知识。

2. 课题组教师支撑教学研究的方法和能力、时间比较欠缺

课题组虽在课题初始时进行过相关课题研究的知识和能力培训，但是由于教师教科研意识处于被动的逐步上升的过程，所以在研究过程中过分依赖组内被动的培训，而缺乏主动获取学习的意识，所以研究过程中承担的研究活动完成质量不是很好，尤其在经验总结性撰写成文时，疏于懒于及时撰写，常常让写作素材和经验白白流失而未能及时记载下来，后续补救就显得捉襟见肘。还有在案例研究中教师对观课议课活动比较有情绪，因为工作的繁忙，加上语文组和课题组双重观课议课活动，加重了教师工作负担，造成重视观课而忽略议课，使观课议课活动的行动研究和集体备课的案例研究效果大打折扣。

3. 课题研究的本课题在命名上有漏洞

课题名称本身没有问题，关键在于学校的"三步五段式"教学模式命名有些问题，"段"和"步"的区分没搞清楚，"段"大于"步"，应该改成"三段五步式"较为恰当。

4. 课题研究所受到的支持力度不够

课题研究作为校本教研的一种形式，不仅仅是教师个人的事，也是学校教育教学教研的有机组成部分，学校应该在人力、物力上提供方便，但是在研究过程中学校没有配套的研究经费，也没有储存研究资料的大容量存储器，所以造成部分教师课堂教学课例和影像资料遗失。

（二）今后的设想

课题研究作为教师工作的一部分，应该渗透在平时的教学中，虽然此课题研究接近尾声，但作为信息化背景下的语文教学依然是当前我们教育教学教研的重中之重，用信息化助力教师的教、学生的学，应该是教师、学校、教研部门长期的研训任务，翻转课堂、智慧课堂等信息化背景下的新生的教学模式，信息化背景下自主、合作、探究的学习方式的改革探索依然让我们感到任重而道远。

课题研究是解决问题的过程，也能在研究过程中发现问题。面对存在的问题我们会继续把问题作为研究的方向，逐步减少问题、解决问题，完善我们的研究成果——资源库的建设，完善我们研究团队的研究素养，争取让资源库能为更多的学校语文教学助力，能让我们的团队站得更高、走得更远。

课题四 初中语文教学中渗透传统 文化的实践研究

一、问题的提出——研究背景和意义

（一）教育部教育方针政策文件指导精神的需要

为加强传统文化教育，教育部发布《完善中华优秀传统文化教育指导纲要》，对中学生分阶段进行明确规定，初中生阶段要着重增强学生对传统文化的理解力，高中生阶段则着重加强学生对传统文化的理性认识。2017年初，中共中央办公厅、国务院印发了《关于实施中华优秀传统文化传承发展工程的意见》，把传承中华传统优秀文化推上了新的历史高度。

教育部明确指出，初中阶段以增强学生对中华优秀传统文化的理解力为重点，提高对中华优秀传统文化的认同度，引导学生认识我国统一多民族国家的文化传统和基本国情。临摹名家书法，体会书法的美感与意境；诵读古代诗词，初步了解古诗词格律，阅读浅易文言文，注重积累、感悟和运用，提高欣赏品位；知道中国历史的重要史实和发展的基本线索，理解国家统一和民族团结的重要性，认识中华文明的历史价值和现实意义；欣赏传统音乐、戏剧、美术等艺术作品，感受其中表达的情感和思想；参加传统礼仪和节庆活动，了解传统习俗的文化内涵。引导学生尊重各民族传统文化习俗，珍视各民族共同创造的中华优秀文明成果，培养作为中华民族一员的归属感和自豪感。在高中阶段，以增强学生对中华优秀传统文化的理性认识为重点，引导学生感悟中华优秀传统文化的精神内涵，增强学生对中华优秀传统文化的自信心。阅读篇幅较长的传统文化经典作品，提高古典文学和传统艺术鉴赏能力；认识中华文明形成的悠久历史进程，感悟中华文明在世界历史中的重要地位；认识人民群众创造历史的决定作用和杰出人物的贡献，吸取前人经验和智慧，培养豁达乐观的人生态度和抵抗困难挫折的能力；感悟传统美德与时俱进的品质，自觉以中华传统美德律己修身；了解传统艺术的丰富表现形式和特点，感受不同时代、地域、民族特色的艺术风格，接触和体验祖国各地的风土人情、民俗风尚，了解中华民族丰富的文化遗产。引导学生深入理解中华民族最深沉的精神追求，更加全面客观地认识当代中国，看待外部世界，认识国家前途命运与个人价值实现的统一关系，自觉维护国家的尊严、安全和利益。

（二）部编教材的特点决定的

以"立德树人"为目标，有机融合，自然渗透社会主义核心价值观、中华优秀传统文化教育等内容。党的十八大提出"立德树人"的根本任务。新教材充分发挥语文学科在育人方面的独特优势，将构建社会主义核心价值观、继承和弘扬中华优秀传统文化、坚持革命传统教育、建设良好的思想道德风尚等融合在整套教材的设计之中，为学生的人格培养与终身发展奠定坚实的基础。

（三）传统文化与核心价值观的联系决定的

优秀传统文化承载着中华民族的文明精髓，仁、义、礼、智、信等道德精华的论述和不同呈现都和当今国家倡导的核心价值观有着密不可分的关系。

（四）新课程改革的需要

《语文新课程标准》明确指出："语文是最重要的交际工具，是人类文化的重要组成部分，工具性和人文性的统一是语文课程的基本特点。"强调在语文教学过程中，要让学生"认识中华文化的丰厚博大，吸收民族文化智慧"。语文作为文化载体，决定了语文学科不同于其他物质工具的特殊性。民族传统文化的传承、发展和创新，很大程度上依赖于语文。作为语文教师，应该义不容辞地担当起这历史使命：充分发挥语文学科实施人文素质教育的特殊功能，通过祖国的山川之美、民俗之美、历史之美、文化之美和传统之美，让学生在祖国的灿烂的文化天空中翱翔，使中华文化传统得以光大。我们中华民族是一个历来注重文明教化的民族，"只有民族的，才是世界的"。所以，我们认为，即使是到了21世纪，我们仍然要倡导学习、继承和弘扬中华民族的优秀传统文化。让我们的学生在灵魂深处夯筑起民族文化殿堂的基础，初步形成具有中国特色的社会主义核心价值观、人生观和世界观。基于以上思考，笔者提出了"初中语文教学渗透传统文化的实践研究"的课题。

二、研究内容、目标、方法与过程

（一）研究内容

"初中语文教学渗透传统文化的实践研究"，它首先应该是基于目前统编教材为蓝本的由"新理念支撑下"的一种实践研究，在整个研究的过程中，它必须是以课标精神和课改理念为原则，把握好工具性与人文性相统一这一基本特点。从中学生的特点出发，确定研究的价值取向。其次，我们要因地制宜，立足统编教材，创造性地理解和运用教材，充分挖掘教材的文化内涵，进行紧密联系学生生活实际的教材资源延伸开发，以如何运用教材，充分挖掘教材的文化内涵，以如何宣扬初中语文教材所蕴含的传统美德（诸如积极进取的人生态度，各族一家、协和万邦的宽容精神，忧国忧民、献身祖国的爱国精神，"先天下之忧而忧，后天下之乐而乐"的博大胸怀等这些中华民族精神的精华）以及如何品味和积累祖国语言文字、解读民族文化典籍为研究重点，结合新课程积极倡导自主、合作、探究的学习方式，设计好相关的语文学习的活动方案，利用现代信息技术和媒体，为学生创造综合性学习实践的机会，从而来寻求弘扬民族传统文化的途径和策略。

（二）研究目标

通过《初中语文教学渗透传统文化的实践研究》课题的开展，提高学生的人文修养，积淀他们的文化功底，让学生打好传统文化的根基。

（1）使学生初步感受中华民族的优秀文化，激发热爱祖国的情感。一方面，学生在祖国深厚的文化土壤中汲取大量的精神养料，成为中华优秀文化的继承者和传播者；另一方面，通过人文素质教育，提高学生识真伪、分善恶、辨美丑的能力。

（2）传承传统文化过程中，学生逐步形成的丰厚的文化积淀，会使学生对语文产生浓厚的感情，正好弥补枯燥的应试教育使学生对语文产生的距离感，弥补我们语文教学的缺陷，促进完善我们的语文教学。

（3）在教会学生认识和掌握本民族的语言文字的同时，使学生学会运用多种阅读方法，初步具有一定的研读经典古诗词文的能力，能初步理解、鉴赏文学作品，受到高尚情操与趣味的熏陶，发展个性，丰富自己的精神世界。能借助工具书阅读浅易文言文，具有一定的语言和文化经典名篇的积累和文化底蕴。

（4）以"语文教学跟生活实践相结合，实现课内外衔接"为指导思想，初步形成"课内外结合、学用结合"的语文新课程教学策略。

（5）在课改新理念的指导下，实践统编教材更新的理念，使广大语文教师及时转变观念、更新知识，具有比较厚实的文化素养和创造性地理解、使用教材的能力以及积极开发课程资源，灵活运用多种教学策略的能力和科研能力。

（三）课题研究思路过程和方法

研究思路：本课题着眼于当前和未来信息化教学的需求，本着继承与创新的原则，着重以现行统编教材和语文新课程标准为依据，挖掘教材中和生活中涉及传统文化的教育教学因素，结合初中阶段学生认知的特点，着力拓宽语文教学中传统文化的教学内容和渠道，又不加重学生的课业负担，寓教于乐，力求达成稳步实现全面提升学生语文素养和积极推进传统文化继承的目标。

具体思路设想：

1. 课内与课外相结合

文本是教学的重要资源，是开展对话的主要依据。部编初中语文教材中积淀着丰富的传统文化因素，采用双线组元结构，人文要素和语文要素相结合，以立德树人为主旨，不仅上好古诗文篇目，还要注重综合性学习实践、语文实践活动。所以教师利用文本设计特点，在教材文本研读基础上进行迁移，把课内和课外教学传统文化结合起来。

2. 开发与整合相结合

（1）整合文本材料中吟咏自然山水等的诗词篇章，引导学生学会审美，在优美的文字中积淀自身的文化底蕴。

（2）整合教材中与民族精神有关的篇章，并对相关英雄人物的事迹加以补充（引用史料），使学生对民族精神的内涵和外在表现既有形象的感悟，又有理性的分析体悟，达到能够在自身的处事理念中加以内化的效果。

（3）整合教材中有关中华民族生存智慧、核心价值观的文本，让学生在学习的过程中较为集中地获得引领，从而构建起自己的精神家园。

（4）把系统化、厚重化的文本教材整合编写完善古诗文诵读教材，以古诗文为核心，让承载最经典文化的古诗文成为学生耳熟能详、熟读成诵的必做功课，让文化中的内涵逐步内化为学生的素养，涵养学生的心智，推动学生整体精神家园的构建。

3. 积累与运用相结合

学习经典重在积累感悟。通过品味经典之韵、感受志士之魂、领略山水之美、参与艺术之乐，使学生受到传统文化的熏陶和滋养，获得文化积累，从而提升学生的文化素养和文化品位。要重视学生学习过程中的情感体验，力求以情动人、以情启智、以情养德，激发学生情感共鸣。

4. 深入与浅出相结合

对初中学生来说，传统文化更多更广的需要是在了解层面上，逐步积累完善传统文化知识的积淀，利用文本材料组织学生开展研究性学习，通过课前合作阅读、课堂讨论探究、课后个人实践三个环节，完成学生对于文本材料的初步感知—整体把握—深层理解体悟的过程。

5. 教学与德育相结合

巧用传统文化资源，进行德育教育。传统文化学科，是学科德育的"主角"，传统文化教师更应积极、富于创造性地担当起德育教育的"导演"，编好、导好、演好传统文化德育这出"精彩好剧"，实现传统文化教育、德育教育的总体目标，使传统文化学科教育与传统文化德育教育达到水乳交融、相映成趣，使二者完美结合，寓德育教育于学科教育之中。我们的做法是巧用传统文化资源，从传统文化资源中发掘德育素材，然后进行归纳分类，实施有效的教育引导，以点引线开展德育教育，这样就能够使学生在学习之中体会、联想、感悟，从而收到良好的德育教育效果。

6. 实践活动与课堂教学相结合

利用丰富多彩的线上线下实践活动，缓解学生当前繁重的学业压力，创新学生课业形式，把学生实践成果进行课堂展示评比，让学生在文化体验中学习继承传统文化，在展示体验活动中体验收获的乐趣，增强学习自信和文化自信，提升现实教学中语文教育教学的学科地位。

7. 现代媒体与传统文化相结合

充分利用学生对现代信息技术的兴趣和操作能力，充分发挥互联网优势，训练学生利用网络收集整合传统文化资源的能力，正确引导学生摆脱网络环境下的学习生活弊端，树立正确使用网络的学习观，把现代信息技术与传统文化进行有效联姻，来促进传统文化的渗透。

（四）研究方法

1. 文献法

（1）通过专题辅导、培训学习、参观访问等途径，学习现代教育技术、创新理论，传统文化教育等方面的论文、经验总结，借鉴前人研究成果以指导课题研究，夯实课题研究成员的理论基础。

（2）通过网络、图书馆等途径来学习传统文化在语文教学中的相关论述，以此来加强此课题研究的理论素养。

（3）教师利用多种途径丰厚自己的传统文化素养，边学边研，以研促学，以学促研，提升语文教师的必备素养和能力。

2. 调查法

通过在研究前、中、后期采用问卷、谈话、实践观察等方法进行调查，分析学生基于传统文化的状态和变化数据，改进教学和研究；调查研究语文教学中课内课外、文本内文本外相关传统文化教育教学的情况，经过课题组分析来找准实验研究的最佳切入口和有效途径，为后续能够深入有效的研究做铺垫，为研究提供科学依据。

3. 行动研究法

这是本课题主要的研究方法。通过教学设计、课堂教学、传统文化实践活动等方式融合信息技术这些现代媒体，促进课题的深入研究。针对课题研究不断提出改革意见或方案，并付诸行动，在教学实践基础上验证、修正教学行为充实或修正方案，提出新的具体目标，以提高研究的价值。通过一系列课内外语文的实践活动（如走近古诗文经典、走近传统节日、古诗文背诵大赛、写字比赛、成语故事演讲比赛、设计名人名言卡、课本剧表演、观看有关民族文化的影视录像、传统文化探究活动等）寻求中学语文教育教学与传统文化之间联系的桥梁，研究适合新形势下语文教学的途径。

4. 经验总结法

对在实践中搜集的材料全面完整地进行归纳、提炼，进行定量和定性分析，得出能揭示教育现象的本质和规律，确定具有普遍意义和推广价值的方法。将课题研究内容、过程加以归纳，进行综述，撰写相关的阶段性小结，及时肯定实验成果，撰写相关论文和研究报告。

（五）研究步骤

课题拟定两年完成，起止时间为2018年9月—2020年9月，分三个阶段进行，具体实施步骤如下：

第一阶段：准备与课题初始阶段（2018年9月—2018年12月）

（1）建立课题组，确定课题组人员及分工。

（2）对课题组成员以讲座、集中学习、自学等形式进行专业知识培训，使他们掌握课题研究的相关知识和理论。

（3）编写师生关于传统文化的相关调查表和调查问卷，进行调查并进行分析，形成调研报告。组织进行问卷式和现场竞赛式传统文化知识竞赛，对学生传统文化知识的掌握做个初步摸排，为后续研究展开做准备，并进行分析形成了调研报告。

（4）根据调研情况设计课题研究开题报告，开题论证并依据专家建议修改开题报告，制订研究计划，初步开展课题研究。

（5）根据学习统编教材的设计理念以及教材特点，尝试对统编教材进行梳理，挖掘文本自身的传统文化要素，分条缕析、分门别类，有重点地整理精选传统文化内容，制订详细的研究计划，预设策略，尝试研究。

（6）构建以新媒体为核心的传统文化交流展示平台，利用人人通空间和青铜峡市网络教研及名师工作室平台，设立传统文化相关栏目，制订相关计划推进此课题研究和交流。

（7）培训学习统编教材的设计理念以及教材特点。利用人教微研APP和人教社网络培训平台，针对现行统编教材的设计和使用进行了专业的培训。使课题组教师最先最扎实地掌握统编教材的设计理念和使用方法。

第二阶段：课题实施研究、中期评估阶段（2019年1月—2020年5月）

（1）结合信息化环境和现代信息技术融入传统文化的教学，进行课堂教学与课外实践的教学研究，实践"互联网+教育"教学的理念。①利用现行统编教材的编排特点和所选文本的特点，挖掘文本中相关传统文化要素适时适度地灵活运用课堂教学实践活动，分别尝试了古诗词、文言文的教学实践；说明文的教学实践；记叙文散文的教学实践等。通过课堂实践的研究来寻求和探索语文教学中不同文体文本中如何进行传统文化的教学策略。②结合现行教材文本——统编教材来进行创新设计，优化整合教材中的语文综合实践活动，进行线上和线下分类的方式，充分结合信息技术手段和网络资源，整合传统文化资源，突出传统文化的传承等教学实践活动。利用美篇等图文软件，展示和交流实践活动的电子期刊。扩大交流展示的范围和效果，更利于传播传统文化，这种形式也能够激发学生兴趣，提升学生网络资源运用整合的能力。进一步强化课程改革，实践"互联网+教育"教学的新模式。

（2）继续修正教材文本传统文化要素的梳理，逐步完善此项研究成果，全面推开实践研究。积极尝试整理现行统编教材中的传统文化要素的分析图谱。由于统编教材的特殊性，传统文化贯穿每册教材，基于地方性应试教育思想还颇为严重，教师进行语文教学还是重视知识的讲述、技巧的训练，对文本中的传统文化比较漠视，所以组织课题组教师在市教研员的指导下进行统编教材中传统文化要素的梳理工作，以表格方式呈现各册各课的传统文化的提取概括梳理，尝试探究以怎样的策略进行教学实践。

（3）重点进行古诗文教学的探索。①对教材和课外古诗词进行整合，由课内到课外收集整理编制了中学生（初中）古诗词诵读校本教材。与学校达成共识，对学生进行诵读的积累要求，合理安排时间，保证诵读的落实，安排早七点二十到七点四十，午课前十分钟的诵读，非常有效地达成初二学生就可以熟背小学至初中的几乎所有的课标要求诗词和大部分文言文的目标。②在校园和教室设置中华古诗文每班每周一期的展板和黑板报的竞赛展示活动；并结合学校德育活动安排，每学期开展一次经典古诗文诵读展演活动，精选优秀的进行市级比赛。③结合学校教研活动，进行古诗文教学的研究和探索。利用学校新老教师的结对帮扶青蓝计划和学校教研组公开课示范课等活动，进行了每学期两轮古诗文的同课异构活动。④利用宁夏作为智慧教育全国示范省的大平台，我市优先从我校开始进行了空中课堂的实践活动，充分发动骨干教师和名师在青铜峡市范围内进行一课多校的网络互动课堂实践，为全市推进空中课堂的实验积累经验。全力实施"互联网+教育"的实践活动。⑤与市教研室充分对接，由教研室教研员主导，到我校开展为期一个月的语文课堂教学的指导即统编教材使用的教学现场参与式实践观摩活动，通过观课议课和教研员、名师骨干、新上岗教师的同课异构等形式，备课、听课、评课全方位的方式指导我校语文教学的课改工作和新教材的实验教学。这些活动其中有一个大的方向就是落实传统文化在语文教学中的教学。

（4）收集实验过程中的资料和信息，总结在语文教学中如何促进传统文化教学的研究的过程研究资料。利用问卷星按照计划进行了语文教与学的调研活动，为课题的开展收集相关数据并奠定基础。①由于课题开展使用手机和网络，所以开展了学生使用手机和网络学习的调查分析；②开展了古诗文诵读的家长和师生问卷调查分析，为进一步强化古诗文诵读改进方式方法奠定了基础；③利用春节假期开展了关于春节习俗的传统文化调查分析；④充分结合教研室的安排进行了全市初中语文教师关于在语文教学中进行传统文化教学的调查分析，充分促进和改进教学和课题研究活动。

（5）利用寒暑假和周末创新学生作业形式，以传统文化实践为主题，进行了传统文化探究性活动。利用语文课堂文本教学和课外资源进行创新性实践活动实现传统文化教育教学的实践和推进。课题组设计实施方案，然后由学生在假期利用多渠道收集整理材料，自由分组合作，进行了涉及传统文化种类的40余类探究实践活动，并填写实验探究活动过程记录表，最后把探究活动以电子文档、PPT、美篇、微视频等形式提交，开学分期分批进行课堂展示和网络展示。

（6）收集整理课题研究数据和过程性资料。根据课题研究进程，积极及时地收集整理课题研究过程性资料。把各期调查分析进行完整的调研报告存档。把一些课题研究的经验做法及时撰写成论文案例等。

（7）筛选整合古诗文诵读学习读本，预设通读版和中考版两个版本。采用分类整理线上线下分头并进的方式，整合相关资源，实施研究活动。

（8）撰写中期总结，进行中期总结评估。利用第二次到师大研修的机会，进行了骨干研修总结汇报和课题研修工作汇报展示，同时提交了中期总结报告。

第三阶段：深入开展课题研究，做好课题研究结题工作，交流、推广研究成果阶段（2020年6月—2020年9月）

（1）着手进行传统文化教学的古诗文校本教材的整理编辑完善。组织核心组成员进行传统文化教学的古诗文校本教材通用版的定稿和中考版编辑。由课题组和学校语文组教师尤其九年级教师，针对七、八年级学生和教材特点在课题研究中期进行完的古诗文诵读校本教材初稿的基础上进一步甄别错误和补救漏洞，完善编辑了古诗文诵读通用版教材。结合历年中考考试说明和课程标准，筛选整合优化通用版诵读教材的基础上，设计了融合诵读与赏析于一体中考版诵读教材，并打算全市推广应用。

（2）在相应范围内交流展示学生在课题研究中的成长成果。经过一年的研究与实践，精选学生在一年间课内课外基于传统文化的综合实践活动成果，利用各个学校的语文微信群和家校合作群，进行课题成果即学生传统文化实践活动美篇的推送和展示交流，获得了教研室和各个学校老师学生的好评。并且我校创新性地采取语文试卷150分制，主卷（中考模式考查120分）与副卷（主考传统文化知识30分）相结合的方式进行语文考试（重点放在九年级所有月考、期中、期末、模拟考，七、八年级限于期中期末考试），利用七天网络公司的在线阅卷测评分析系统，全方位进行试卷分析，对学生的知识能力尤其传统文化知识进行阶段性测查与动态分析，充分适应当前国家语文教育教学改革的背景和中考加大传统文化考查力度的要求。

（3）撰写课题研究论文和经验总结。在课题研究的中后期就开始着手就课题研究中取得的经验和教训进行反思总结，撰写了涉及古诗文教学、语文综合实践活动、传统文化与信息技术融合的经验总结和论文，并在课题研究群交流，推荐投稿一些语文期刊，发表论文。

（4）利用现有设备和条件编辑研究成果文集和实录案例集。把课题研究过程中的课堂实录课例、案例分析、专题讲座报告、实践活动录像以文本和光盘形式编辑成型。作为课题成果保存，为进一步进行课题的深入研究做好准备。

（5）撰写结题报告，申请结题。在课题研究的后期（10月）开始着手对各类数据和课题研究过程性资料进行分类归纳整理提炼，撰写了结题报告。

三、研究的目标达成情况

经过一年的基于在初中语文教学中渗透传统文化的实践研究，我们摸索出一些切实可行的策略和方法：

（一）随文就势的教学策略

对于这套部编教材，选文和其他配套教学中融合了大量的传统文化内容。所以教学时能够根据教学内容来设计教学，在教学中挖掘传统文化要素，备课时作为教学内容设计在教学环节和过程中。针对文言文来说，初中语文教材中的文言文承载着经过岁月洗礼遗留下来的优秀文化遗产，是渗进了民族睿智的中华文明的地质层；是了解、传承民族文化的重要载体和工具。可以说，文言文教学在文化教育上有得天独厚的优势和不可替代的作用。教育部发布《完善中华优秀传统文化教育指导纲要》明确指出"阅读浅易文言文，注重积累、感悟和运用，提高欣赏品位"。这句话明确规定了初中文言文在传统文化教育教学中所必须达到的三个梯度，其基础就是积累。它包含了语言的积累以及以语文为载体的文化常识的积累。中国传统文化知识包罗万象、浩如烟海，就文言文教材而言，就涉及如作家作品、体裁文字、语言现象、天文地理、行政区划、官爵封号、器皿用物、建筑宗教、饮食服饰、文化习俗、礼仪典章、思想观念等文化常识，以及当时的时代、社会等文化背景知识。这些知识如繁星般洒落在文言文中，几乎没有人也没有方法能够将之系统化、序列化。所以针对此类情况，能够采取的策略就是"随文就势"，灵活穿插在语文正常的课堂教学环节和内容中，集小流而成江海。

1. 适度拓展原则

比如教学《山坡羊·潼关怀古》，在解说"宫阙万间都做了土"时，除了能够解说项羽那段将阿房宫付之一炬的历史之外，教师可以就势介绍古代宫廷建筑的特征，让学生知道宫、殿、阙三种宫廷建筑风格、标示及其所蕴含的皇权象征意义，以促推学生对文句的深刻理解。教学《陋室铭》时，在解读题目时，必然绕不开"铭"这种文体的由来。同样教学《出师表》时，也得介绍"表"的规制用途。在教学《论语》十二章时，必然要涉及"语录体"这种文体，必然要点到"四书五经"，还有内容中提到的"仁以为己任""与朋友交而不信乎"中的"仁""信"等儒家思想的内容，都必须让学生有个初步的了解，才能够让学生对文本教学学得更透，语文教学也教得更广，语文的拓展也放得开、收得来。但是这种知识不能够作为主要教学内容而喧宾夺主，可借助课前预习、课外拓展、课堂根据教学需要而点到为止，不可大肆发挥、无度拓展。

2. 重点讲授原则

针对一些语言现象则采用终点讲授法，因为文言文教学的一个教学重点就是语言的积累，所以设计语言的知识点必须细究。如教学《记承天寺夜游》中的"月色入户"时，针对"户"这个字的解说，学生很容易误认为是月色透过窗户，所以教师教学时必须给学生讲清楚"户"在古代中具体指单扇门，而非今日之窗户，追源溯流，这样古今异义词学生就不必要死记硬背，理解了就容易了，学生的文字积累会逐步丰厚起来。还比如《陋室铭》结尾"何陋之有"

句的译句，讲解这句话的出处以及此句古文倒装句现象，结合起来学生不仅能够准确理解译句的意思，更能够理解此句到底有什么作用。还有本课中"无丝竹之乱耳"中的"丝竹"的理解，讲清来龙去脉，学生自然就可以举一反三、触类旁通了。

3. 背景助读原则

对于文言诗文的理解，除了积累这一基础性目标之外，更高层次的目标是解读作品主题，感悟作者情怀，解读历史文化。任何一部作品都有它产生的历史文化背景。这背景中融合着当时人们的思想认识、品格精神、文化信息等。而这些自然要对时人——包括作者本人的思想品格等留下历史文化的烙印。所以想要正确解读作者情怀、作品主旨、人物情怀，少不了分析和介绍背景。从而促进学生对文本的理解，对人物情怀的感悟，对历史文化的积淀。比如教学《世说新语二则》时，教师总会对课后一个习题"你对元方入门不顾有什么看法？"指导学生辨析。我们的学生生在这样一个新时代，自然会疑问这个元方不懂礼仪，教师或学生大多会归纳为元方尚小，这样的行为可以理解，还有教师根据《世说新语》的成文依据，此文出自"方正篇"，而硬性告诉学生体现了元方的率真。学生对这个解说要么心存疑惑，要么有可能误导学生的言行。这样教学都不能够达到编者选此文的意图。如果教师能够结合《世说新语》所记载的时代背景文化——魏晋风气作一介绍，揭示魏晋时期士人崇尚率真、方正的精神品性，就不会对作品中的人物元方产生误解，也会让学生有新的发现，原来元方父亲的"过中不至，已去"和友人的不合理行为皆可体现"魏晋风气"。完全颠覆我们现代人学习文本对文本理解的方向，教学的难点自然而然地解决了。

4."言""文"相生原则

当今的中学生与文言文已然隔阂，读不懂已成为许多学生阅读文言文的共识。除了当今没有文言文的语境之外，更多的是他们对传统文化的陌生而致。因此学"言"解"文"必须有文化的支撑，而文化又存在于语言这个载体中。所以教法上也应从语言入手，发掘文化，使之相得益彰，这也是语文课程的本质特征以及语文学科对于传统文化教育的优势所在。如学习李白《望庐山瀑布》时，欲解"日照香炉生紫烟"一句的内涵，学生就要有对"紫"独特文化意蕴的积淀，否则就只能把富有文化意味的诗句当作作者对瀑布颜色的客观描述来解读。"紫"作为云气，古人以为祥瑞，与老子过函谷关的典故相关，后来就将紫气附会为吉祥的征兆，引申为帝王圣贤等出现的预兆。李白在诗中不着痕迹地运用汉语中紫色的联想，渲染喜气和美感，有自然天成之妙。由"言"出发而揭示其背后的文化信息，以加深学生对"言"的理解与感悟，这样"言"就不再是平面的结构符号，而成了立体的生命体。再如《夸父逐日》中"化为邓林"的解读，教师如不借助古汉语文化中桃是旺盛生命力象征，就不能准确读出对词句的理解，也就无法更深层地体会作者对夸父精神永垂不朽的称赞，也就难以理解古人创造夸父形象的更高层级的理想意蕴。

5. 主题性拓展原则

朱自清先生说："经典训练的价值不在实用，而在文化。"文言诗文中丰富的文化元素是对学生进行思想道德教育的重要资源。要"增强学生对中华优秀传统文化的理解力"，除了随文渗透一些文化常识之外，还应该适时抓住教材中比较典型的文化现象来强化学生对传统文化的深度认知。如教学《水调歌头·明月几时有》这首词时，由于"月"这一传统的典型文化意象不仅在中国古代典籍中密集出现，而且与我国的传统节日中秋节及其习俗紧密相关，因此教师可借助中秋节来进行古诗文中"月"的意象内涵的综合性探究活动，以此来形成中国以"月"为核心的传统文化的相对完整的认知。还比如学习了《岳阳楼记》和《醉翁亭记》后，可以就范仲淹"先天下之忧而忧，后天下之乐而乐"的思想抱负和欧阳修"与民同乐"的思想做一深度探究，这样就把孟子"乐以天下，忧以天下"的思想与以上二者建立了联系，经过深度探究，不难发现中国古代知识分子在儒家文化的背景下那种"穷则独善其身，达则兼济天下"的思想情怀有个全方位的认识，自然也会作用于学生幼小的心灵。还比如学习登高诗和怀古诗后，就有意识设计拓展性主题作业，就登高诗或者怀古诗精选代表诗作做一探究，就会掌握这些诗歌作者创作的意图，更深层次地领悟作者的情怀。

6. 对比观照性原则

传统文化所蕴含的世代相传的思维方式、价值观念、行为准则等在文言诗文中都有很强的体现，传承性和变易性的特点决定了我们后人认知传统文化必须用"历史观照和对比"的眼光决定去扬还是弃。古今对同一作品做出不同的理解，不仅不会伤害作品本身的意义，反而有利于我们做出顺乎时代发展和合乎自我需求的个性化建构。有效延伸了传统文化的生命活力。从而实现教育的真正的"启迪"价值。赋予文化应有的社会实践作用。比如教学陶渊明的《饮酒》诗和《归园田居》诗，我们重点应该放在陶渊明追求田园生活的自由惬意和无拘无束以及天人合一的思想情怀方面，往上可对照庄子的《庄子与惠子游于濠梁》的天人合一的哲学思想，稍下可延展到"相看两不厌，只有敬亭山"的文句，来体味庄子天人合一思想对后世文人和儒家思想及传统文化的影响，体验不同文化思想的融合才让中华传统文化博大精深。如果往后观照，就可能离不开苏轼、范仲淹、欧阳修等文人，屡遭贬谪，却"不以物喜不以己悲；居庙堂之高则忧其民，处江湖之远则忧其君"的为官处世之态度。前者的避世态度与后者的积极入世态度截然不同，到底是面对浊世积极进取奋而争，还是追求自我个性，逍遥于世外呢？进而与现今现实中屡见不鲜的"扶"和"不扶"现象的道德拷问，进行对比式观照。从中理出不同时期文人和社会所具有的道德价值观，在对比中发现和扬弃，这样传统文化的魅力与现今核心价值观就找到了依托的线索。

7. 课内向课外迁移的原则

由于语言的发展，文言现象在现代文中少之又少，但文化知识和优秀的传统精神和价值观却一脉相承，隐含于文本中，有的以知识的形式呈现，有的以思想精神的方式隐含在字里行间。文本是教学的重要资源，是开展对话的主要依据。部编初中语文教材中积淀着丰富的传统文化因素，采用双线组元结构，人文要素和语文要素相结合，以立德树人为主旨，不仅要上好古诗文篇目，还要注重综合性学习实践、语文实践活动。所以教师利用文本设计特点，在教材文本研读基础上进行迁移。比如，抓住文本中的传统文化的基点开展一些语文课堂或课外小活动。比如，学习朱自清的《春》一文，可以让学生进行关于春的诗词的收集整理，进行课前或者课后的交流展示，并在课后以拓展性作业的方式设计一次"探寻春天的足迹"的综合性实践活动，通过设计"古诗文中的春""我笔下的春"等几个板块来培养学生收集整合处理信息等多方面的语文实践能力，积累语文传统文化知识。还可以结合利用文本中设计的综合实践活动如"人无信不立""有朋自远方来"等充分发掘课外资源，尤其抓住传统文化中的关于诚信等的意义、经典语句的积累阐述、古诗词句、典故等深度拓展。只有这样语文现代文的教学才不会落下被人嗤为教教材的话柄，取而代之的是把文本教得有深度、有高度、有广度。让传统文化与现代文本教学衔接起来，更能体现文化的传承性。

（二）开发与整合策略

语文课程标准中明确要求："语文教师应高度重视课程资源的开发与利用，整合语文课程资源，创造生动有效的语文教学"。《义务教育语文课程标准》在"课程资源的开发与利用"部分中要求："语文教师应高度重视课程资源的开发与利用，创造性地开展各类活动，增强学生在各种场合学语文、用语文的意识，多方面提高学生的语文能力"。可见，新课改对语文课程资源的开发和利用非常重视。这是因为丰富多彩的语文课程资源不但是新课程实施的重要保障，而且还是学生自主学习的迫切需要，那什么是语文课程资源？《义务教育语文课程标准》是这么来界定的："语文课程资源包括课堂教学资源和课外学习资源，例如：教科书、教学挂图、工具书、其他图书、报刊，电影、电视、广播、网络，报告会、演讲会、辩论会、研讨会、戏剧表演，图书馆、博物馆、纪念馆、展览馆、布告栏、报廊、各种标牌广告，等等。自然风光、文物古迹、风俗民情，国内外和地方的重要事件，以及日常生活话题等也都可以成为语文课程的资源"。也就是说"课程资源是课程设计、编制、实施和评价等整个课程发展过程中可资利用的一切人力、物力以及自然资源的总和"。由此可见，语文课程资源是一个非常宽泛的概念。《义务教育语文课程标准》中指出："各地区都蕴藏着自然、社会、人文等多种语文课程资源。要有强烈的资源意识，去努力开发，积极利用"。我们如何来开发和利用语文课程资源呢？如何把开发的课程资源进行有效的整合，让零碎的知识系统化呢？

1. 开发自然课程资源合理整合

大自然是一座取之不尽、用之不竭的巨大宝库。春夏秋冬，四季更替；飞禽走兽，繁衍不息；奇花异草，千姿百态。它们都是开展语文教学活动取之不尽、用之不竭的素材，如果将其作为学校教育的课程资源，具有非常大的开发利用价值。把学生引领进大自然，领略美丽的自然风光，感受神奇的自然魅力，触发他们创作审美的灵感。这种自然景观中的课程资源达到的教学效果，是语文教科书难以实现的。因此在传统文化渗透这方面，单一的课本提供的文化资源是有限的，教师必须因地制宜、因时制宜地开发设计。如学习七年级上册四季单元主题时，教师就可以在学习结束后设计一次关于四季的文化实践活动，让学生利用信息技术手段收集整理关于四季的诗词文赋、名言俗语，然后依据所收集的资源，写一篇优美的写景文章"我喜欢的（季节）"如果利用手机图文软件"美篇"等把文本与图片视频结合起来，制作电子杂志，或者电子日志，未尝不是一种更好的展示交流。

2. 开发人文课程资源进行合理整合

我们生活的地域都有浓厚的人文底蕴，比如丰富多彩的民间文化、纯真朴实的民风民俗、历史悠久的文物古迹等。这些广泛的人文资源为学生的学习提供了丰富的内容，不仅能拓宽学生的学习视野，感受地域文化的丰富多彩、博大精深，而且还能让学生体会到人情世故，从而净化学生的心灵，陶冶学生的情操。如学习《灯笼》一文，教师可提前让学生对中华民族挂灯笼这一民俗做探究性综合实践活动。设计：灯笼的起源，灯笼的节日民俗，灯笼的诗词文赋，灯笼的成语、谚语、歇后语等栏目，通过学生的收集整理就可以把比较分散的资源整合成一个关于灯笼文化的主题实践活动，学生不仅了解了传统文化，也基本能明确中国的灯笼是和人们的情感联系在一起，再来学习《灯笼》一文的主题，就相对容易多了。

3. 开发学校课程资源进行合理整合

就整个教学活动来说，学校教学资源的利用是课程资源开发和利用的重要部分。学校课程资源又分为：

（1）学科资源。学科资源不仅指语文教材，还指各种学习工具书和其他相关学科。语文教材一直是很重要的语文课程资源，这一点毋庸置疑。因为它是学生学习语文的主要渠道。语文学习规律的发现，语文学习方法的掌握，都脱离不了语文教科书。但是语文学科又与其他学科紧密关联、相互渗透，这就要求老师必须进行跨学科课程资源整合。比如，我们在学习的文本中有守信诚实、爱国敬业等材料或内容时，教师就可以把语文学习内容和道德与法治课的核心价值观的内容结合起来，从语文和传统文化的角度去探究诚信、爱国、敬业等的来龙去脉，就可以在传统文化中找到这些内容的起源和传承，很好地整合了各学科资源，尤其拓宽了学生语文学习的渠道。

（2）校园文化资源。校园文化资源是指墙报、楼道文化、图书室、图书角、阅览室、黑板报、校园广播、班级小报、学习专栏等资源。学生学习的主要场所就是学校。如果教师充分利用好学校的校园文化，不但可以调动学生的学习兴趣，同时还可以培养学生的积极参与意识和动脑、动手能力，对学生语文素养的全面提高会有很大的帮助。我们课题组经过和学校统一思想，开辟了校园文化长廊，利用学校闲置的黑板在校园栏杆墙壁上设置校园文化展示窗，每班一块，每两周为一期，开展传统文化知识的展示交流和古诗文交流，不仅丰富了学校校园文化的内容，同时也大力促进了对经典优秀文化的交流展示，这些对学生不论是传统文化还是综合能力都产生积极作用。

4. 开发网络课程资源进行合理整合

在信息技术发展迅猛的今天，网络成了不可缺少的语文课程资源。网络课程资源的开发有效地消除了传统课程资源的部分问题。它信息量大，且不受时间和空间的限制，这就使得课程资源借助网络得以广泛交流和共享。网络上超量的信息资料可以使学生视野更开阔，快速传递信息使交流更及时，所以我们可以充分利用网络这一巨大的信息库，进行语文课程资源的开发和利用，为自己的语文课堂注入新鲜血液，使语文课堂充满活力！毋庸置疑网络资源被许多语文教育教学工作者视为语文学习的第二课堂。由于它的先天优势，为语文教学的课堂和课外学习插上了双翼。课堂上教师利用课件超级链接方式，对文本内容或者需要的背景资源、作者介绍等进行即时的查阅（希沃白板功能），极大地减小了教师备教的强度，拓展了教学内容的宽度，减少了课件的容量（大小），增强了教学的趣味性，使单一的互动式课件成为具有云效果的网络互动课件。语文课外学习更是因为网络而如鱼得水。比如，开展专题性的关于传统文化的综合实践活动，结合民俗节日进行的实践活动，清明节、春节、元宵节、中秋节等，利用美篇图文软件，收集整合网络资源设计关于民俗节日的电子期刊。结合核心价值观与传统文化的关系，让学生利用假期周末整合网络资源制作电子期刊。当然还可以利用传统文化的丰富性给学生开展涉及传统文化的主题的探究性活动，利用小组合作的方式，通过教师指导，整合网络资源形成探究报告和探究成果。还有利用美篇把涉及古诗词中的山水、爱国、民族精神等诗词进行归类整理。结合二十四节气制作电子期刊。结合课本上综合实践活动扩展或者重构综合实践主题，如"荷文化""天下家国""月是故乡明""四大名著""戏曲文化""月亮文化""中国饮食文化""中国书法""农业言语"等，极大地丰富了学生传统文化学习的内容，拓宽了语文学习的空间，很大程度上改善了学生学习语文的枯燥乏味状态，减轻了学生课业负担，增强了学生的语文学习兴趣，提升了学生语文综合实践能力，也大力促进了学生运用信息技术学习的能力。

总之，语文课程资源丰富了，学生的语文学习就有了选择和拓展的空间，学生自主学习的积极性就会得到提高。因此，语文课程资源的开发与利用是新课改得以顺利进行的一个很重要的方面，我们作为一线的语文教师，是新课程改革的直接实施者，所以开发整合语文课程资源是摆在广大语文教师面前的艰巨任务，是我们义不容辞的责任！

（三）教学与德育融合的策略

传统文化本身就是德育教育的材料，其中蕴含着巨大的德育内容，教师不仅要进行传统文化的学科教育，更应该结合传统文化进行德育教育，比如前文提到的那些实践活动，学生整合的过程本身就存在着德育效力，面对博大的传统文化，学生自然而然会对传统文化的认可程度有所提升，尤其涉及孝亲敬老、爱国敬业等内容更是全程化的德育教育。还有利用古诗词诵读等比赛和古诗文教学，都会对学生产生潜移默化的德育教育。

（四）现代信息技术与传统文化相结合的策略

在信息化背景下的语文教学，没有什么不涉及代信息技术。课堂上教师的课件，课外教师布置的实践作业，没有哪一项会离开信息技术，融合度不够高都会直接影响语文教育教学的效果。比如前面提到的实践活动，没有强大便捷的网络资源做支撑，无论哪一项学生完成起来都将是困难重重，所以现代信息技术与传统文化在语文教学的课内课外找到了很好的契合点，对传统文化的传承可以说功不可没。

于漪老师曾指出"语文和文化不是两个东西，而是一个整体"，二者应该"沟通交融、互渗互透"。"教语文，必须站在文化的平台上。忽略了这一点，语文教学就会有意无意间降格为技能技巧的训练，就会有悖于素质教育的宗旨。"教师只要遵循语文学习的规律，根据教材特点和学生实际，立足于"文本"，发掘其中蕴含的"文化"，在语文课堂和课外渗透传统文化，就会让语文的属性"语言性、文学性、文化性"充分体现，学生能从中认识到中华文化的博大精深，汲取其中的养分内化为自己的精神品质，语文素养与人格精神得到双重提升，并使传统文化真正成为中华民族生生不息的丰厚滋养。

四、教育教学素养和能力素养取得成效

经过一年的实践研究，课题研究也在教师学生的教育教学素养和能力素养品质方面取得了一定的成效。

（一）首先体现在教师的教学教研方面

1. 语文教学理念得到提升

对课标的人文性、工具性特点把握更准，对课标的要求研究得更明确。我们和语文组学校教研活动相结合，不论是组内观摩研讨课，还是新老教师结对同课异构，还是参加各类竞赛课，都有一个明显的尺度标准，必须尽力去挖掘文本中的传统文化要素，作为评课的一个必须要素，这两年的活动中教师对文本中传统文化的传承意识明显加强，教学中对课标规定的人文性、工具性的失衡现象有了明显的匡正行为。

2. 对统编教材的理念和特点把握更准

统编教材是以"立德树人"为目标，有机融合、自然渗透社会主义核心价值观、中华优秀传统文化教育内容。以学生为本，突出语文素养。采用"人文主题+语文要素"的双线组元结构。突出人文主题和语文要素两个维度。尤其根据课标的学段目标要求，细化知识的掌握与能力的训练，落实到各个单元，努力做到一课一得，建构适合于中学生的核心素养体系。特别是统编教材加大文言文比重注重对优秀传统文化的学习和传承。强调活动体验，重视在语文综合实践活动中获得语文能力等设计理念得到了清晰的理解。对语文教学有了新的认识。完全打破过去不管不顾教材编写特点，只是一味地教课文，训练答题技巧，几乎很少关注单元提示和课前提示的局限，更加重视单元备课，从整体上把握教材的编者意图和文本的共同特点，实现单元教学与文本教学的一致性。比如九年级第三单元的文言诗词教学，首先从单元提示中就可以发现本单元所选文本除了是经典篇目之外，更是从不同时代、不同文体、不同人物的作品学习中让学生体味作者身处困境的那种自我调适的豁达乐观的心态和积极进取的精神，从而内化为自身的一种待人处事的人文精神品格素养。同时有讲读课两篇《岳阳楼记》《醉翁亭记》和一篇自读篇目《湖心亭看雪》三篇唐诗宋词，从语文能力的角度各有侧重和训练，很大程度上摆脱了备课的盲目性。

3. 语文教学行为得到优化

（1）能教——能准确把握语文教材，具备语文教学的基本能力。课题组几位教师有的是年轻教师，有的是非师范类专业（美术专业等其他专业）入职的教师。通过这一年的研究打磨，尤其是结对帮扶，全程跟踪指导备课、上课、反思等环节，力促这些教师进入角色。如备课时结对子的解读教材环节就落得实，避开了对教材把握解读不到位的情况。对其他多年的教师则要求在语文教学中能紧扣课标和统编教材特点来备教，明显突破了过去比较狭窄的语文教学思路。

（2）敢教——敢于突破教材限制，依托教材中的文化点，能够拓宽语文学习的路子，再不必过分地去考虑考不考的问题，而是站在学生的语文核心素养的需求方面，国家对国民素养的需求方面，文化的传承方面来设计语文教学，打破应试教育的樊篱，真正的向素质教育迈进。

（3）善教——善于创新语文教育教学的策略渠道，让语文教学成为所有学科中最为激进的课改学科。充分把握语文教学强调在语文实践中提升语文素养和能力的课标理念，依托教材而又高于教材，把语文的外延向生活中漫溯，把课堂学习与课外学习放在同等地位，开发整合设计各类基于语文教学和传统文化相结合的综合实践探究活动，极大地扩展了语文教学的思路渠道和学生的语文学习视野，让学生能有效地把信息技术与传统文化教学充分结合起来，学生学习语文的兴趣得到迅猛提升。

4. 教师的教研能力得到促进

本组教师中有几位是多次参与笔者课题的成员，也有首次加入到课题组的四位青年教师。课题组成员同时又是学校青蓝工程的几个结对帮扶成员，师傅与徒弟同在一个课题组，从一开始就把语文教学的研究与课题研究结合起来，除了指导解决一般的教学问题外，着力指导青年教师参与课题的能力，从问题的产生到课题的形成，再到课题研究的开题报告的形成，设计研究计划，设计并进行各类调查问卷及其数据分析，课题工作简报的撰写，过程性资料的收集整理都全程参与，手把手指导引领，目前这些青年教师的课题研究已经从最初停留在知识和理论上，而逐步升格为能够借助日常教学中的问题，初步设计小课题专题的能力。这是本课题最大的一个亮点，真正实现了以老带新的目的，也促进了这些青年教师成为研究型教师的基本素质的形成。我想在此基础上他们会在语文教学方面走得更稳、走得更远。同时课题组教师和语文教研组教师，一改往日科研与自己无关的心态，能够充分的利用每次课题组和语文组听课议课活动，主动联系录课老师，把每次的研讨课、观摩课、亮相课、竞赛课录制起来，进行自我研究反思，同时也作为课题资料供课题组研究学习改进教学。

（二）其次体现在学生的传统文化的学习和兴趣方面

1. 学生的传统文化知识储量增加

教师利用互联网资源，借助各类平台"QQ""微信公众号""传统文化资源网（国家教育资源服务平台）"等，引领学生去主动学习积累传统文化知识。在课题研究初期通过传统文化知识的两轮竞赛：第一轮利用网络问卷星的方式，推送传统文化知识题库，精选适合于初中学生的知识让他们进行初步学习，边学习边竞赛，从中选出三十位选手，代表整个班级参加第二轮的现场（录播室）的答题竞赛，并进行了全年级的同步直播，效果非常好，极大地刺激了学生对传统文化的兴趣。然后在课题实施阶段除了教师课堂教学渗透传统文化之外，开展了多次课内向课外迁移的综合实践活动，利用美篇的PPT等图文软件，进行实践成果的收集和整理展示，图文并茂、便捷高效，交流范围更广。目前学生对传统节日及其习俗、二十四节气、十二生肖、诗词的部分意象"月、柳、雁、花、燕等"、三十六计、中国象棋、围棋、核心价值观、孝亲敬老、荷文化、部分名著阅读、自己喜欢的唐诗宋词等都有所涉及，极大地丰富了学生的文化知识素养，开拓了学生语文学习的新天地和大视野。

2. 学生的古诗文储量明显增加

经典的古诗文是中华传统文化的精华所在，积累古诗文历来是许多语文教育教学人士的主张，抓住初中学生记忆力的黄金时期，背诵积累古诗词文的确是语文教学的一个好途径、好方法。在课题形成问题前，我们语文组就达成共识要组织编写我校的古诗词诵读校本教材，在课题组和语文组的共同努力下我们用大半年时间完成了诵读诗文的筛选和读本的编辑工作，除了统编教材和课标规定篇目之外，还大量选取了适合学生诵读的古诗文一百篇，共同构成了这本校本教材，并确定晨读（7：20分—7：35分）和午读（下午课前10分钟）为诵读时间，结合政教处的检查督促，和每学期三个年级一次的诵读比赛来大力促进这项工作的落实，目前初三学生已经背会读本上的所有古诗文，也顺利通过了教育局年初布置的经典诵读随机考核验收，并在全市中小学生诵读比赛中获得三等奖。同时结合中考课标篇目精选教材编制了中考版古诗文诵读读本，方便师生进行初中语文的古诗文教学，这在很大程度上也提高了我校初中语文中考的成绩。

3. 学生对传统文化的兴趣明显提升

首先利用闲暇时间背读诗词、诗词接龙、飞花令游戏、成语接龙。其次关注央视和其他电视媒体的成语大会、诗词大会等传统文化节目。还有老师有意识地将喜马拉雅FM精选传统文化和经典古诗词类名著等节目推广到微信群，并且以长期作业的形式，要求学生收听这些节目，在耳濡目染的熏陶之下，学生对传统文化尤其古诗词兴趣颇浓，比较明显的是学生在作文"我喜欢的（　　　　　）"文题写作中，很多人选择了古诗词文人来补题，并且能够运用古诗词文人的诗词文句入文来解读和写照古诗人的情怀。还有在学校考试中增设传统文化和古诗词积累的附加卷考试（30分），学生的平均得分率高于百分之七十。还有学校在月考、期中、期末考试中大量设计了具有引领学生关注传统文化的题目。在最近的一次考试中学生写考试作文"我感受到（　　　　　）的魅力"，在补题时有近百分之五十的人选择了填写"古诗词"，近百分之二十的人选择了填写"传统文化"，百分之十的人选择填写"语文"，其余的填写主要以"手机、网络、音乐"等内容。毋庸置疑，一年的传统文化的实践的确给学生的学习带来了深刻的影响，有效地增进了学生对传统文化的兴趣和民族情节。

4. 学生的信息技术能力得到很大的提升

处在"互联网+教育"的大背景下，除了教师教学会应用信息技术和资源之外，学生也应该具备信息技术素养。经过课题组的尝试，选择了喜马拉雅FM听书软件、微信公众号、美篇图文软件、为你读诗软件、酷我K诗等软件，还有古诗词网和国家教育资源公共服务平台、宁夏教育资源公共服务平台等网站，来促进学生对传统文化的学习和实践活动，把传统文化和现代信息技术有机地融合起来，取得了双赢的效果。尤其学生对这些软件和网络资源的应用熟练程度甚至远高于学校百分之五十的教师。他们应用美篇制作的每人三十多篇的传统文化图文电子期刊推送朋友圈和全市语文群组，得到了教研室教研员和许多语文教师的认可好评。

5. 学生基本上能掌握古诗词的学习方法

教师利用课堂和课外讲授古诗词的鉴赏学习方法并推送微课资源，学生利用课堂和课下的自主学习，已经学会能够借助多个角度去品析诗词。例如，意象法、关键词法、典故法、诗词句的地位作用法、表现手法等，使诗词学习不再成为学生学习的"老大难"。

五、研究的不足及努力方向

经过一年的努力，虽然课题取得了一定的实效，但也存在一些不足：

（一）课题题目设计过大

一年的期限很难从更深更高的层次提升研究的效果，所以本次课题研究在研究时对研究内容有所侧重，侧重于古诗文的教学研究，侧重于学生综合实践活动的拓展。对其他方面没有或者设计过少过浅。以期把这个课题在后续研究中做得更深入。

（二）研究的经验和方法显得不足

由于课题组教师都兼任班主任工作和学校领导等岗位工作，繁重的工作常常让研究不及时，资料收集和研究过程迟滞。研究方法比较单一，缺乏一线的课题指导，所以研究过程不够科学，研究成果的形成不能很好地体现学术的基本要求，有拼凑篡袭之处。希望在以后的研究中能够继续秉承科学的研究精神，尊重学术的原则，为教育科研的公正科学献微薄之力。

第三章

3

"零距离语文"
论文、案例反思研究实践

　　教师研究教育教学，除了进行有的放矢地比较专业的课题研究之外，最多的应该就是把日常教育教学与研究结合起来。做到教学整个过程与教学研究融为一体。课前的备课要抓住教材进行教材的研究、学情的研究、教学方法的研究等。课后则积极反思自己的教学，针对课堂教学和教学预案中的"成功"和"不足"进行反思，及时地把这些反思记录下来，为后续写作教学案例和教学论文积累材料。长期坚持下去，这些反思、案例论文就成了教师通过教学研究走向成长的垫脚石。

　　笔者自参加工作以来，就有一个习惯——爱钻研。所以每每备课总要翻阅大量的资料，总要花比同课教师更多的时间，现在想起来，其实那就是所谓的教学研究。后来新课程改革开始了，掀起了"教学研究"下放学校和教师的热潮，大力倡导教师进行课后反思。教案中也多了一项：教学反思环节。于是在"课改"的潮流推动下，这些年的教学生涯，坚持每课时都写反思，尤其是参加各类教学竞赛后更是进行了深入反思。并逐步把平时的反思进行更加成熟的提炼、扩展、丰富，就形成了不少的教学案例和教学论文，在各种机会中去参加评比和投稿，这是对自己付出的肯定，也更能激发自己坚持下去的信心。这样在长期的思考中进行教学，就逐渐形成了自己的语文教学风格和语文思想——零距离语文，这应该就是教师成长的规律吧。

案例一　巧解文本"心脉"，建构学生情感态度价值观

最能影响学生思想心灵的学科是语文，语文教学最能构建学生思想文化积淀的是阅读教学，语文阅读教学的关键就是解读文本，阅读教学的目的就是潜移默化地建构学生情感和思想文化底蕴。文本解读的质量关乎学生心灵文化的建构的效果，今天我们讲究高效课堂，不能不注重文本解读的质量。文本的心脉，即文本中作者对生活、人生、社会、自然等的认识感触，是对学生情感思想文化底蕴影响至关重要的因素。所以，阅读教学就是教师要从文本中搭建一条从文本到思想文化，从作者思想到读者心灵的快车道。而巧妙解读是这一过程的起点。

一、触摸文本的"心脉"，引领学生关注作者语言的"聚焦"处

找准文本中语言的聚焦处，触摸文本的"心脉"，有助于帮助学生把握文章的思想情感。在《老王》一文中，杨绛沉淀简洁的语言，经过漂洗的苦心经营的朴素中，有着本色的绚烂华丽。教学本课时，要抓住全文语言的聚焦点"愧怍"这个词，先让学生找出本文最能体现作者情感的语句："那是一个幸运的人对一个不幸者的愧怍。"引导学生理解"愧怍"这个词的词意；再让学生细读课文，体会作者为什么要"愧怍"？引导学生在品读中了解杨绛的"愧怍"是有一个过程的。起初，作者并没有感到愧怍，而是同情；接下来，对老王的感觉就开始更加同情了；后来老王临死前给作者送香油鸡蛋的事，给了她极大的触动，渐渐明白过来时，感到十分"愧怍"。抓住语言的聚焦处，牵一发而动全身，稍加正确引导，学生们领悟作者的思想感情也就水到渠成了。

二、触摸文本的"心脉"，引领学生关注作者语言的"平凡"处

文本当中有许多小细节，看似很平凡，往往被人们忽略，但只要你去触摸这些语言的"平凡"处，就会发现"平凡"处其实蕴含着不平凡。例如，《济南的冬天》不以鲜亮的色彩和工笔细致取胜，而以素雅的笔法简笔勾勒出精、气、神、貌，可以说是大家手笔的小水墨画，这正是"以大观小"的中国山水画的构图取景方法。文中的"小"字看似平凡，却极富情趣和意蕴。在老舍的笔下，偌大的济南城成了"小摇篮"，周围环绕的也就是"小山"了，下的雪也就是"小雪"，而雪后秀气的小山上卧着的是"小村庄"，此景便成了"小水墨画"。这种精致的"小"在文末的写景中再显神妙，"小团花""小灰色树影"，本是缺少生气的景色，放在济南的山水自上而下的"整个是块空灵的蓝水晶"中，却小巧得温柔可爱、生机勃勃。

全文12个"小"字将济南及其山水"小化""美化""灵性化"，浓缩济南冬景的精华。作者这样独特的写景视角和语言表述极富创意，堪称经典，由此营造了令人心醉神往的温馨情境，表达出作者对济南冬天的深情。教学时，教者应从这看似平凡处入手，通过朗读、品赏精巧的语言，字斟句酌地啜饮作者对济南冬天的那一份表达，领悟出平凡"小"字中蕴含的神韵。

三、触摸文本的"心脉"，引领学生关注作者语言的"精妙"处

语文教材中选入了不少文质兼美的经典之作。这些作品的语言各自富有特色：有的婉转曲折，有的巧比妙喻，有的清新明朗等。如《雨说》这首诗采用了拟人手法，"雨"在诗人笔下，被赋予了生命的灵性，让"雨"对生活在中国大地上的孩子们喃喃细语，使人感受到"雨"这位爱的使者亲切温柔的形象。诗歌意境优美，节奏欢快，语言生动、凝练，融典雅的语句与活泼的口语于一体，特别适合于朗读。教学时，引导学生加强朗读，通过反复吟咏，仔细品味，感受词语的丰富之美，感受诗歌的魅力，学生一读一思、一思一得，从而领会诗歌的意境之美，进而提高了学生的审美情趣，激发学生对人生的思考。触摸文本的"心脉"，通过品赏这些感性的文字，推敲语言的精妙，这一过程对学生来说，无疑是一次愉悦的精神之旅。

四、触摸文本的"心脉"，引领学生关注文本的"留白"处

"留白"是中国国画的技法之一。画家在绘画过程中在画面上留有大片的空白，给赏画者充分的想象空间。许多优秀的文本作品也如此。鲁迅的优秀散文《阿长与山海经》，阿长如何买山海经？其中费了多少周折？作者没有写，而且是故意不写她怎么买到山海经的，把想象的空间留给了读者。仅仅一句话、一个场面，却有那么震撼人心的力量，主要靠前面铺垫蓄势，后面称颂烘托。可见，有时候，在重点上面也不一定非要大事描写不可，靠铺垫烘托也可以使一两笔描写显得光芒四射。教师不妨触摸文本的"心脉"，把握好这一空白处，让学生放飞想象的翅膀，根据文中的提示，将阿长买山海经部分写成一个完整的故事，运用多种描写手法。利用好这一空白处来做文章，对学生语言的表达、写作能力的提高，无疑大有裨益。

五、触摸文本的"心脉"，引领学生关注文本的"冲突"处

在文本的冲突处利用好这些矛盾冲突，让学生展开讨论，畅谈自己的看法，既体现了阅读的个性化，又提升了学生的语言能力。如《羚羊木雕》讲述的是子女和父母之间发生的一场小矛盾。这种矛盾说到底还是一个"代沟"问题。教师利用文本的冲突处，引导学生思考：在这场矛盾冲突中，究竟谁是谁非？对文本进行了多元解读，并给了学生充分表达自我的时间和机会，将学生的思维引导深入，学习与父母沟通的方法，从中获得对人生有益的启示。这样，比老师单一的讲授，更能触动学生的心灵，更能寓思想教育于无痕，收到最佳的教学效果。

六、触摸文本的"心脉"，引领学生关注文本的"文脉"处

"文本的精髓"往往就藏在文本的文脉里。《荷叶·母亲》是一篇借景写人，托荷赞母的散文诗。文章从自家院子里的莲花写起，重点写雨中的莲花，在雨中作者发现荷叶掩盖起莲花，触动了自己，于是产生了联想，想起了母亲，想起了母亲爱护儿女的情景，于是借此景抒发自己对母亲保护儿女成长的感情。这样写荷花是为了写"我"，写荷叶是为了写母亲。因此，在教学时，应抓住文本的文脉："母亲啊！你是荷叶，我是红莲，心中的雨点来了，除了

你，谁是我在无遮拦天空下的荫蔽？"让学生在反复朗读中，了解这句话在全文中点明主旨，深化中心的作用，并从写景、意境、感情三个方面进行赏析，体悟诗中字里行间充溢着的对母亲炽热的感激、爱恋和赞美之情。在品味朴实、清丽的语言的同时让学生接收到文学作品里流淌出来的那殷殷真情，把这种对亲情的感悟带到生活中去。再来回忆一下生活中那些常常会被我们忽视的爱的细节，学会用这种手法写一段话或一首诗，抒发对父母的爱。善于捕捉文本的文脉，把握好契机，语文课堂就会不断流动着真情，散发出人文的光辉。

文本中的有用"细节"很多，教师要敏锐发现、善于捕捉有价值的细节，抓住教育的时机，深入挖掘，寓教育于无痕。只要我们触摸文本的"心脉"，把握好文章的"细节"，我们就能在细节处见精神、显功夫，就能更有效地触动学生的心灵，让课堂充盈着心灵的智慧和人文的光辉，我们的课堂就会焕发出生命的活力，生成更多的精彩！

案例二 例谈文本的人文价值取向

《语文新课程标准》指出在使用教材的过程中"应该重视语文课程对学生思想情感所起的熏陶感染作用，注意课程内容的价值取向"。

什么是文本的价值取向呢？文本的价值取向包括文字价值、语言价值、情感价值等，其中情感价值的取向最为主观和深奥，本文所探讨的就是文本的情感价值取向。首先它必须是准确的，虽然新课标提倡多元解读，但多元化的解读必须建立在对文本本身价值正确解读的基础之上。再次它必须是有意义的、思想积极向上，历经实践的考验依然弥足珍贵的文本价值才能陶冶学生的情操，培养学生良好的精神道德。

探寻文本的价值取向不能仅仅局限于文本本身，我们有必要从语文课程的目标甚至从教育的目标来审视文本的价值取向。语文课程的目标是什么？我国现行《全日制义务教育语文课程标准》提出了语文课程十项总目标。我们从"育人"的角度来分析一下总目标。总目标第一条就提出"培养爱国主义感情""逐步形成积极的人生态度和正确的价值观"；第二条中强调"吸取民族文化智慧""吸取人类优秀文化的营养"；第四条中要求"逐步养成实事求是、崇尚真知的科学态度，初步掌握科学的思想方法"；第七条中关于阅读能力的表述"具有独立的阅读能力"同时指出"受到高尚情操与趣味的熏陶，发展个性，丰富自己的精神世界"……从以上分析可以看出语文教学的宗旨是什么？是让学生汲取智慧、崇尚真知、陶冶情操、丰富自己的精神世界，这些到最后都落实到了"人"的层面上。那么，语文教学的价值取向也必须根基于"人"的本质的视角来审视，既然是"人"的教育，价值底线就是教育人"求真、从善、向美"，忽视"人"的存在的价值是无意义的价值。根据总目标的分析和做人的价值底线，我们发现语文教学的价值取向应该是"培育具有良好的个性和健全的人格，促进德、智、体、美和谐发展的人"。这同样是文本的意义指向，是文本的核心价值，也是我们解读文本的"靶心"。

自新课程改革以来，我国各地语文教材版本呈现多样化趋势，但不论版本怎样多样发展，教材中所选文本都必须是文质兼美的篇章，因为根据《语文新课程》标准的规定，现行各版本语文教材必须是实现我国语文教育根本的教育目标，达成语文基本教育功能的物质基础。因此，语文课程标准对于我国各版本教材的编写提出了明确的共同的带有约束性的九条建议，这九条建议是任何版本新教材的编写依据，也是对各版本新教材编排提出的硬性要求。在此"建议"之下编排的教材，无论哪套，绝对是编者凝心聚力的结晶，折射出编者精巧的理念和意图，是编者智慧育人的凭借范本，是发展学生智慧素养的蓝本。因语文兼顾了人文性、工具性高度融合的学科特点，因此编者既要科学地规划教学的内容和程序，还得合理地规范着教与学的方法。当然文本选择中还很大程度融入了编者的一些思想理念，所以对我们教者在执行文本教学的过程中，除了引领学生正确解读文本的同时，还要合理理解编者和作者意图，正确把握文本的价值取向，实现多元解读。这是新课程有别于传统语文教学在解读文本时的一个特殊趋向。

在小学和中学的许多版本教材中都选用了沈石溪的《斑羚飞渡》这篇美文，说明这篇文章有它独特的魅力，才能被多版本的教材编者青睐。文本故事很简单，它记述的是一群羚羊在猎人的逼赶下，被迫走上了无法逾越的伤心崖，结果在老羚羊的带领下，自发的以牺牲自己生命为代价，用空中接力的方式，把小羚羊渡到了对岸，从而完成了一次生命的壮举。有人曾把它解读为一篇倡导环保题材的劝谕小说，引导学生要保护自然与动物和平共处；更有甚者把它当成了真实的散文，教化引导学生批判人类面临灾难时的胆怯与保存自己的私念；还有教师避重就轻、喧宾夺主地把课堂的精力放在对文本情节不真实的批评上，最后得出此文虚假的结果。凡此种种都明显地背离了作者的意图和编者摘选此文的意图，实际上此文作者的意图是引导学生思考面临灾难时作为群体的人类的选择，以及灾难中个体生命的尊严和意义。

教材中对《我的叔叔于勒》一文的解读，有的语文教师习惯了依靠语文教参解读文本价值，殊不知"教参教参"，本来就只是参考的意思，并非教师的"圣经"。但是实际教学中却总觉得超越不了教参的束缚。此文本正确的解读应该定位为揭示人性的弱点，从这个方向考虑应该是作者本意，而非我们站在社会性角度来解读。所以解读文本不能脱离"人性"。

综上所述，为教者解读教材文本，虽然得讲究多元化解读，尊重学生的独特体验，但必须合乎创作文本作者的意图，传承作者的思想，务必做到尊重作者和作品，尊重作者所要表达的真正意图，这"意图"，这"思想"就是文本的价值指向。无论如何解读，无论如何创造都不能偏离这个"意"。蔡元培先生主张："惟研究乃能赞成，亦惟研究乃能反对。"在研究清楚的基础上鼓励学生有自己的理解，对作品的内容可以赞同，也可以反对，更可以有所发明和创新。坚决反对那种没有深入研究作品，浮光掠影式地脱离作品主旨的肤浅解读。

新课程倡导文本解读的多元化，但同样也要求读者需要遵循文本的价值取向。教材中许多文本蕴意的深厚，我们读者也许永远无法抵达它意义的尽头，但我们却可以多角度、全方位地定位那个意义，然后引领学生接近那个意义。将读者的视域和文本中暗含的视域进行"视域融合"，然后将它的精神内核植入到我们的生命中，涵养我们的精神，实现发现自我和提升自我的本质意义，以期达成语文教学的目标和任务。

案例三　语文课堂教学中的"多"与"少"

新课程改革由起先的轰轰烈烈到现在的冷静反思已走过十几个年头了，实事求是地讲，在这十几年里，我们的语文课堂确实发生了翻天覆地的变化，学生的主体地位得到了应有的尊重与发挥，教师的教学技能也有了更为自由的发挥空间。但我们也不无遗憾地发现，由于对"新课程标准"肤浅甚至错误的理解，使语文课越上越不像语文课了，没有了"语文味"，变成了"大杂烩""四不像""腊八粥"。无限制、无目的地扩张语文的领地，使"语文"这个历来就争论不休的话题更加模糊不清了，无怪乎不少业界同仁慨叹："越来越不会教语文了。"因此全国教育同仁们又再一次地掀起了对语文课堂的深入思考，于是课改初期的热血沸腾逐渐被冷静理智所替代，有效教学、高效课堂自然而然走进人们的视野。

课标明确规定："工具性与人文性的统一，是语文课程的基本特点"。一节好的语文课必须是充分体现这一特点的课。所以一节好的语文课，应重在求"实"，即踏踏实实落实工具性与人文性。教师如果单纯地强化或偏废人文性或是工具性，单纯地为了追求课堂热闹的气氛，而忽略了学生基础知识的学习和基本技能的训练以及人文素养的提升，这种课就是一种低效的课堂。"构建高效课堂"的思路，就是在这种背景下，面对新课程标准与课程改革而进行冷静的思考后提出的。我们现在缺少的不是改革的激情而是冷静反思。笔者认为现在的语文课堂教学应该从以下几个方面加以匡正：

一、多一些潜心会文，少一些拓展延伸

语文课堂的拓展延伸和多媒体的介入，如同给学生打开了一扇面向生活、社会、世界的窗户，让他们呼吸到了新鲜的空气，开阔了他们的视野，引发了

学生更为深刻的思考，这对于提高学生学习语文的兴趣，培养学生综合的语文素养，无疑是大有益处的。但有些教师，却是为了拓展而拓展，只要课文中涉及某种风土人情，便让学生去开发相关的民俗风情资源；只要课文涉及某门学科的知识，便让学生进行延伸、拓展与整合。

语文课上成了知识常识拼盘课、五花八门杂烩课。语文应该有自己明确的研究对象和教学目标，如果课文涉及什么内容就拓展什么内容，那么语文课就会被上成历史课、地理课、思想教育课、科学知识普及课……如果语文课堂长此以往，必将种了别人的田，荒了自己的地。课外拓展要立足文本，为语文教学服务。语文教学虽然强调"综合性"，但无论怎么"综合"，语文的拓展延伸也是语文学习的延伸。如在教《三峡》时不妨设计这样的一个拓展练习，"郦道元笔下美丽的三峡，已变成了永远的回忆，现在想为三峡建立一个纪念碑，请你为其写一段碑文"。这道题目既紧密联系文章，锻炼了学生的写作能力，又拓宽了学生视野，引发他们对三峡工程更为深刻的思考，对三峡昔日美景的留恋。

语文的拓展延伸应以学生对文本的深刻理解为基础，潜心会文才是语文的根本。试想如果没有对课文语言文字的揣摩品味，没有对优美精彩文段的必要分析理解，那么其他的一切活动必将成会空中楼阁，以至于喧宾夺主、本末倒置。

二、多一些扎实的训练，少一些空泛的表演

课堂教学中，有时根据教材的特点针对某个环节进行相关的表演，这无疑能加深学生对课文的理解，激发学生的学习热情，提高学生的综合素质，也体现了新课程标准中教师的主要任务是组织课堂教学，把主要的时间让给学生进行自主学习的思想。但如果不顾文本内容，就是单纯为了活跃课堂气氛，把表演当成课堂时尚的道具，那么这种做法就很值得商榷了。

在设计课堂表演这个环节中，老师应该先思考这样一些问题：首先想一想你让学生表演的目的是什么，要达成什么目标。不能为了表演而表演。笔者认为能不表演就不表演，因为表演毕竟是一种辅助手段，而且年级越高越要摒弃。如果学生能透过语言文字在头脑里表演岂不是更好？如果要表演，那么在表演中老师一定要加以引导和示范，让学生体会每一个角色说话的语气，揣摩当时人物的心理。这样不仅活跃了课堂气氛，而且把朗读、课文理解、人物形象分析很巧妙地

融合在表演之中。课堂表演不是万能的钥匙，过多的课堂表演必然使课堂流于浮华，它更不能代替必要的语文训练。与其课堂上让学生脱离文本浮于表面地演一演，空泛地说一说，走马观花地看一看，倒不如为学生多创设一些听、说、读、写的机会，多给学生提供口头表达和书面练笔的机会。没有扎扎实实地"双基"训练，怎么能切实地提高语文能力呢？只有少一些空泛的表演，多一些扎实的训练才能使语文学习摆脱表面的浮华热闹，回归本源。

三、多一些朗读品味，少一些合作讨论

学习方式的转变是新课程最重要的变革，于是小组合作、讨论就成了目前语文课堂上最常见的必须要用的一种教学方式。合作、讨论并不是不可以使用，但老师应该注意的是需要讨论什么内容，怎么去讨论，如何展示和评价讨论合作的效果。如果老师在讨论之前缺少必要的引导铺垫，缺少对文本必要的朗读品味，在学生对文章的内容缺乏深刻理解的情况下就随意地展开讨论，那么讨论的过程和结果是可想而知的。

在这种情况下合作、讨论就演变成了下面的几种情况：

（1）小组中有一个成员在权威地发言，其他成员洗耳恭听，汇报时当然也是小权威的"高见"。

（2）小组成员默不作声，自己想自己的。

（3）小组成员热热闹闹地在发言，但没围绕主题，时而挤眉弄眼，时而哄堂大笑，你可以想见他们是不是在讨论老师布置的问题，至少不是严肃认真的。

（4）小组成员按号依次发表高见，你方唱罢我登场地轮流坐庄，表面上讨论气氛热烈异常，却没解决实际问题。

笔者认为，合作讨论应该在对文本充分解读，学生自己有充分的独立思考后的前提下来进行，这样的交流讨论才有针对性，这样的讨论才是有效的。语文这门学科因为选文的文质兼美，外化的知识浅显，内涵的丰富深刻，必须要学生进行深入的思维运动，那种课堂上遇到问题就讨论，讨论了就展示，课堂成了沸腾的"噪声""超市"热热闹闹、激情四射的表演场，试问，在这样的环境里，学生的思考可能实现吗？众所周知，人的思考必须要有安静的环境做保障，尤其语文文本最好的学习手段就是朗读品味，没有哪一个学生能在嘈杂的讨论中进入文本涵泳，潜移默化地熏陶。

四、多一些各抒己见，少一些异口同声

自新课程改革以来，语文课堂教学从传统的教师讲学生听，教师问学生答的樊篱中逐渐跳了出来，对话教学也从伪对话走向了真正的对话，即学生、老师、文本之间的多向互动。教师讲授至上的地位逐渐被学生的感悟体味占主体的地位所替代。师生在课堂教学中的地位的变化，教师主导学生主体的地位被强化，都直接作用于课堂，新课程尊重学生的个性体验，课堂上学生对文本的理解千姿百态，回答也就能够做到各抒己见，对于教师而言，适时适度的引导势必会影响学生对文本的体悟，教师要做学生思维的牵线搭桥者，不能只做学生思维的铺路石、开拓者，"路要让他们自己走"，让学生的思维在与文本、教师、学生的对话交流碰撞中得到发展，得到升华。理解是思维的过程，语言表达是思维的外化，只有敢说才能提升思维能力。所以教师课堂上的问答决不能是简单的"是""不是"或"对""不对"。

因此教师在备课时就应该注重教学案中问题的设计，避开简单的浅思维、伪思维的问题，一定要设计一些"一石激起千层浪""牵一发而动全身"的问题。语文课堂上学生对问题对答如流，则说明"问题"不能很好地起到促进学生思维的作用，没有学生不会的问题的课堂是伪课堂，大多数问题学生都不懂的课堂不是好课堂。

现在我们用的一些讲学案上的问题过于零碎，教师再备课时要么改动太多，要么就只是做问题的答案，再备课的意义何在？如果备课教师能抓住提纲挈领、曲径通幽的问题来设计问题，把细节性的问题留给上课教师，框架式讲学案就可以胜任多变丰富的课堂教学。这样也就避开了学生利用参考资料对学案问题进行文字搬家的弊端，避开了学生参考资料而作答的异口同声。

五、多一些精彩的点拨，少一些不必要的讲解

时下，比较时髦的课堂改革，莫过于一堂课只讲几分钟，有些学校教条化的硬性要求教师的讲必须限定在几分钟之内，如果不能达标，将被逐出课堂或是当堂停课，如此做法我们先不论教师的尊严在学生心目中的消失殆尽，就唯物论而言，任何事物都不会是绝对的这一点来说，这种做法就是无形中继承了唯心论的衣钵。因教材难易程度不一，学生自学能力不一，教学情境不一，课

堂即时状态不一，教学过程当然也会随"境"而动，又怎能会固守"几分钟的教条呢"？

任何一位不是人云亦云的有志于课堂改革的教者，都会清醒地认识到当下中学生"独学""自主学"的实际能力是非常的虚弱的而学生"独学""自主学"的能力的虚弱，是因为他们一直没有得到很好的"教"，对阅读教材缺乏理性解读意识，比如，面对一篇作品如何选择解读的切入点，他们几乎是盲目的或是根本没能力，如果"独学""自主学"所得浅薄，那么一群人在一起"群学"，所得也不过是浅薄的叠加，有人会说"三个臭皮匠顶个诸葛亮"，但笔者认为，在学生没有良好受"教"的前提下，自学的状况不会得到太多改善，正如有人撒网捕鱼，无经验的旁观者看到网中鱼伸手去抓，但鱼很滑，一挣扎就从人的手中挣脱，于是渔夫告诉他，把手插进鱼鳃就稳妥了。解读文章需要找准"文鳃"，而"由果溯因"的解读思维需要会教的教者去引导学生。没有教，学生也许能找到"文鳃"，但效率低下。试问教者的作用不就是让学生减少找到"文鳃"的时间吗？先教后习，再教再习，再习再教……这是教学的铁律。当然教者不是没有限度地教，会的不教不讲，短时间能学会的不教不讲。这种适时适度适人的精讲点拨就是因材施教，所以，各种自主学习模式，本质上都只是学生在受教之后的独立阅读实践，它不过是完整教学活动中的一个组成部分而已，是教者"再教"的基础，是教的起点而非终点。

案例四 在语文教学中如何设计课堂提问

"一堂好课往往起源于一个好问题"。问题是语文课堂教学的心脏；问题是思维活动的起点。因此，好的问题能带动一堂课，它不仅能"传道、授业、解惑"，而且能激发学生的求知欲，调动学生的积极性，点燃学生思维的火花，开掘学生的创造潜能。因此，优化"问题"的设计对语文课堂至关重要。

如何优化设计语文课堂中的"问题"，笔者认为可以从以下方面入手。

一、抓住学生思维的聚焦点设计——保证"牵一发而动全身"

教学问题是教学目标的转换，是教学目标的具体表述。有效的问题应该是"提领而顿，百毛皆顺"，主导文本研读、对话的大方向，提纲挈领地引导学生纵览全局、感悟全篇，做到一"问"立骨。最大限度地调动尽可能多的学生来参与思考讨论探究。

1. 可以从标题入手

如学习《伤仲永》一文，通读课文后，问：本文标题中哪个字是全篇文眼？"伤"这一字饱含了作者怎样的心情呢？作者为什么会抒发出这样的心情？解决了这三个问题，就水到渠成地理解了文本深刻的中心内容和写作意图。所以，有效的提问能聚焦文章的重难点，同时也集中了学生的思维，提高课堂的实效性。

2. 可以从结尾入手

如《社戏》的结尾是"真的，一直到现在，我实在再没有吃到那夜似的好豆，——也不再看到那夜似的好戏了"，此句是文章的中心句，那么文章必然要紧紧围绕此句展开，课文仅仅写的就是那夜的豆好吃、戏好看吗？直击写作意图与中心主题。

3. 可以从文章的开头入手

如学习《背影》一文，可抓住课文开头："我与父亲不相见已二年余了，我最不能忘记的是他的背影"。设计问题：我与父亲几年不见，"我"为什么不能忘记他的"背影"？作者为何不说最不能忘记父亲或父亲的某句话某个动作，而说是"他的背影"？此问题指向于对文本主题的解读和写作构思技巧的解读。直接关涉我们阅读教学的两个基本点：理解文本的"形与神"及形与神的统一。

4. 抓住重点词句和关键细节设问

如学习《我的叔叔于勒》一文，文中有这样一句："唉！如果于勒竟在这只船上，那会叫人多么惊喜呀！"父亲为什么要说这句永不变更的话？这一问题设计的落脚点在于探究文本内容主题、人物性格的核心、悬念设计情节构思等技巧。还比如学习《孔乙己》一文，可以问：文中多次写到"笑"，都是谁在笑？对孔乙己这样一个不幸者，他们为什么要笑？作者为什么要多次写到人们的笑？这个问题落脚点在于引领学生思考文本的深刻含义以及这种以乐写悲的特殊艺术效果。因此，好的问题大多都能明确地突出课文的重难点内容，扩充学生的思维容量。所以，整体、概括的提问取代了那种琐碎、繁复的一个个小问题的发问，能充分深入探究文本的深度，激发学生的思维效度，同时，学生的阅读能力也在一定的空间中"磨砺"。

二、抓住激发学生思维的兴奋点设计——势必"一石激起千层浪"

皮亚杰曾经说过："所有智力方面的工作，都要依赖于兴趣。"对于学生来讲，只有他感兴趣的东西，才会使其产生学习的欲望和动力，而富有价值的问题，是激发学生学习兴趣的有效手段。

1. 用问题点燃兴趣之灯开启学习之旅

例如，笔者在教学《岳阳楼记》时，通过知识竞赛导入："我们中国地大物博，亭台楼阁林林总总，有谁知道中国的'四大名楼'吗？"一问既出，学生很兴奋，兴趣一下子被调动了起来，前后左右，七嘴八舌，思维异常活跃。"鹳鹊楼""黄鹤楼""岳阳楼""滕王阁"大家你一言、我一语，不甘落后。在意犹未尽中，我又抛出第二问："谁还能举些有关写这四大名楼的诗句吗？"真是一波未平、一波又起，学生的思维再次被激活。一学生道出"岳阳楼——先天下之忧而忧,后天下之乐而乐",我因势利导:"你知道这句名句出自哪位名家的哪篇名作吗?"一学生回答:"范仲淹的《岳阳楼记》"我顺势切入主题:"很好,今天我们就要通过这篇文章的学习来感受范仲淹的这一伟大的政治抱负",学生的劲头更足了,兴致勃勃地赶紧打开书仔细读了起来。如此水到渠成,确实印证了"兴趣是最好的老师"。这样学生不仅愿意学习、乐于学习,而且学生的思维火花不断地得到迸发与跳跃。

2. 用问题构建兴趣与文本之"纽带",铺设深入探究之路

富有价值的问题还在于寻求学生兴趣与课堂深度的契合点,抓住学生最感兴趣而又同文章重、难点有着紧密的联系的问题,引领学生走向思维的深度。如在教学《曹刿论战》时,在分析了曹刿的"远谋"和鲁庄公的"鄙陋"后,在学生的兴趣聚焦于曹刿这个人物的性格特征上时,我顺势去问:"在这次长勺之战中,显然,曹刿的远谋是举足轻重的,但是否能少了鲁庄公的一臂之力呢?鲁庄公身上除了鄙陋以外,是否一无是处了呢?"话音刚落,整个课堂又开始炸起了锅,充满挑战性、探究性和趣味性。还比如教学《孔乙己》一文,作者在设计孔乙己打断腿时为何设计的是丁举人而不是丁财主之类的人?有什么用意?此问题就把学生的思维引向作者材料选择组织与主题的表现这个深层次的问题上来。使原本比较传统的文本解读立刻有了新意深意,自然而然激发了学生探究的欲望。所以说"提出一个有价值的问题,比解决一个问题更重要"。如果把学生的大脑比作一泓平静的池水,那么教师有效的课堂提问就像投入池水中的一粒石子,可以激起学生思维的浪花,启迪学生的心扉,开拓学生的思维,调动学生的自主性、积极性、主动性,使他们始终处于最佳状态,使课堂教学充满生机和活力,这也是提高教学质量,提高学生语文素养的一条重要途径。

3. 抓住开启学生思维的发散点设计——能够"条条大路通罗马"

课标指出:"应该重视语文的熏陶感染作用,注意教学内容的价值取向,应尊重学生在学习过程中的独特体验"。在课堂教学中设计开放性问题,促使学生全面的观察问题,深入的思考问题,并用独特的思考方法去探索、解决问题。

可从体验人物精神品质角度设问。如我在教学《我的叔叔于勒》时,在把握了菲利普夫妇的性格特征后,我提出了这样的问题:"有人说菲利普夫妇有可憎的一面也有值得同情的一面,你们觉得有道理吗?"鼓励学生张开思维的翅膀，积极思考。

　　学生们从不同角度谈出了自己的看法：①可憎。因为他们只认钱不认亲人的自私贪婪、势力虚伪、冷酷无情，是作者着力批判的形象。②值得同情。因为作为一个社会的人，受到资本主义社会金钱至上的准则的影响，从这个角度说他们也是受害者……在你一言、我一语中，学生的发散思维能力有效地得到了锻炼，打开了学生一条又一条的思路，心灵得到了一个又一个独特的体验，这对每个学生来说就是一种收获。他们不仅得到了个性化的发展，还培养了自己高尚的情操和健康的审美情趣。

　　可从体验人物现实经历角度设问。学习郭沫若《天上的街市》一文，作者郭沫若把家喻户晓的牛郎织女的民间故事进行了改编，变悲剧为喜剧，"把空中的流星想象为牛郎织女提着灯笼在街上闲游"。为什么这样设计？这一问题引导学生用知人论世的方式，来结合作者的经历和时代背景来解读诗歌的意象。作品创作于五四运动高潮已过（1921—1922年，中国正处于军阀混战时期），面对半殖民地半封建社会那"冷酷如铁，黑暗如漆，腥秽如血"的黑暗现实，郭沫若感到极大的愤怒、苦闷、感伤，但他并没有悲观失望，依然不倦地探索和追求。就是这一时期，1921年10月24日，面对半殖民地半封建社会的黑暗事实，作者感到极大的忧愤。他从地上的街灯联想到天上的明星，又联想到街灯，于是写下了《天上的街市》这一富有想象力的诗篇。用以象征他们的生活的幸福美好，反衬了当时社会的不安稳和人民的痛苦。

　　除此，还可从体验个人生活感悟角度设问。如学习《第一次真好》一文，在学习结束后我问学生："是不是第一次的经历都很好，都会使生命多姿多彩呢？"这一问题是在引导学生正确看待第一次的经历，从而引领学生形成健康的人文情怀，对学生的人文情怀的影响是潜移默化的而非直白的说教。

案例五 杜绝标签认知走进作者情怀

——谈谈古代诗歌的教学理念

一、古代诗歌与现代人之间的"代沟"

俗话说"距离产生美",但过大的距离会产生"代沟"。古代诗歌作为古代经典文化的主要组成部分,不可或缺的也成为中学语文教材的一部分。但是由于其从时间和空间上和我们这个时代跨度都是巨大的,这样,作品、作者、读者、教者之间自然而然地形成了巨大的"代沟"。笔者认为形成因素概括起来有以下几方面:时空因素形成的代沟;时代因素形成的代沟;情感因素形成的代沟;教者因素形成的代沟。该如何找到破解以上"代沟"的密码,让学生从容跨越"代沟","走进经典文化,继承和弘扬中华民族优秀文化传统和革命传统,增强民族文化认同感,增强民族凝聚力和创造力",作为经典文化的传播者,语文教师具有不可推卸的责任!

所有经典文化和作品无不是对人类社会物质文化、精神世界的真实艺术的反映,是这些文人墨客、迁客骚人的真性情的流露,作为具有"言志"本质特征的古诗词更应该是以上二者的集大成者。诗歌言简义丰的特点造就了诗歌解读的天然难度,也就增加了教者教学的难度和学生学习的难度。因此我们发现在实际的古代诗歌的教学中常常会出现以下几种情况。

1. 少于读而多于析

在教学中因为古代诗歌从语言、内容、写法诸方面的难度系数大而导致一些课堂教学中淡化了诗歌教学的关键第一步——朗读。教师在朗读教学时缺失了不同层次和方式的朗读指导,只是读准字音节奏,读出每句的意思而已,使朗读变成了浅层次的最低级的朗读。而教师则把教学的重心迁移到对诗歌的分析理解上，字斟句酌、咬文嚼字，分析很到位，但是教学的效果大打折扣，教师在课堂上讲得眉飞色舞，学生在课堂上面无表情、呆若木鸡。

2. 多于读而少于品

诗犹茶也，喝茶不在于大口畅饮，那很难品出清新的茶味，学诗也不在于教师精彩的分析，那样就把一个完美的艺术品弄得分崩离析了，有的只是碎片化的解析，却少了诗歌固有的意境和韵味。因此，诗词教学应该少于精细的分析，应该以读代讲，当然这个"读"不是简单肤浅的读，也不是一遍又一遍的朗读直到熟读成诵，这个读要讲究方法，读得要准、读得要深。在读中品诗，品诗的意境韵味，让学生能走进诗歌。否则学生对诗歌的学习就是不求甚解，学习效果必然是一知半解。

二、怎样跨越"代沟"

教师在古诗词教学中应该怎样处理，才能跨越"代沟"，让诗词教学教得到位，学生学得入味呢？

下面就以杜甫的诗歌《春望》为例，来谈谈古代诗歌的教学思路。《春望》是杜甫在安史之乱期间创作的经典诗作，处处迸射着作者的强烈的家国情怀和民生情怀，充分地展现了杜甫诗歌"沉郁顿挫"的风格。对于对诗歌文化和杜诗内涵认知尚浅的八年级学生来说，可能只是停留在他是一位忧国忧民的千古"诗圣"的认知层面，强大的距离感加深了读者与作者的"代沟"，学生对《春望》中所体现的作者强烈的家国情怀和民生情怀也仅仅停留在"忧国忧民"这个标签的层面，不能深入读出作品的文学魅力与情感价值，更不能从心底里感知真实、立体、感人的"诗圣"形象。如何破解这种低层次的标签认知行为，让诗歌教学回归诗歌的文学审美特质呢？

1. "知人论世"为起点

善用背景，穿越时空隧道，搭建"古""今"沟通的桥梁。

古典诗歌之所以教起来难学起来也难，最大的原因在于用陌生的语言方式和遥远的写作背景储存的信息让学生粗浅的认知很难解码，那学生的情感也就很难与作者的情怀产生共鸣。因此找到能穿越古今的大门就是学习古典诗词的必经之路。诗歌教学中有一种方法叫"知人论世"，顾名思义，"知人论世"

就是"知其人论其世","知其人"是指要对作者有一定了解，如作者经历、身世、思想情绪、写作动机等。而"论其世"指的是要鉴赏一首诗，首先必须对作者所处的时代一定了解。因为上述这些因素都会对作品的情感表达和思想内容造成一定影响。用我们自己的话解释"知人论世"的意思是这样的：我们在欣赏、吟咏古人的诗歌作品时，应该深入探究他们的生平和为人，全面了解他所生活的环境和时代，与作者成为心灵相通的好朋友。

教学《春望》时，首先带领学生回顾杜甫人生成长的几个阶段，了解杜甫一生的艰难的人生追求和情怀，对作者胸有大志、忠心爱国的情怀有个比较全面的立体的了解，再去解读具体诗歌，循着文如其人的轨迹去感受这个真实的、具体的、感人的形象也就顺理成章。其次要抓住"安史之乱"这一重大社会现实，解读创作背景，唐肃宗至德元年八月，杜甫从鄜州前往灵武（现在属宁夏）投奔肃宗，途中为叛军所俘，后困居长安。该诗作于次年三月。这二者之间的联系也就显而易见了，"爱国"与"战乱"就自然而然融合在一起。作为此期间创作的《春望》所表现的强烈的家国情怀和民生情怀就找到了生发的原点。如果再对此期间创作的"三吏""三别"作品课前做一个简单的了解，对"人"与"世"充分的了解，就成功地为《春望》后续的品读鉴赏奠定了方法基础和情感基础。

2. 心有灵犀"情"线牵

紧扣情感，千年情感一线牵，搭建"古""今"沟通的桥梁。

文学的审美特质在于"共鸣"。这是文艺理论中文学接受的高峰之一。文学接受的高峰有：共鸣、净化、领悟、延留。共鸣，原是物理学方面的一个术语，指在不同物体之间，由声波作用引起的共振现象。在文学理论中，共鸣是指读者受到文学作品的影响，产生类似的感情的激荡。有两种情况：一是读者为作品中的思想感情、理想愿望及人物的命运遭际所深深打动，从而形成一种强烈的心理感应状态；二是指不同时代、不同民族、不同身份的读者，在阅读同一作品时，产生大致相同或相近的情绪激动和审美感受现象。我们在教学中追求的共鸣多为第一种情况。

因此上课时教师要放弃传统的初读诗歌整体感知的方式，用经典的配乐朗读引领学生进入《春望》所描述的荒草丛生、昔日繁华殆尽的长安街头，用充沛的情感先入为主、先声夺人带动和调配学生的情感进入诗歌所描绘的具体内容，避开语言的障碍干扰学生情感的投入。然后通过抓诗歌中关键词，如"国、破、春、深"来感受长安都城衰败景象，感受诗人在表达情怀前极力刻画的悲情长安的景象。抓住"感时花溅泪，恨别鸟惊心"的重点句子，品味作者巧妙地借外物来表达内心的独特情怀和笔法，让读者很容易走进作者昔日逍遥于繁华长安今日身陷叛贼手中，看荒草连天繁花落尽的长安的心情与处境；抓住"烽火连三月，家书抵万金"的千古名句，感触安史之乱经年累月中亲人不知何处的悲痛。抓住"白头搔更短，浑欲不胜簪"的句子中"白头""搔""短""不胜"这细节化的动作与状态，去体会作者忧心如焚却又无奈喟叹的心境，仿佛在衰败的长安街头仰天长叹的一位四十出头却头发花白稀疏的战乱的受害者活脱脱地站在了读者眼前，走进了读者心中。这样就一步步达到了"共鸣"的诗词教学的最高境界。但学习并没有因此而结束，紧接着补充了其他的安史之乱期间的作品内容中对民生的关注，经过教师的点拨和师生讨论，学生的理解更深入了，他们看到了《春望》不仅仅是唐王朝衰败的悲歌，更是杜甫为无数战乱中挣扎苟活的民众发出的悲号！

作品中的杜甫不仅仅是站在一个饱受战乱之苦的悲悯者的角度去呼吁，更是抒写了一位饱经战乱之苦却又无法脱身的民众的一员的感同身受，这才是诗歌动人的情感，这才是真实的立体的杜甫。不论古人今人，他们在情感上应该有相通的触点，这种利用作品中的情感因素，点击此触点，就可以把遥远的作者与未来的读者联系起来，穿越古今，真正走进杜甫的家国情怀和民生情怀。从而在共鸣的基础上学生逐步进入净化、领悟、延留的境界。

3.品析诗歌"读"为径

巧用诵读，开辟"读文"到"读人"通道，搭建"古""今"沟通的桥梁。

诗歌的缘起就和诵读密不可分。对于古诗词教学不论传统的还是现代教学都提倡吟咏诵读的教学方式。课标中对阅读的要求是："具有独立阅读的能力，学会运用多种阅读方法。有较为丰富的积累和良好的语感，注重情感体验，发展感受和理解的能力。能阅读日常的书报杂志，能初步鉴赏文学作品，丰富自己的精神世界"。可见阅读教学讲究多方式阅读，以培养良好的语感为目标，所以古典诗词的阅读教学就更离不开读了。

比如教学《春望》，导入新课、"知人论世"环节后，教师利用配乐朗读方式很快把学生带入诗词的情境，然后再用不同侧重点的方式去读中悟、读中品。如围绕"感时花溅泪，恨别鸟惊心"进行重音的诵读训练，由诗的音韵美传达出情感美，更好地感受诗人在作品中所体现出来的忧虑与悲愤。围绕"白头搔更短，浑欲不胜簪"进行语调把握的诵读训练。作为诗歌的结句，学生最容易误设计为低沉悲凉或是激昂悲愤的语调，实际上经过反复训练朗读把握，发现这一联表现了诗人情感的转折——前句中作者将感时、伤世、忧家、悲己的复杂情感都集中融汇在"搔更短"的这一细节中，语调应表现为激越的悲愤，但后句的"不胜簪"三字却透露出诗人对国事、身世、民生的无奈的喟叹，语调应该急转直下显得深沉低回，这样才能把作品的深沉蕴寄予感情的抑扬曲折巧妙地融为一体，让学生真真实实地感受到杜甫诗歌的沉郁顿挫的风格特点。整个诗歌的韵味和意境在边读边品中逐步明晰，最后再借助配乐在前面学习品悟的基础上诵读诗歌，就很容易把朗读的语气语调与作者情感的起伏跌宕叠合在一起，就会置身于诗歌的情境中，自我与作者化为一体，就会让学生头脑中逐渐走进一位自身饱经战乱却心忧家国、黎民的而又无法大济苍生的诗人的悲壮形象，至此我相信学生心目中的千古诗圣，再也不是苍白的、肤浅的那个标签式的杜甫，而是一位能跨越千年、穿越古今、活生生的、立体的、大写的人！

古典诗词浩如烟海，那么古典诗词的教学当然也全非如上所述，但教者不管怎样设计、组织教学，以背景为媒，以读为径，以情为线，在读中悟，在读中品，才能达到作者、读者、教者、学者情感的共鸣，破解时空遗留的密码，跨越古今的"代沟"，让"今人"真正走进"古人"的情怀。

案例六　如何在初中语文教学中弘扬优秀传统文化

近年来，中国传统文化中的国学受到了广泛的关注，掀起了一股"国学热"，其中《三字经》《百家姓》《弟子规》这些优秀古典书籍重新回到了人们的视线当中，语文教学作为和传统文化教育联系最为紧密的学科，其中的古诗词、传统美德故事以及一些名人传记和传统文化渗透有着高度的联系，教师在语文教学中进行传统文化教学，不仅可以深化学生的学习过程，也能够开拓学生的视野，让学生的认知能力得到提升。

一、塑造专业优秀的教师团队

初中阶段的教师在学生心中，有着很高的权威和公信力，因此，教师的一举一动都对学生有着言传身教的作用。想要让学生感受到春雨润物一般的优秀传统文化教育，最好的办法是教师首先能够提高自身的素养。如果教师的举手投足和谈吐中，都能够显示出专业的语文素养以及对中华优秀传统文化的传承，那么学生在教师的耳濡目染下，也必定能够有所进益。因此，在现代初中语文教学当中，把对优秀的传统文化的掌握纳入教师专业素养的考量范围中，打造一支专业且优秀的教师团队尤为重要。

首先，作为语文教师，需要最专业的语文知识和语文素养来支撑，语文作为一门人文学科，它不仅教会学生知识，对学生的人文观念、道德观念和法律观念的成型也有着重要的引导作用。教师自身的正能量及人格魅力，能够在学生当中扩散，引导学生逐渐提高对自身的要求。因此，教师在教学中，需要不断地完善自身的语文素养，提高自身的专业技能。这样才能够通过自身的行为影响和感染学生，为在教学中进行优秀传统文化教育打下坚实的基础。

二、选取优秀的传统文化经典书籍

中国有着上下五千年的悠久历史，有着源远流长的华夏文明，经过几千年的沉淀，已经成为了人类历史宝贵的财富。而传承这些宝贵的精神财富的媒介，就是书籍。在初中教学中，要让学生对优秀传统文化感兴趣，培养学生的对传统文化的热爱之情，教师一定要选择优秀的有深度的传统文化书籍。

例如，教师可以选择《史记》《资治通鉴》《论语》等一些优秀的古文书籍，这些书籍虽然用晦涩的文言文表达，但是其中传达的人文精神，以及对一些客观事实的描写，能够开拓学生的眼界，让学生从另外一个角度认知和了解世界，并且体会到中国传统文化的内涵之美，教师选取这些书籍作为教学内容，不仅可以提升教学的宏观性，与课本做练习做适度的课外拓展，也可以让学生在此过程中不断地获得能力的提升和进步。

三、开展多样化语文教学

在初中阶段的教学中，教师开展优秀传统文化教学要抓住学生的心理特点，初中生已经形成了比较独立的自主意识，对任何事物都充满着好奇心和探索欲，教师要利用学生的这一性格特点，在教学中开展多样化的语文教学。教师可以通过竞赛、游戏、唱歌的方式，在游戏教学中，进行优秀传统文化的渗透，让学生在寓教于乐的过程中，逐渐地掌握优秀传统文化。

教师可以开展有关优秀传统文化的活动。例如开展知识竞赛，让学生学习优秀的古典书籍，通过自主意识去认知传统文化之美，可以模仿古代的礼仪规范以及古人的行为习惯，并且举办知识竞赛，让学生在比赛中交流心得，并且开拓视野。另外，教师也可以将教材当中涉及的一些和中华传统文化有关的内容，进行情境化的还原，让学生根据教材内容自己编排一些有趣的情景剧、小品等，在活动当中进一步加深对中华优秀传统文化的认识，这样可以让学生受到优秀传统文化的熏陶，也能够让学生的知识储备得到进一步的增加和提升。

四、营造良好的学习氛围

传统文化中有一个故事，叫作"孟母三迁"，这个故事告诉了我们，学习的环境对学生学习成果的提升有着双向的作用。为了让学生能够更好地继承优秀的传统文化，深得其中的精髓，教师应该为学生创造一个良好的教育环境。学校走廊上的挂板，校园内的黑板报，以及教室中的图书角，海报悬挂处，都可以展示一些与优秀传统文化有关联的内容，让学生在这种环境中，潜移默化地学习中国优秀传统文化。教师也可以定期组织学生观看一些有关国学的故事、电视节目等，比如中央电视台举办的《中国诗词大会》等，让学生的视野得到开拓，感受中国优秀传统文化的魅力，进而积极地投入其中进行学习。

五、结束语

综上所述，在初中语文教学中进行传统文化教育，需要教师首先加强自身的专业素养，强化自身的专业技能，通过自身的言传身教来影响学生的一举一动，潜移默化地影响学生，让学生逐渐爱上传统文化，并且用多元化的教学手段，让学生逐渐自主去学习传统文化，逐步提高学生的综合素质和道德观念，进而促进初中语文课堂教学的发展和进步。

案例七　浅议特岗教师的教育教学能力提升的途径和策略

当前我区乃至我市教师老龄化现象日趋严重，我校教师平均年龄48岁，我市教师平均年龄44岁。新教师无法补进现有教师队伍，老教师又因为知识结构的老化和学生出现代沟，自我更新意识受到年龄、职业倦怠和社会负面等因素的影响，很难很快适应当前新的形势下的教育教学任务，整体上来看教师行业新老断层的现象产生是不可避免的。虽然每年国家和自治区都安排一些特岗教师走向教育教学岗位，但对于整个的教师队伍现状也只能是杯水车薪，而且教师教育教学能力的提升发展也不是一蹴而就的，需要三至五年的锻炼，当然这还需要教师有主动提升教育教学能力的愿望和行动。新的学期又开始了，我市许多学校都会有新教师走上讲台。我受到学校的委托担任一位特岗教师的辅导教师，我发现教育教学任务对于初来乍到的他们来说的确有些困难，所以眼下必须要尽快提升他们的教育教学教研能力。教学和教研能力是相辅相成的，它也是新课程对所有教师的要求。从我的成长来看，我认为尽快提升教育教学教研能力离不开教育教学理论的学习，更应该倡导以研促教，利用教学研究来加快提升速度，当然我所说的教学研究并不是可望而不可即的，新教师的教学研究有它自己的特点。

一、备课是一种策略研究

新教师缺乏教学经验，因此认真备课、做好教学设计对能否上好课至关重要。学校对新教师的检查，也常常把是否认真备课视为最重要的评价内容。从这个意义上说，备课是一种策略研究或决策研究，需要从以下几个方面去努力。

一要熟知课标。只有了解了课程标准才能把握学科目标，才能使用好教材。

二要熟悉教材。对教材总的框架或编排要认真钻研，这样才能把握好每一堂课的教学目标及重点。对一篇文章的教授，有自己独到的教学方法或作不同的处理在教学中是允许的，但新教师对学科的整体要求还不了解，此时很容易发生偏差并迷失目标。

三要熟悉学生。新教师所任教的课往往是各学段的起始阶段，这里存在着各个学段学生的知识及学习方法衔接的问题，需要引起注意。

四要熟悉教学环境及教学设备。

值得注意的是，科学完备的决策方案应当是开放的，或应预设多种方案。因为课堂随时会发生变化，我们的决策也相应要有一定的应变性。

二、上课是一种临床研究

新教师易出现的问题是：只关注自己的教学，忽视了学生的学习；只关注自己的教学任务是否完成，忽视了教学效果；只会依据计划按部就班地实施，无法按实际情况作相应的调整。

新教师应以研究的姿态从事教学，要多关注一点学生的学习情况，多考虑一点自己的教学在课堂中的实际效果。当自己的教学目标与课堂的实际效果发生偏差时，当课堂气氛变得沉闷或局面失控时，能及时作出判断，调整好自己的教学进度或教学方法。说上课是一种临床研究，就是把上课作为一种富有挑战性、创造性及实验性的事情去做。

三、听课是一种比较研究

几乎所有的学校都十分重视听课对新教师的作用，都不同程度地给新教师下达了听课任务。但新教师听课往往有以下误区：听课仅是为了完成学校所规定的听课任务；听课是为了"克隆"，新教师容易把一些优秀教师的课作为"摹本"原封不动地移植到自己的课上。

为了提高新教师的听课质量，减轻新教师过多听课的负担，我们主张新教师把听课视为一种研究，即对课例的比较研究。新教师在听别人的课时应该有意识地同自己的课进行比较。如听同一年级的课时，新教师要先自己备好课，或提前或推后上此课，再去听优秀教师的课，然后进行比较，分析自己的教学设计同上课教师的课有什么不同。如有差距要找出产生差距的原因，同时也试着分析自己的优势，善于发现自己的闪光点。如听不同年级或不同学科教师的课，要预先了解上课的内容，在头脑中形成一个大致的上课思路，再去听课。听课时一定要做好记录，听课后要同上课教师交换意见，同时可做一些简单的调查，询问学生对这一堂课的反应等。

教学是需要经验的活动，比较式听课可以给新教师提供另一种教学的"样本"及可供学习的经验，从而加速教师成长。

四、评课是一种诊断式研究

听完课就要进行评课。评课是一种诊断式研究，评课者要对所听的课作深入细致及实事求是的分析。这里所讲的新教师的评课有两方面含义：一是新教师的课请老教师或同伴来评点，二是对老教师的课作出评价。

请老教师来评点新教师的课，是每一位新教师的必经之路，因为老教师有丰富的教学经验，新教师必须虚心请教及认真对待。请同伴来听课或对同伴的课进行评点，意义也很大，因为同伴相当于一面镜子，其中能看到自己的影子，能比较容易地发现自己的问题及优势。往往同伴的问题就是自己的问题，而这些问题在自己上课时不易发现。

新教师在听了老教师的课后也要作出评价，并总结出老教师们的优点。听一堂课要有一堂课的收获，听一位教师的课就应"偷"得一点经验。

五、"教后记"是一种反思性研究

教学是一门不乏遗憾的艺术，为了总结教学经验并寻找问题，新教师要做好"教学后记"，以便及时对自己的教学进行反思。

新教师的反思应包括对听课、上课等教学现象及教学事件的反思，反思是在同自己已有的教学思想、教育理念进行比照，没有反思的教育不可能深刻，没有反思的教师不可能成长。

六、读书是更新观念、寻求理论和精神支点的研究

大学教育在一定程度上存在着与基层学校的教学实践相脱节的现象，许多新教师缺少系统的、应用性强的教学理论或观念。读书可以弥补新教师的这一

缺陷，并且随着教学的深入，这种作用将会越来越明显。同时，刚工作的一段时间是新教师感情最丰富、最敏感，精神又较为脆弱的时期，读书能为新教师提供理论和精神支柱。因此，读书不仅是教师的一种基本的学习能力，也应是教师的一种生活态度。

综上所述，我所谈的新教师的教学教研能力的提升就是从教师现有的日常教学生活、教学过程立足，把日常教学当作教学研究的过程和途径，抓住日常教学生活中的成功与失误，勤学、勤思、勤问、勤实践、勤积累，与其被动承受陌生的教学任务带来的压力与失落，不如主动认识理解自己的差距与收获，积少成多，相信三五年后就可在讲坛上游刃有余了。

案例八　对反思性评课的认识

随着新课程改革的推进不断深入，教育工作者对教学的反思认识也越来越深入，教学反思不仅仅是教师对自己教学的反思，更多的是教师间的相互协作式、对照式、论辩式的协作反思，这也体现新课程改革教师间要协作这一基本点，教师间的反思最多地体现在对教师课的评价，这就是我们说的评课，如何评课？这是一个老生常谈的话题，尽管仁者见仁、智者见智，但当我们身处评课现场时，却依然发现是模式化的话语结构——优点加建议。这对上课教师的辛勤付出是一种肯定，但对上课教师实质能力的提高、对其他教师的诊断能力的提升没有起到积极作用。

评课可以说是教学研究中一种重要方式，时程短效果明显。对反思课堂教学，诊断课堂教学，促进课堂教学质量的提升以及对教师立足课堂更好地开展实践研究等方面具有无可替代的价值。所以以实事求是的态度开展评课，以评促研，以研促教，发挥评课实效，是教学研究应追求的目标。作为教学一线的教育实践者研究者，我曾经历了大大小小无数次的评课研讨，其中不少次研讨对自己受益匪浅。但总发现评课总有些许不尽如人意的方面，要么只谈教师的教，要么只说学生的学，要么教和学杂乱无章混杂不清。其实这些评课方式归结起来就三个角度："以学为本""以教为本""教学混同"。那么评课到底是评教还是评学？我认为评课应当讲究全面诊断，评教评学双管齐下又要有所侧重相互兼顾对照。因为教师授课的过程是：备课—上课—反思。备课不仅是对教材的一个全面把握，还应注意全面地去分析学生，分析课堂即时生成的现象。上课也不仅是对教学预设的演示，还应当注意实时实地因人因地地调控，让教学预设与课堂实际相和谐。而反思就是对备课和上课的情况的全面的分析测量对照，但不能以定论的方式下死结论。因为评课是为了诊断教学促进提升，而不是下结论、扣帽子。

学生是课堂的主人，教学的对象是学生，所以课堂教学的反思性评价首先应着眼于学生。从学生的角度去分析教师的教、学生的学，具体来说，就是从学生发展的角度，学生的课堂表现，同教师课前的教学预设即教学设计，课堂教学情况，包括一些课堂"偶发事件"处理和课堂即时的生成性资源，进行对照性前瞻性的论辩反思，用学生的学检验教师的教，改进教师的教，促进师生教学相长。具体的操作从以下四个方面进行阐述：

一、评价学生的学习状态

反思教学预设是否面向全体学生，激发学生学习欲望。课堂学生学习主动性的高低，直接影响着学生学习的实际效果。课堂上学生兴味盎然，思维活跃，积极地参与学习，读写议说，大胆地展示，有效地互动，这些课堂中我们期待的学习状态，源自教师从学生角度进行思考的教学预想。教师的备课不但要备教材，更要备学生，想学生之所想，想学生之所需，方法的选择、策略的整合，教学过程的设计等都应是从学生的角度着眼，不为哗众取宠，吸引人的眼球，悦人之耳目；不为教师个人个性挥洒，展示自身精彩，而是为促进学生的学习考虑。所以在进行协作性反思时，首先要从学生的课堂表现来观察测量教师教学预设的成功与否，再先进的理念，再精致的教学流程，如果课堂学生表现平平，课堂沉闷，见不到学生的精彩投入，这样的课堂教学绝不会是成功的课堂。只有从学生的实际需要出发，我们的教学预设才能除去浮华，回归真实。

二、评价学生的学习实效

反思教学过程是否为了全体学生的发展提高。我们课堂教学的本位、目标就是追求课堂实效，即学生通过这堂课的学习，达成哪些目标，实现形成学生、社会当前乃至将来发展所必需的能力、知识技能、情感态度价值观。而这些目标就是教师在教学预设中要结合教材特点知识体系，学生特点知识体系、将来的发展需要，课堂即时情况预测，社会特点和社会发展所需通过教师的教学行为、学生的学习行为必须达成的。所以课堂学习实效的测评就是要针对以上目标在本节课中的达成实现情况做一个全面的分析。针对性、对照性分析便是最合适不过了，任何单方面的评价分析测量都是无凭无据的空对空。必须以课堂教学过程和课堂主体全体学生预设目标的达成度作为研究对象，实事求是科学分析，才能客观、公正、科学地对教师课堂效果有一个全面的认识。但是评价课堂主体的发展时，不能忘了学生的发展情况是不一致的，所以评价还得坚持分层次的原则。切忌"一刀切"地分析，杜绝以点带面的片面性测量。

三、评价学生的学习方式

反思教学过程中教师的教学引导是否是授之以渔，学生的学习过程是否是自主、合作、探究的模式。新课程改革最大的亮点便是改变学习方式，学习方式是一个民族发展必须的行为方式，是一个人发展的必须的行为方式，传统教学"注入式"的教学方式，促成了人的传统的被动的学习方式。鲁迅的著作中不乏尖锐的批判与揭露，然鲁迅的时代到现在接近百年，认识到位了，但行为没有到位。本次改革从本质上、行为上、思想上提出明确了改革方向。改变学习方式，改变教学行为，改变教学理念成了本次改革的关键。学生是有待点燃的火把，不是有待填满的容器。让学生能够从被动的接受走向自主的学习，关键在于学习方式方法的掌握。自主、合作、探究的学习方式本身就是学习方法。具体如何进行还需要教师的引导，在这种引导中不断强化这种学习方式和思维，内化成为学习习惯学习能力。授之以渔远比授之以鱼重要，即怎样学习比学习什么更为重要。因此评价课堂教学要特别关注教师的教学过程中教学行为能否从培养指导学生形成自主合作探究的学习习惯、学习能力入手。"教就是为了不教"，就已经告诉我们教学的最终目标。学生学会学习是保证人的将来不断进步发展，从而促进社会不断发展的必须能力。有了自主的能力才有可能产生自主精神、自主思维、创新能力，不会人云亦云。一个自主的民族、创新的民族才是一个充满活力的民族。

四、评价学生学习时间

反思教学过程中学生是否是学习的主体。课堂是讲堂，但更应当是学堂，是学生学习的天堂，是学生放飞自我、展示个性、不断成长的特定时空。课堂的主人是学生，学习的主体是学生。以生为本，这才是课堂教学的本质。怎样的课堂才是以生为本的课堂，其中一个很外在的表现便是学生在课堂上的实际学习时间、活动时间。

　　坚持评教评学相互兼顾、相互对照而又有所侧重的课堂教学评价行为，避免了前文所谈到的评价"重教、重学"的现象，才真正体现了教和学相互依从的观点，教师的教是为了学生的学，学生的学又能促进教师的教。这样在教学中才真正体现教学相长的原则。这样的评课行为才能杜绝给讲课老师的课定性的弊端，回归评价课堂教学是为了诊断教学，促进课堂教学质量的提高，促进教师教学能力的提升的本质。

案例九　搭建信息技术平台提升语文综合性学习效能

一、信息技术教育与综合实践活动整合的背景

《语文课程标准》明确指出："语文综合性学习有利于学生在感兴趣的自主活动中全面提高语文素养，是培养学生主动探究、团结合作、勇于创新精神的重要途径，应该积极提倡"。现代社会要求公民具备良好的人文素养和科学素养，具备创新精神、合作意识和开放的视野以及运用现代技术收集和处理信息的能力。

信息技术的飞速发展，丰富多彩的网络资源又为我们开展语文综合性学习提供了优越的条件。教育部关于中小学校园网建设的指导意见，指出："校园网在教学过程中合理有效地应用，不仅可以改变传统的教学模式、教学方法、教学手段，而且将会促进教育观念、教学思想的转变"。网络教学以强大的信息功能、便捷互动的沟通方式为自主、合作、探究的学习形式提供了便利的条件。学生借助网络的功能，共享资源、交流信息、互动互学。这样，无形中就扩大了综合性学习的时间与空间，提高学习的质量。网络按超文本、超链接方式组织管理学科知识和各种教学信息，按这种方式组织建构的知识库、信息库浩如烟海，并已成为世界上最大的信息资源，这为综合性学习的成功开展奠定了坚实的基础。

把信息技术教育与综合性学习实践活动融为一体，整合优质教育资源，把信息技术作为促进学生获取信息、探索问题、协作讨论、解决问题、自主学习和构建知识的认知工具与情感激励工具，促进信息技术教育与综合实践活动同步发展，提高教与学的效率，改善教与学的效果，促进传统的教学结构与教学

模式的根本改变，从而达到培养学生创新精神与实践能力的目的已成为当前教育的重中之重。

二、信息技术教育与综合实践活动整合的主要特征

1. 开放性

信息技术教育与综合实践活动的整合的开放性，集中体现在学习内容、学习过程和学习时间的开放。综合实践活动的学习内容是多方面的，有来自学科知识的巩固、运用和验证的学习，也有来自学生兴趣、爱好、特长的学习，还有来自社会问题和学校常规教育等方面的学习，充分满足了学生的各种需要。学习内容的开放，使得学习过程和学习时间的开放成为可能，学生可以依据自己的兴趣和爱好，按自己的学习需要、学习速度和计划，适时地选择参与学习的时间，进行自主的、个性化的，跨时空、超链接的学习。

2. 自主性

信息技术教育与综合实践活动的整合的自主性，主要是强调学生动手动脑的实践过程，它不能依靠教师传授知识和技能，而是强调学生自主学习的行为与过程。当前教学中学生学习方式基本上是接受性学习，这种学习方式适用于事实性知识、技能性知识、规律性知识掌握，但对于策略知识、价值、态度和情感类知识的学习往往不能奏效，这些知识的学习只有通过创设类似科学研究的情境，让学生自主地探究、实践、发展和体验，从而培养学生的科学精神、创新思维以及分析问题、解决问题的实验能力。

3. 协作互动性

信息技术教育与综合实践活动的整合的协作性，是学生个体的学习迫切需要小组讨论、交流和协商，进行互相学习、师生互动、生生合作、校校合作和情感交流。充分发挥小组、班级、学校、身边的人群以及互联网上的力量，从而得到团队成员的帮助和启发，进行问题的研究和任务实践，共同参与完成学习任务。

4. 探究性

综合实践活动以问题学习为载体，整体课程主要围绕着问题的提出和解决来组织学生的学习活动。问题的产生，可以是由老师根据学生实际情况，提出学生感兴趣、有意义的问题，也可以由学生自己提出问题。教师提出问题的

优势在于问题比较成熟，理性程度高，不确定因素相对较少，较容易指导，学生的想象力、兴趣和特长发挥受到一定局限性。学生根据自己的兴趣爱好，提出他们所关注的问题，这样更能激发学生的创造力，发掘其潜力。这种模式增加了课程实施中的大量不确定因素，给教师提出了更新的挑战，特别对教师的教学智慧提出了更高要求。问题提出后，要解决问题，就需要主动探究，学生利用网络丰富的信息资源，通过各种方式，各种途径，各种真实生动的学习情境，不断收集捕捉处理信息，从而达到问题的解决。

5. 体验性

信息技术教育与综合实践活动的整合的体验性，它强调理论与社会实践、科学与生活实际的联系，关注学生身边的环境问题、现代生活问题、社会发展问题、成长问题，要求学生在实施过程中，亲身体验，亲自实践，自主活动。并需要学生具有一定的组织策划能力，能与人合作、交往；具有分析问题、解决问题的能力；具有收集和处理信息的能力以及语言、文字表达的能力；具有责任感和意志力等素质。使他们通过亲自经历体验、实际操作与活动实践来获得探究问题、与人交往的能力，以及正确的情感、态度与价值观。

信息技术教育与综合实践活动的整合的开放性、自主性、协作互动性、探究性、体验性，充分显示出其强大的生命力，体现出现代教育的特点，弥补了传统教学的不足。

三、信息技术教育与综合实践活动整合的依据和实施策略

1. 协作学习

处于相互作用这一情境中的人或集体，其中一方一旦达到目标，同时也会助长他方达到目标，这种相互依存的助长关系，一般被称为"协作"。在学习中采用这一理念构建学习活动的形式，就是协作学习。利用网络信息技术实施的综合性学习就是依据于此。

2. 基于网络的共同学习

创建综合实践活动网络平台，是实现信息技术教育与综合实践活动整合的重要条件。在校园网上创建综合实践活动的主题网站，便于师生随时了解综合实践活动的程序，及时查阅相关材料，经常性地建立研究性的档案，并开辟生生之间、师生之间交流和互访的园地。更重要的是，为综合实践活动搭建了一

个网络平台，为综合实践活动提供了一个优良的信息化环境。网络平台包括适度组织的信息资源、互动共享的智慧资源、构建开放学习社区、记录过程性学习活动的网络档案袋、便捷有效的教学管理，实现动态学习的物质保障和支持平台。

3. 基于网络的校际交流学习

依托网络以相互介绍展示呈现评价自己小组班级和学校学习过程、学习成果为主的远距离学习就是基于网络的校际交流学习。

4. 基于网络的校际协作学习

利用互联网开展校际共同的主题学习活动，并关注在不同学校间学习的差异性，并相互利用这一差异开展学习，由此加深对补足知识的深化理解和相互认识，并开展共同的调查研究或作品创作，以及开展社会实践活动这一形式的学习。在具有这种特征的学习活动中，参加学习的伙伴之间表现出一种相互协调、互相补充和合作的关系，由此一般称为基于网络的校际协作学习。

四、信息技术教育与综合实践活动的整合促进学习方式的改变

（一）利用网络，开展自主性学习

新课程标准指出："要引导学生积极主动地参与学习过程每一个环节的设计"。以学生为中心的教学模式，是进入九十年代以后随着多媒体和网络技术的日益普及（特别是基于Internet的教育网络的广泛应用），才逐渐发展起来的。在这个大形势之下，《全日制义务教育语文课程标准（实验稿）》指出："学生是学习和发展的主体。语文综合性学习有利于学生在感兴趣的自主活动中全面提高语文素养，是培养学生主动探究、团结合作、勇于创新精神的重要途径。""综合性学习应突出学生的自主性，重视学生主动积极地参与精神，主要由学生自行设计和组织活动，特别注重探索和研究的过程。"课本中的综合性学习的设计，只是提供一种具有开放性、选择性的范例。学生根据自身的实际情况对活动的方式、学习的内容可以进行改造、变通、拓展和完善。可见，在网络环境下的综合性学习更强调学生是学习的主人，是学习中的实践者、探索者。

（二）利用网络开展探究性学习

探究性学习是一种积极的学习过程，主要指的是学生在仿照科学研究的

学习过程中，亲自去发现问题、解决问题，并且在探究的过程中获取知识，发展技能，培养能力，特别是创新能力，同时受到科学方法、精神、价值观的教育，发展自己的个性。探究性学习关注的是学习内容的丰富性和探究方法的多样性，强调学生学会收集、分析、归纳、整理资料，学会处理反馈信息，更加注重研究过程，重视应用和个体的体验及全员参与，以培养学生的研究能力、创新能力、人际交往能力、独立思考和解决问题的能力以及动手操作能力为目标。

在探究性学习中应用网络技术，可以为学生提供丰富的学习资源、有效的学习工具、多种学习途径和生动真实的学习情境。探究性学习需要集约丰富的信息资源。大量的信息资讯是引起探究性学习的基本动力所在。在学习过程中，伴随着情境性问题的产生与课题研究的不断深入，需要了解各种不同的具体信息。这些信息不可能预先准备，甚至对学习者来说会十分陌生，需要学习者通过各种途径尽快搜寻到与解决问题相关的信息。而网络则为我们提供了大量的信息资源。为了便于学生查找资料，我在每一次开展综合性学习活动时都会向学生推荐一些相应的网站。

利用网络提供的各种沟通、协作工具，我们还可以通过BBS讨论区，进一步引导学生围绕当前学习的问题进行讨论交流，各自形成自己的判断，表达自己对问题的理解以及解决问题的不同思路，相互分享各自的想法，相互解疑、争辩和评价，相互协作解决各种问题。这种交流合作可以丰富学习者的理解，同时也会引发他们对各种理解的批判性评价以及对自己原有想法的进一步反思。

传统的教学模式只能提供单一的教师与单一班级的学生之间的交流途径，缺乏在不同教师与不同学生之间以及不同教师之间开展交流的机制。探究性学习的综合性和开放性使得教师难以对这么广泛的问题做全面的解答，也很难在同一时间、同一地点召集不同班级的学生进行集中解答，更不可能随时随地提出问题和交流讨论，而且因为受时间限制，也不可能对有关问题进行深入的讨论和及时的交流。网络却能通过BBS、主题论坛，以发帖、电子邮件等形式，为师生的交流讨论提供一个理想的环境，使参与信息交流的人员更加广泛，参与交流更加方便，信息反馈更加及时。

（三）利用网络开展合作性（互动）学习

"你有一个苹果，我有一个苹果，大家交换了还是一个苹果；我有一种思想，你有一种思想，大家交换了就有两种思想"。综合性学习可通过信息技术的使用，记录展示其学习过程与学习成果。在学习过程、成果的交流与展示中，激发其思维的火花，开启其知识的大门，达到互助、互补、互动、互相提高。利用信息技术记录展示学习过程成果往往具有信息量大，生动、形象、具体、直观、灵活、便于理解、全程跟踪、易于评价等特点。如综合性学习活动《黄河，母亲河》《探索月球的奥秘》《戏曲大舞台》《说不尽的桥》等，图片、音乐、视频、文字的介入更易让学生入情入境，进入特定的情境中去，获得独特体验。此外，学习成果的展示有利于促进师生互动、校校互动。教师、学生、个人一方收集到的资料，掌握的知识毕竟有限，利用网络同题同类活动资料往往更精彩，更丰富。学生的思维更活跃，触觉更敏锐。在综合性学习中教师可真正实现角色的转变，成为课堂的组织者、引导者、学习者。让学生自主地实施学习过程，展示学习成果，教师仅作小结引导评价作用。且学生的学习成果（包括网络上的）往往对教师有启发的作用，可促使教师更深入地对学生进行引导。真正实现师生互动、教学相长。

五、信息技术教育与综合实践活动的整合的综合性学习形式

（一）建设学校网上文学社

心理学家认为：人与生俱来就有一种积极的自我表现的欲望，把自己的成绩、智慧展示于众人面前，赢得他人的尊重，享受精神的满足。这是人类事业取得成功的内在机制。根据这一心理，我们学校依托网络，成立了学习社区，开辟了网上"文学社——馨竹艺苑"，这既能对学生的习作进行网上辅导，更为学生的习作提供了发表的园地。网上"文学社"开辟"智慧乐园""我的作文""佳作赏析""馨竹文集""友情加入"栏目。"智慧乐园"是学生创作的天地，有智力大冲浪、成语俗语歇后语、古诗美文欣赏等栏目，让学生在创作、欣赏、评价、积累、参与中提高自己的文学修养。"我的作文"即时发布学生的作文，让学生有一个展示自我的天地。学生只要把自己的习作输入电脑，进入"我的作文"主页，点击"发表新文章"，即可把自己的习作发表在网上，供本校师生、家长，甚至于世界各地的人阅读。如果你想与网上作文的主人交流，只要点击作文下面的"评评文章"栏目就可以发表你的意见，也可以发表你的同题作文与他比一比。同时，电脑自动对你发表的作文进行星级评分，评出每周的写作之星。"佳作赏析"是作文在线指导的主阵地。教师或家

长都可以从"我的作文"栏目上发表的习作中选择佳作粘贴到此栏目，进行在线点评，实实在在地指导学生写作。"馨竹文集"集中展示我们学校各类征文的获奖作文以及馨竹文学社学生的作文，供其他学生欣赏、示范。"友情加入"可邀请其他读者加入该社，互动参与。

（二）建设网上语文综合性学习社区

生活的范围有多大，学习语文的范围就有多大。充分利用广阔的语文环境，引导学生在生活中学习语文，并把语文学习的成果运用于生活实践，更好地沟通语文与生活的联系是提高语文教学质量的重要途径。

如在校园网上建立班级年级网站，记录展示综合性学习开展情况、成果积累、资料信息库、学习心得、我的故事等栏目。他们会自觉地利用各种形式在网页上交流。孩子们在每天的阅读交流中，积累了语言，学习了知识，提高了能力，充实了生活，也陶冶了心灵，拓展了视野。学生真正地在生活中一点一滴地学语文用语文。

（三）建设学生个人的语文学习专题网站网页

组织学生进行专题研究，上网收集有关语文学习的专题资料，编辑专题语文学习网站。如"古诗网""谜语网""文学网""写作网""历史长河网""语文图片、音视频资料库"等具有一定专业水准的网页。久而久之，这将成为一笔可观的语文财富。这些学生也将成某一方面的专家，他们的语文综合能力、社会实践能力在这里得到飞速发展。

（四）建设网上"名师导游工作室"

社会是最好最大的课堂，学习是为了将来更好地走向社会、融入社会、改造社会、发展社会，依托网络可更好地开发社会和社区教育资源，诚聘社会名家名师参与。引导指点学生的学习生活、人生成长、步入社会、心理咨询等方面的内容，以互动社区形式进行。

六、信息技术教育与综合实践活动的整合要注意构建合理的动态评价体系

评价渗透于综合实践活动的每一个环节，它是提高综合实践活动的有效性，确保学习质量的一种主要策略和机制。综合实践活动不仅重视学习结果的评价，而且重视过程的评价，重视学生在学习过程中的自我评价和相互评价。

因此，评价者可以是教师，可以是学生，可以是家长，可以是社会力量。在整个活动中，要充分考虑信息技术课程的本质特征和具体实际，把评价重点放在创新上。即使研究结果在科学知识上存在缺陷，但如果思路、方法有独到之处，也要给予肯定。在评估中要突出学生之间的协作意识，利用正确的评估导向指引和培养学生的社会性意识，使其自然地形成道德规范。

信息技术在教育领域的广泛深入应用，引起了教育观念、教学方式、学习方式、师生互动方式的深刻变革，同时也引导着课程形态逐步向综合化的方向发展，符合教育的发展要求。强化信息技术教育与综合实践活动的整合，它必然会对综合实践活动课程的开展产生积极和深远的影响。

案例十 以"实"落实,以"情"育情

—— 写在"回归本真语文,构建充满活力的课堂"语文研讨会之后

今天我们研讨的主题是"回归本真语文,构建充满活力的课堂",选择这样一个主题是有原因的。新课程改革风风雨雨十几载,我们经历了风雨不动安如山的抗拒;雾里看花水中望月的迷茫;鹦鹉学舌摸着石头过河的行动;众里寻他千百度。蓦然回首,那人却在,灯火阑珊处的逐渐明晰的探索过程。这个过程就是一种纠偏务正的探索过程。回归本真语文,做的就是这个"事"。

一、什么是"本真语文"

我想从另一个面谈谈我的认识,也就是通过谈谈逆语文现象来解读它:这逆语文现象即语文失真、失味、失质三种现象,失真即语文教学中的"虚""闹""杂""碎""偏""秀"的现象。失味即脱离文本的语言深度品味咀嚼现象。失质即偏废语文性质工具性人文性统一的现象。语文教学的八个"多与少"的问题即:拓展延伸多,潜心会文少;空泛的表演多,扎实的训练少;虚假的合作探究多,入文入情的朗读品味少;异口同声的标准答案多,各抒己见的创新和个性体验少;海阔天空的讲解多,因材施教的点拨少;急于求成的模式多,独立个性的思考少;声影并茂的华丽媒体介入的多,朴实扎实的品味涵泳少。杜绝以上几类情况的语文教学应该就是本真语文的正道,这里我借用语文教育家杨再随教授的话从教师的角度来界定一下本真语文,"平平淡淡教语文,简简单单教语文,扎扎实实教语文、轻轻松松教语文"。

185

二、什么是活力课堂

对教师而言，语文教学不仅是激情四射，更应该深情脉脉；对学生而言，学生必须达到：入文——进入文本；入情——投入感情；入心——入作者心——走近作者；入读者心——回归自我的境界；对整个课堂而言，课堂必须是生成性课堂，教师处理好预设与生成的问题；学生要有知识技能、情感态度、价值观的生成，文本的外延有所扩大延伸等。我们工作室倡导的实践"零距离语文"也是基于此而提出的。这次的活动就是对零距离语文：与文本零距离；与学生零距离；与信息技术零距离这个构想的实践与研讨。

三、从《项脊轩志》这个课例来看

（一）教师对文本的解读落的实

突出文本抒情性强这一特点，重点解读作者归有光在文本中寄予的悲和喜情感，以及作者如何把这种情感用文字表达出来。突出细节传情这一教学重点教材重点。抓住文本的线索"多可喜，亦多可悲"，以"一轩寄两情写三位亲人事用四种方法来托起"为设计思路，项脊轩寄托作者悲喜之情，回忆母亲祖母妻子三位亲人的故事，用巧妙的结构关乎情，用细腻的如临其境的细节渲染情，用质朴的语言表述情，用形象生动的叠词铺垫情，这种解读很巧妙地厘清和简化文本，使文本脉络清晰，课堂设计脉络清晰。

（二）教师设计教学过程落的实

教学过程实际上主要体现的是教师如何使用教材的过程。

1. 教师教学的"引"与"结"落的实

导语的设计：引用白居易的话："感人心者，莫先乎情。"只有饱含真情的作品才能打动人心，然后用史铁生的母亲，朱自清的父亲，李密祖孙二人的感人亲情来调动学生的知识积累为下文的情感体验做铺垫。在导语的引导下，学生很快就进入了教学情境，而且这堂课的指向性和目标非常清晰了，针对性强、情境性强的导语可以让学生顺其道而行之。

结束语分两部分设计，结语一：项脊轩，作为一处心灵憩息的家园；承载了两种悲喜交加的情感，见证了三世家道中落的变迁，记录了三个刻骨铭心的女人。几多憧憬几春秋，一度思亲一怆然。

正所谓：方丈小屋，寄人心头悲喜；八尺枇杷，寓人身后忧愁。

这个结语不仅是对文本内容和写法的小结，更应该是对作者情感的总结，是对学生走进作者内心感知作者情感的总结。经典而又文化气息浓厚的结语未尝不是对学生语文文化素养的熏陶渐染。可以说结语不仅是课堂环节的一个组成部分，而且也是语文教学教育的一部分。

结语二：可见生活中我们并不缺少爱，只是缺少一颗体验爱的心，希望同学们珍视亲情、关爱亲人，不要让爱都成往事再去追忆。让学生体验教材，回归生活。这个结语是在学生由文本阅读到课堂训练的总结。是学生从进入文本到走出文本的总结，是学生由源于文本的学到应用文本的实践的总结。是由文本到生活的总结。既是这节语文课的结束，也是学生新生活的新视野的开始。为学生种下生活的希望的种子。

2. 教法设计运用落的实

语文教学方法多样、模式多样，但经过课改洪流的大浪淘沙，到今天为止，朗读教学是语文教学最好的最有效的方法，没有朗读品味涵泳的讲解分析可能会很快地指向本课的目标，教师把课文条分缕析，弄得支离破碎，把语文课上成了纯粹的工具训练课，语文课堂上没有思想的碰撞、心灵的触动、情感的陶冶、审美的熏陶，一节语文课讲下来，锻炼了老师，耽误了学生。语文课堂少不了品读、感悟、玩味、思考、交流、涵泳。语文课"心动"比"形动"更为重要，有时"沉静"比"活跃"更有效。还有见问题就讨论，动不动就合作的语文课堂只能是华而不实的泡沫语文课。这节课教师把文本学习的权力回归学生，学生在读中悟、读中思，真正让学生心动起来，情撩起来，与作者交流，与心灵互动，教师则适度地点拨参与互动，课堂上看不到轰轰烈烈激情澎湃的讲演，只有学生感悟思考交流，"无媒体之乱耳，无讲解之劳形"。

3. 拓展延伸落的实

拓展延伸是语文教学不可或缺的组成部分，我们有一个错误的共识，这个环节应该在文本学习结束后。实际上一节语文课处处以文本为本，处处又超越文本，就本节课而言，导入新课里白居易的话，史铁生的母亲，朱自清的父亲，李密祖孙二人的感人亲情等都是拓展，教学文本的过程中几次引用经典诗文名句，恰到好处地或点评或概括或点拨。例如，学生赏析了文尾"庭有琵琶树，吾妻死之年所手植也，今已亭亭如盖矣。"教师如此点评：树长，人亡！

物是，人非！睹物思人，情何以堪！

崔护曾经写过的一句："人面不知何处去，桃花依旧笑春风。"联想起苏轼的悼亡妻词作《江城子》："十年生死两茫茫，不思量，自难忘。千里孤坟，无处话凄凉……"我们不难从苏轼对亡妻的深切思念中想象出归有光的泪流满面、情难自已。料得年年肠断处，明月夜、枇杷树。这亭亭的枇杷树，怎一个悲字了得？不言情而情无限，言有尽而意无穷。此段点评化用了崔护、苏轼、李清照等人的名句，收到了言简意赅的作用，诗化了语言，阐明了意境，拓宽了视野，升华了主旨，感染了课堂！例如，讲完悲喜之情的内容后，又用对联作结。

《项脊轩志》如此深切感人，读来让人唏嘘不已。书海啸歌、庭阶寂静、桂影斑驳，几多憧憬几春秋；老妪追怀、祖母殷望、妻子相敬，一度思亲一怆然。轻轻掩上书卷，四百多年前的归有光，在怀念三代亲人时那热泪盈眶、柔肠寸断的情状历历在目！对联的运用既概括文章内容，又诗化了课堂。这些都是拓展延伸，妙语连珠，既是对文本的深入解读的旁征博引，更是对学生文化视野的开阔，这才能体现语文课的宽度和深度，这才能让学生不陷入"有知识没文化"的境地。最后的练笔更是对文本写法的延伸和举一反三的训练。让阅读和写作联系起来，读写不分家江山各半壁落到实处。

4. 教学结构安排落的实

先整体感知。用巧妙地导入为后文学习做铺垫。然后用一个主问题"围绕一间书屋，抒发两种感情，感怀三位亲人"。请问是哪两种感情？哪三位亲人？一间小屋（项脊轩）两种情感（多可喜，多可悲）三个女人（先妣、大母、吾妻）然予居于此多可喜，亦多可悲。这句话在文中的作用？（承上启下线索）学生通过思考这个问题就能够理清作者的写作思路，并明确本文是一篇托物抒情的散文，项脊轩引发文中的"喜"和"悲"两种感情，为下一步鉴赏指出了方向。其次进入文本的品读。通过多种形式的读，解决文本表面问题"喜从何来？悲在何处？"提取文本信息。并为后面品味这悲喜之情如何表达做铺垫。经过师生互动、生生互动、文本与师生的互动解决情之表现手法后，自然而然进入下一个环节，学以致用。通过写生活中人和事的练笔达到阅读与写作互通共赢的目的。可以说每个环节是环环相扣，前者是后者的铺垫。

5. 文本情感把握落的实

此文本是一篇以情制胜的文章，教学此类文章师生都游离于文本情感之外是大忌。凡流传度广的文本皆是至情之文。作为文言文如果只停留在文字层面、文言知识层面，那学生将失掉对经典的品味，这样学生怎能不厌恶、惧怕文言文的教学呢？这篇文章我们初读之后是没有办法感知到，必须要深度品味，因为作为抒情性强的文本只有一二句直接表达情感的句子，其他句子多为描写回忆叙述类句子，归有光复杂的情感融于叙事描写之中，教师的任务就是引导学生去从朴实的文句中提炼、揣摩作者的情感，因此教师导入在这节课的成败上有着举足轻重的作用。

教师以白居易的话"感人心者，莫先乎情"作为引语，然后用史铁生的母亲，朱自清的父亲，李密祖孙二人的感人亲情来调动学生的知识积累为下文的情感体验做铺垫。这种以情引情的做法是有效的。以这些情寓其中的材料为学生学习文本既做了情感上的铺垫又做了技术上的暗示，可谓一石二鸟。对文本解读的过程中，教师采用以读代讲的方式，让学生在自我的朗读阅读中自我感悟品味涵泳，尊重学生的阅读体验，加上教师开合有度入情入理的点拨点评，在学生、老师、文本之间的亲密接触之中，文本中的感情自然而然与学生的情感体验交流碰撞。实现了学生走进文本走进作者心灵的阅读境界。最后小练笔的环节则是教师引导学生从文本中走出来的提升环节，运用所学情感表达技巧和前面积累的情感体验从文本到自己的生活中来，书写自己的生活，能为学生的精神情怀打一些底子，面对当今喧嚣的社会、浮躁的心灵、错位的亲情，未尝不是一处绿荫、一泓甘泉、一杯香茗，虽然他只是杯水车薪，但如果课课如此，相信语文教学能为学生形成正确的世界观、人生观、价值观，形成良好个性、健全人格打下基础，为学生的全面发展和终身发展打下基础。这就是我们教学语文的终结目的。

案例十一　例说从教育信息化1.0到教育信息化2.0的变革

——基于宁夏教育资源公共服务平台下的教学教研的深度融合的思考

一、案例背景

1. 教育信息化1.0时期（2000—2016年）

阶段一：建设驱动时期（2000—2010年）

2000—2010年，我校相继召开了全国中小学信息技术教育工作会议、农村工作会议等重要会议，颁布了《关于在中小学实施"校校通"工程的通知》《2003—2007年教育振兴行动计划》《中小学教师教育技术能力标准（试行）》等相关文件，就普及信息技术教育，全面实施中小学"校校通"工程，促进信息技术与学科课程的整合，实施农村中小学现代远程教育工程，加快教育信息化基础设施、教育信息资源建设和人才培养，提升中小学教师信息技术能力等方面提出了新要求。这一阶段，教育信息化建设受到充分重视，通过"校校通"工程、"农远工程"等项目推动，迎来了信息化建设的大潮，信息化事业得到了迅速发展，信息化基础设施逐渐建成，数字化教育资源得到丰富，中小学教师信息技术能力逐步提升，逐渐形成了具有中国特色的教育信息化理论，例如"双主体"教学理论、"学教并重"教学设计理论等，为今后教育信息化的发展提供了基础保障。

阶段二：应用驱动发展期（2010—2016年）

2010—2016年，我校相继召开了两次全国教育信息化工作电视电话会议，分别指出要"进行三通两平台建设""强化深度应用、融合创新，大力提升教育信息化在推进教育公平、提高教育质量中的效能"。国家相继颁布了《国家中长期教育改革和发展规划纲要（2010—2020年）》《教育信息化十年发展规划（2011—2020年）》《教育信息化"十三五"规划》等文件，提出"信息技术对教育发展具有革命性影响""坚持一个理念两个方针""提升教师信息技术应用能力""充分发挥信息技术对教育的革命性影响作用，基本建成与国家教育现代化发展目标相适应的教育信息化"等理念和要求。

2014年，"一师一优课，一课一名师"活动在全国范围内展开，以推动信息技术与教育教学深度融合，提升教育质量。2015年，在青岛召开的国际教育信息化大会，我们分享了教育信息化的成功经验。

2010年以来，教育信息化在教育改革发展全局中的战略地位和作用基本确立，各项重点工作取得明显进展，教育信息化逐渐实现从建设转向深度融合。"信息技术与教育教学的深度融合"成为共识；"三通两平台"的建设取得巨大成就，全国90%的中小学连接了互联网，83%的教室是多媒体教室，师生网络学习空间达6 300多万个，基于网络进行教与学的环境逐渐建成；数字化教育资源得到极大丰富，例如，"一师一优课，一课一名师"活动参与教师超过1 400万人次，形成1 300万堂优课资源；教师信息技术应用能力得到充分重视，近1 000万名中小学教师得到培训。

2. 教育信息化2.0时期（2017年至今）

2017年，党的十九大报告中明确提出"办好网络教育"。2018年，《教育信息化2.0行动计划》提出到2022年基本实现"三全两高一大"的发展目标。2019年颁布的《中国教育现代化2035》的第八项战略任务便是"加快信息化时代教育变革"。2018年，《高等学校人工智能创新行动计划》为进一步提升高校人工智能领域科技创新、人才培养和服务国家需求的能力提供了指导。2019年，《教育部关于实施全国中小学教师信息技术应用能力提升工程2.0的意见》提出基本实现"三提升一全面"的总体发展目标。2019年，教育部等十一部门《关于促进在线教育健康发展的指导意见》为促进在线教育健康、规范、有序发展提供了指导。

这一阶段的信息化已经成为教育变革的内生变量，融合创新、智能引领是其主要特征。这个时期要力争实现"三个转变"：从教育专用资源向教育大资源转变，从提升师生信息技术应用能力向提升其信息素养转变，从融合应用发展向创新发展转变。

二、信息化1.0和2.0的区别与特征

教育信息化2.0是教育信息化发展到一定阶段的产物，可从三个维度来理解：一是基于时间维度的表象概念，将改革开放至2017年的教育信息化称为1.0时代，将开启新时代的教育信息化称为2.0时代。二是基于目标维度的内涵概念，教育信息化2.0是整个教育生态的重构，通过颠覆性地改变传统的教育模式和方法，最终致力于实现教育的现代化。三是基于教育变革维度的实践概念，包括探索基于信息技术的教学新模式、发展基于互联网的教育服务新模式、探索信息化时代的教育治理新模式三个转变。

如果教育信息化1.0是引入外部变量，那么2.0就是要把外生变量转化成内生变量，具体为实现从专用资源向大资源转变；从提升学生信息技术应用能力向提升信息技术素养转变；从应用融合发展向创新融合发展转变。

教育信息化2.0将呈现以下五大特征：

第一，教育信息化2.0将更以"体验"为依归。"体验"是"人"的体验，以往的教育信息化建设更为注重的是业务、行为和流程，注重的是物与事，但教育的基础和根本是"人"，教育信息化只有以人为本、从人出发、归结于人才能真正发挥出效能。

第二，教育信息化2.0将更以"数据"为基础。不同于以信息技术为基础的教育信息化1.0，教育信息化2.0将以数据技术为基础，将一切参与主体、教育元素、教育行为数据化是教育信息化2.0的基本特征。

第三，教育信息化2.0将更以"连接"为要义。教育信息化1.0更加注重的是教育单位与教育体系内部的连接，但为了更好地因应社会对教育的要求，新时代的教育信息化将从教育内部"小连接"走向教育与其他各领域的"大连接"，可以想见，教育信息化2.0下的教育边界将更为模糊。

第四，教育信息化2.0将更以"开放"为策略。事实证明"开放"与"共享"是信息时代促进各项事业发展的有效策略，教育信息化2.0将在充分保障信息安全的基础上，充分开放各类数据，实现教育大数据的全社会的共同挖掘、共同获益。

第五，教育信息化2.0将更以"智能"为目标。破解当前各项教育难题的根

本还是在于能不能将优质教育资源经济地、有针对性地投向学习者。建设更加智能、更加自动的教育信息化既是破解这一难题的根本途径，也是教育信息化2.0的一大建设目标。

一言以蔽之，教育信息化1.0重点是信息技术和资源应用的融合，教育信息化2.0是大数据下对整个教学生态过程教学模式的重构和深度融合。

三、基于宁夏教育资源公共服务平台的融合的实践

宁夏教育资源公共服务平台是一个集成整合管理服务、教学服务、研训服务、资讯服务的综合性平台，是国家教育战略"三通两平台"的主要构成部分。它是一个从省级管理到地方学校到师生家长范围受众群体极其广泛的平台，在大数据支持下的融合智慧管理、智慧教学、智慧研训、智慧学习、智慧评价等功能的云教育平台，复合在线四级网络空间到师生家长线下客户端的全方位平台，囊括教育教学全过程的全生态全产业链平台，是一个全体成员参与管理和建设的半开放式生成式平台。这是实施教育信息化2.0的强大支撑体系。它的强大功能超过了以往任何一个教育类平台。如果合理应用，一定会让智慧教育和"互联网+教育"的宏伟蓝图实现。所以运行管理部门、教育管理部门、教科研部门、学校、教师的确应该好好想一想如何管理好、建设好和利用好这一平台。

首先是在教学中的深度融合实践。

（一）功能模块的认识

先看一下"我的教学"功能模块。

图2

各功能模块的子栏目功能。

图3

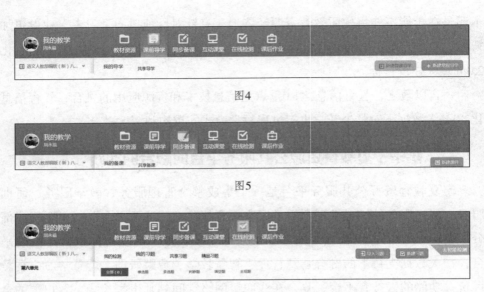

图4

图5

图6

图7

（二）教与学的深度融合实践

1. 资源的建设

资源的建设栏目是由教师个人和平台运营管理部门共同构建。平台运营部门遴选优秀教育教学资源对接到此模块下供教师们使用，同时教师们根据自己的需要来构建自己的资源，通过上传设置精准对接到各种资源类型。通过所有学科教师的构建和平台的对接，使每位教师都具备了一个海量的动态的教育教学资源库。

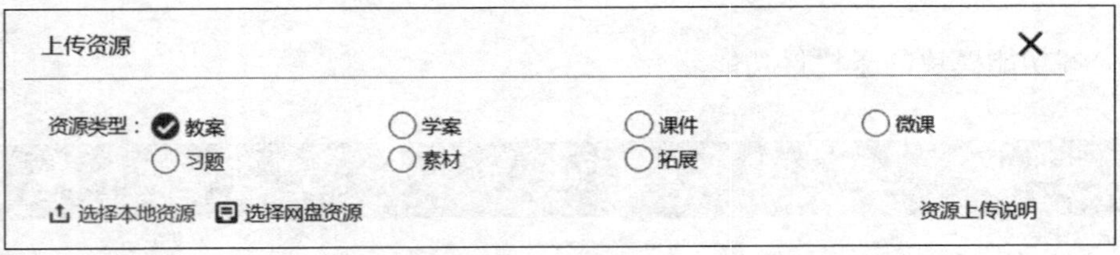

图8

2. 备课的实施

（1）在线设计编辑教案

图9

可以在线设计编辑教案，也可以利用电脑端文字工具软件设计好教案，然后添加到编辑教案中，最后完成编辑后可以导出教案，以备课堂使用和交流，同时也可以形成在线备课资源全平台共享使用。

（2）在线设计制作课件

图10

在制作课件的过程中，可以在线编辑课件；可以导入PPT课件进行修改；可以添加本地课件资源；可以调用本平台我的资源或者平台共享资源。

在编辑课件中为了提升课堂互动效果可以使用"互动试题"工具，编辑各类场景下的各类试题环境。

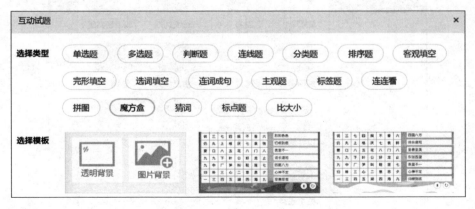

图11

在编辑课件中为了增强教学效果，提升课件制作的效率，增强学生兴趣，可以使用课件教学模板。

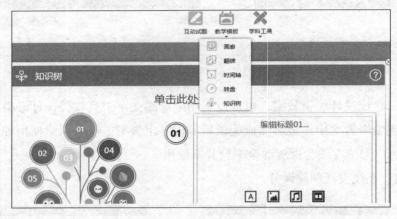

图12

在编辑课件中为了突出和方便学科类课件的制作效率和使用效果，可以使用"学科工具"。

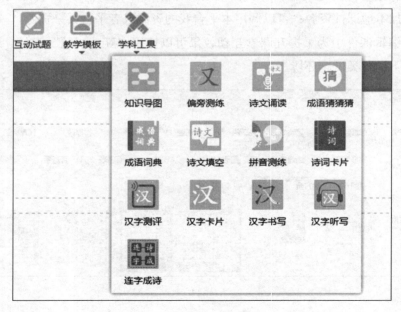

图13

3. 教与学过程的实施

整个的教学过程是集课前导学—课中教学—课后作业—智能检测—个性化学习实验为一个平台"我的教学"。

（1）课前导学的实施：通过新建导学内容来引领学生提前预习或者进行翻转课堂的先学环节。可以新建常规学习预习内容。可以从学习资源直接进行添加学习资源，也可以提前录制微课，调用平台整合的微课录制工具进行学习内容的视频化录制，进行翻转课堂的教学：前置式学习。并能够实时掌握学生的课前学习情况，以便了解学情，为课堂教学奠定基础。

图14

图15

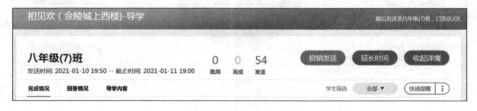

图16

（2）课中教学的实施：这一环节教师利用"互动课堂"点击"开始授课"，就可以实施课堂教学，选中授课任务后可以开始授课。课程结束后可以实时查看学生课堂智能生成的动态数据分析，更进一步掌握学生的学习状态，为进一步教学和教师的研究提供准确客观的实时数据。还可以查看上课过程中教师对学生的即时评价，跟踪学生学习状态，以利于课堂教学的综合性分析，同时学校教学管理部门也可以通过授权观看教师和学生某一门课的动态学习状态数据。

图17

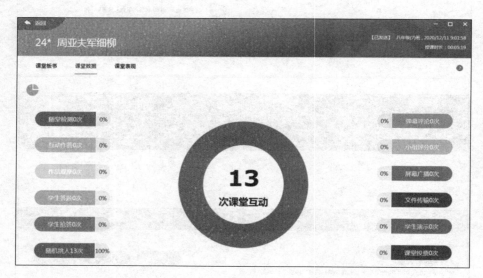

图18

（3）课后作业的实施：这一环节通过"课后作业"编辑发送作业功能，可调用在线学习资源也可以自行编辑作业。并可实时查看学生完成进度，进行作业的在线批阅，利用批阅工具，可圈点批画，可精选评价等级，可导出评价数据。实时掌握学生课堂学习后的课后作业巩固学习情况。

图19

图20

图21

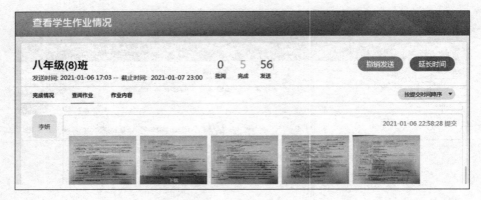

图22

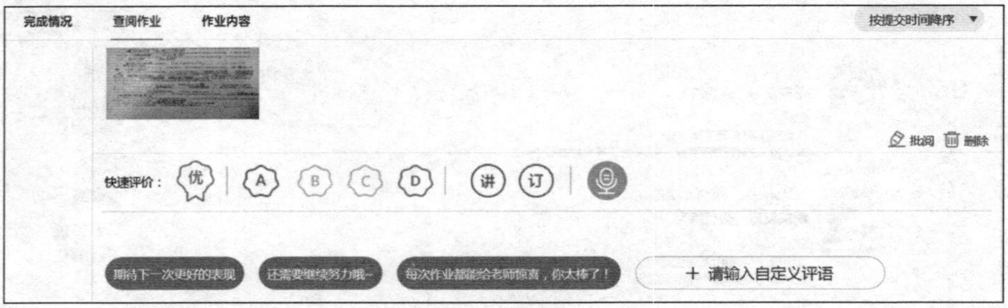

图23

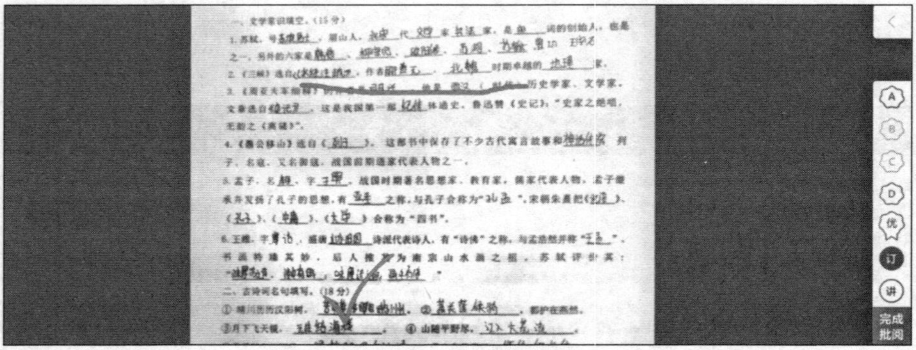

图24

（4）智能检测的实施：首先选择去组卷，通过个人所需，选取试卷题型和试卷类型，完成组卷。可以对试卷制作答题卡，还可以对所制试卷进行分析。

发送试卷就会给学生推送到平台空间或者手机客户端云校家。同时可以选择是在线作答还是纸上作答，教师发布测试时可以选择是在线批阅还是纸质批阅。然后进行在线批阅，同时生成成绩报告推送至学生端。学生就可以掌握自己的学习状态，细致了解自己学习的优势和劣势，从而进一步改进学习状况。

图25

图26

图27

图28

图29

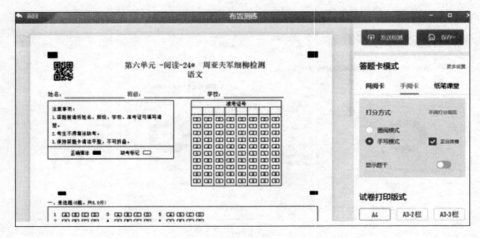

图30

图31

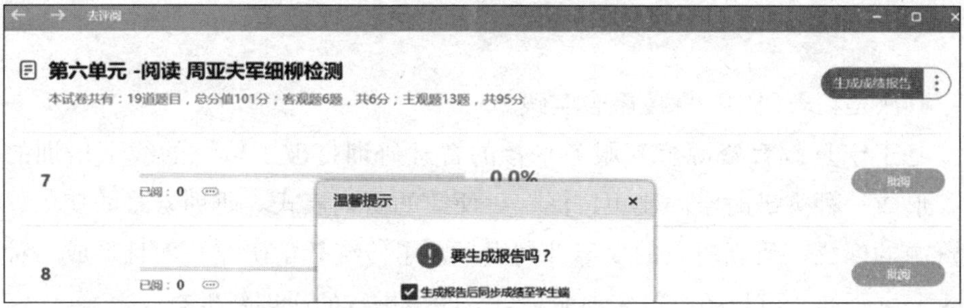

图32

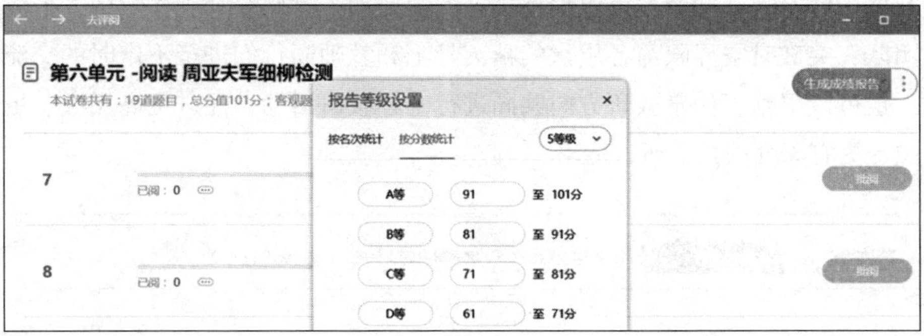

图33

以上智慧教学的实施，完全基于宁夏教育资源公共服务平台（PC版和平板手机端）就可以全程实施。贯穿教学的全过程，充分体现课前、课中、课后和检测的科学智慧的全产业链以及实现教学实施与教学评价闭环式教与学的动态过程。

（5）个性化学习实施：针对学习薄弱的学生可以到名师课堂里有选择地听名师课堂或者空中课堂、一师一优课，来实现学习薄弱点的补足学习，也可以在学有余力的情况下实现提前学习。

图34

其次是在教研中的深度融合实践。

基于宁夏教育资源公共服务平台的智慧研训打破了传统的线下培训的模式，形成一种突破时空限制更广泛、更便捷的研训模式。研训方式的变革、研训资源的广泛、研训时空的变革都彻底颠覆了传统教学研究，而且形成一种可记录、可延伸、可长效、可多地域、可分时段进行的研训新生态。

它构建了三级名师工作室引领各级教研工作，实现大教研模式实践的有效开展。所有教师和学校可以根据自己的需要加入这些名师工作室中，形成教研团队，突破时空界限与各层次的精英骨干和教师同行们进行不定时的交流研讨，也可以根据工作室教研方向共同进行主题教研活动，促进更高层次、更大范围、更有深度的教学研讨活动。

图35

图36

它构建了各学科的课程社区，形成区域教研之家，催生了大教研的模式的形成。课程社区是基于本地域内的教研活动空间，它充分利用互联网来实现教研活动的实效性。本地学科教师必须参与到课程社区的动态建设中来。他们既是社区的参与者，也是社区的建设者。可以发布研讨话题，进行全地域学科教师的研讨，也可以开展观课议课的主题教研活动，打破校内观课议课的研讨局限性，突破校级县域围栏，更便捷高效地开展研讨活动。还可以发布课题研究，详细记录课题研究的真实过程，保存课题研究的资料，同时也能突破课题组的界限辐射带动更多的教师参与到课题研究中来。当然各课程社区成员可在各学科各地域课程社区里客串，极大地促进了大教研氛围的形成。

图37

图38

图39

图40

图41

图42

　　基于宁夏教育资源公共服务平台的研训深度融合实践，充分利用互联网突破时空界限和方便快捷的特点，以及对全程教研活动的真实记录，对形成大教研的格局奠定了基础，为进一步开拓和实践大教研模式的研究提供了经典范例。

　　它是尊重教师个性，为教师学生家长打造更为个性的融合个人空间。平台为每位教师、学生、家长量身定做了完全属于自己的个人空间。每位师生家长可以根据自己爱好和需要建设自己空间领地和资源库，方便自己的工作学习生活。也方便所有愿意交流的平台用户添加关注，进行交流分享。同时与平台无缝对接，实现瞬间切换，提高工作效率。

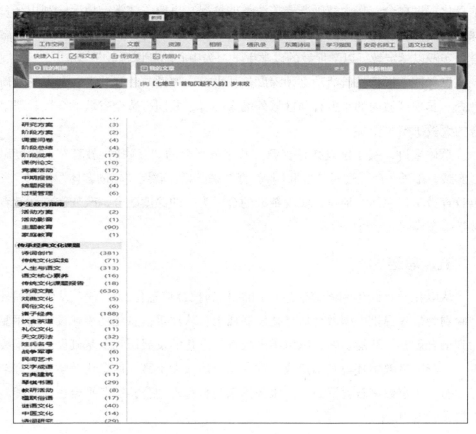

图43

四、基于宁夏教育资源公共服务平台融合的实践的反思

思考一：作为省一级教育部门，首先得建设一个高效的"融"平台。融省、市、县区教学、教研、学习、管理的应用性平台，平台必须具备"一网打尽"的效能。这是实现教育信息化2.0深度融合的基础工程，它的"融"特性的无缝高效运转决定了教育信息化2.0深度融合的步伐。

思考二：作为教师，在使用和实践教育信息化2.0过程中，必须深度依托这个"融平台"。深度融入"我的教学"这个功能模块中。既要融入"全民共建"的洪流中；又要融入备课—上课—作业—检测全程应用的教学活动中。

思考三：作为教师，在备课环节中使用信息化教学必须要关注融合点的选择—融合信息技术—融合资源这三个基本的融合要素，才能使自己的备课与信息化深度融合。作为教师既要关注教的情况，更应关注学的情况，利用平台课堂表现数据和作业检测客观的数据分析，实现教学过程和教学评价的深度融合，实践以学定教、以学促教的以学生学习为中心的新课程教学理念。

思考四：进行教研活动必须深度依托平台，遵循共建、共享、共赢的教研理念。实现区域内的小融合与区域外的大融合，共同打造全省域的全民教研融合的大教研模式。

总体来讲，基于宁夏教育资源公共服务平台的"互联网+教育"的深度融合实践，不外乎就是通过"互联网+教育"来凸显互联网"辅助客体"作用，突出教育教学"主体"地位，实现精准的合二为一的深度融合，改变和创新教育教学生态模式。

五、总结

从电化教育诞生和教育信息化1.0时代到教育信息化2.0时代，从学习国外经验到为世界提供中国教育信息化发展样板，从注重信息化环境建设、应用驱动到融合创新、智能引领，纵览中国教育信息化的发展历程，基础设施大幅改善，学校网络教学环境基本建成，数字化资源极大丰富，信息化教学与管理渐成常态，国家数字教育资源公共服务体系与教育管理公共服务平台正在发挥越来越大的效用。

当前，我国教育正走向教育现代化，教育信息化担负着助力人才培养、创新教育服务、精准教育治理的重任，任重道远。我们要以习近平新时代中国特色社会主义思想为指导，践行斗争精神，发扬创新精神，积极参与、推动教育信息化2.0深入发展，为推动中国教育现代化作出新贡献。

案例十二 站在文化的制高点上教语文

——《愚公移山》评课反思

一、就课论课

《愚公移山》是统编版教材八年级语文上册第六单元第二课，是一篇寓言，整个第六单元是以感悟古人的品格和志趣为主题的单元。这一单元或以睿智雄辩论述人生理想与担当，或以诗意语言抒写人生感悟与思考。这篇寓言就是以生动寓言故事彰显人物品格的作品。作为文言文作品，教师要在借助注释和工具书基础上整体感知课文内容大意，还要多读熟读，积累常见文言词语，不断提高自己的文言阅读能力。这是单元教学的建议。所以教师上课必须抓住"言"和"文"进行教学。一般设计两课时，第一课时主要突破文言字词并翻译课文。第二课时重点由言入文，在弄懂文言的基础上理解文本内涵。本节课就是第二课时的教学。

从教师设计的目标来看，基本确定了这样几个目标：寓意的理解；人物形象的感知；愚公精神的理解与学习继承。就这三个目标来看，基本上可以整合为围绕一个点进行。这个点就是愚公精神。结合我们本次教研活动的主题"习近平新时代中国特色社会主义思想进教材进课堂进师生头脑"来看，目标定位是准确的。

其实习近平新时代中国特色社会主义思想的涵盖面是非常广的，包罗政治、经济、文化、精神、历史、地理的各个方面。语文作为文化传承的主要途径和学科，本身就具备了天然的文化要素和精神内核。就愚公移山来看，作为经典的文言类寓言故事，言在外而意在内。文言本身就是传统文化的根本要素，寓意则是借用文言而承载的精神内涵。不论是言还是意都是传统文化的精髓。尤其这愚公精神：有远大的目标；挑战困难的决心和勇气，持之以恒的精神和品质；造福子孙的魄力和担当，这正是中华民族生生不息奋勇向前的不竭动力。

本课文本的理解重点围绕"愚公精神"展开就是最好的突破点，理解了"愚公精神"也就明确了这个学习目标。学习相关论述让新思想进课堂进学生头脑不是简单地定为目标，而要真正挖掘文本内涵与习近平新时代中国特色社会主义思想之间的关联。活学学活，活用用活，这当然就需要全体教师能够真学才能学真，不是留在笔记上，而是留在头脑里，实践在行动上，传承在课堂上。绝不可简单的说教，包括我们的道法思政课。

从教师教学的过程来看：

（一）导入环节

（1）利用愚公移山的动画片可以让学生对文本有个故事层面的整体感知，也能够激发学生参与课堂的兴趣。

（2）利用毛泽东同志在中国共产党第七次全国代表大会上致闭幕词时曾引用这个故事来教育全党："下定决心，不怕牺牲，排除万难，去争取胜利。"来进一步激发学生对愚公移山故事和精神的探究兴趣，这个悬念式导入更是紧扣文本抓住学生胃口，也扣住了本次活动的主题。

（二）研读探究环节：教师设计了10个问题推进课堂教学

（1）课文题目是"愚公移山"，为什么文章一开头不落笔愚公身上，而是先写"太行、王屋二山"？

（2）"本在冀州之南"中的"本"字有什么作用？

（3）愚公移山的原因和目的是什么？

（4）愚公决心移山要克服哪些困难？

（5）文中人物（包括天神）对移山的态度是不同的。找出相关语句，简析他们的态度。

（6）写孀妻之弱子"跳往助之"情节的作用是什么？

（7）智叟与愚公在移山问题上的分歧在哪里？为什么会有这样的分歧？

（8）本文以神话结尾，有什么作用？

（9）"愚公精神"是什么？给我怎样的启示？

（10）我们这个时代还需要愚公精神吗？

这10个问题围绕愚公形象和精神展开，总体感觉有些零碎。可以考虑设计一两个主问题来撑起这堂课的骨架。如紧紧依托导入中提到的愚公移山的故事来设计第一个主问题：文章怎样突出愚公形象的伟大？愚公伟大在哪里或者伟大体现了哪些精神品质？第二个主问题：紧紧结合本次活动的主题设计，今天我们还需要愚公移山的精神吗？讲一讲你知道的新时代的"愚公移山"的故事。第一个主问题紧扣文本之"本"进行教学，第二个主问题依托文本之"本"延伸拓展。教学既不脱离文本本身，也明显超越文本本身。在进行第一个主问题教学时教师利用巧妙设疑的方法层层推进，引导学生抓住文本的写法技巧：烘托、衬托、对比等方法突破人物形象的刻画与突出以及寓言故事的寓意这个重难点。在进行第二个主问题教学时教师依托上一个问题总结出的愚公精神作为发问的起点，顺势引导学生追忆中华民族的历史进程，尤其学生对抗日战争、解放战争、抗美援朝精神都比较陌生，教师要做适度的讲解与诠释，还要抓住初一学过的邓稼先等人物事迹，引领学生深度感知这些历史中蕴含的无穷无尽的精神内涵实际上就是中华民族的亘古不变推动历史和社会发展的"愚公精神"，这样在得到学生共鸣的基础上再去让学生举例来诠释新时代的"愚公精神"那就容易多了。大到社会科学的发展，中华民族伟大复兴的中国梦，小到生活学习中攻坚克难的事情，自然而然水到渠成。本节课无论从哪个角度来看，设计的是有梯度、有深度、有宽度、有高度、有温度。那么无论是本节课的学习目标还是本次活动的主题都将得到很好的贯彻。

二、延伸反思——习近平新时代中国特色社会主义思想进课堂观摩研讨反思

新思想进课堂是基于学科教学立德树人的目标，立德树人虽是近几年提出的，但是利用语文教学育人一直是一个永久性话题和目标，如何把这个目标潜移默化地达成，这是语文课堂教学和语文教师的内功，不是一蹴而就的。我结合听课感悟做如下反思：

（一）如何确定融合点

其实语文教学肩负着传承传统文化的重任，肩负着树立学生文化自信的使命。习近平总书记在党的十九大报告中指出："文化是一个国家、一个民族的

灵魂。文化兴国运兴，文化强民族强。"

作为一节习近平新时代中国特色社会主义思想进课堂的研讨课，如何融入这些新思想是这节课的难点，我们许多教师在设计这类课时，首先想到的是利用拓展延伸的方式和教学环节来实现这个教学目标任务，这种做法如果和文本内容紧密融合，又能紧扣课标达成教学目标未尝不可，但是作为文言文教学文本，教师首先应该充分解读文本，从文本中挖掘文化要素，当然文本本身就是传承传统文化的材料，比如文本中的文言现象、古代相关文体知识、文本故事内涵等都承载着优秀传统文化的元素，没有必要舍近求远，硬性地从现实社会中寻找愚公精神的例子。

（二）如何确定融合度

在听课过程中许多老师为了迎合"习近平新时代中国特色社会主义思想进课堂"这个教研主题，在课堂教学中融入了大量的习近平新时代中国特色社会主义思想的论述性文字，大量的实践践行新思想和新时代的"愚公精神"的素材和案例，包括一些人物事迹音视频。课堂思政氛围非常浓厚，的确融入的量是非常之大，也是近年来所见课堂融入思政素材最为丰富的研讨课，但是作为语文教师，不得不考虑一个问题：思政元素属于语文课延伸拓展的元素，是基于"学科教学立德树人的目标"而设。语文教学还有其他的目标，怎样做才能让思政元素与其他目标融合？这样其实就给我们的语文教师提出一个"融合度的问题"，解决这个问题，也就解决了思政与语文融合的问题。

案例十三 基于"宁夏教育资源公共服务平台"的智慧管理、智慧教学、智慧研训的思考

随着国家"互联网+战略"布局的展开，教育教学和教育科研也搭上了"互联网+"的快车，信息技术和互联网有力有效地促进了我国各地的教育教学科研工作。宁夏教育资源公共服务平台是一个集成整合管理服务、教学服务、研训服务、资讯服务的综合性平台，是一个从省级管理到地方学校到师生家长范围受众群体最广泛的平台，融合智慧管理、智慧教学、智慧研训、智慧学习、智慧评价等功能的云教育平台，复合在线四级网络空间到师生家长线下客户端的全方位平台，是一个全体成员参与管理和建设的半开放式平台。它的强大功能超过了以往任何一个教育类平台。如果合理应用，一定会让智慧教育和"互联网+教育"的宏伟蓝图实现。所以运行管理部门、教育管理部门、教科研部门、学校、教师的确应该好好想一想如何管理好、建设好和利用好这一平台。

一、反思一：制作运行管理部门做什么

制作运行管理部门应该广泛听取使用者的建议，借鉴国内外教育平台的经验，设计更符合本地区使用者特点的功能板块，改进优化平台运行速度和各功能板块的使用舒适度和满意度。包括线上平台和手机平板客户端，减少烦琐无用操作步骤，毕竟使用者的年龄层次技术有差别，不要一味追求板块功能的多极化，而应以实用方便为主，富有前瞻性即可，保持一个动态化改进更新的状态，突出为本地区教育教学的智慧化服务宗旨。

二、反思二：教育管理部门做什么

各级教育管理部门除了发布相关教育资讯，也应该建设部门管理栏目，各功能处室有自己相应的配套资源信息服务窗口，为学校、教师、学生、家长服务便捷提供全方位的管理。包括一些文件（需要公示和公众知道的）的网络存档，快捷方便服务于学校教师和社会。教师就不必为了一个能证明自己获奖的文件到上级部门查找。家长就不必因为不明白的事项专门跑到教育局询问，也保障了政务公开的真实性、公众性，减少不必要的纸质资料公开，杜绝浪费，优化低碳管理。

三、反思三：教科研部门和教研员做什么

作为教科研部门最大的功能就是指导和引领本地区教育教学科研工作。虽然新课程改革过程中把教育科研从教研室和教研员专门的工作进行改革，大部分下移至学校和教师个人。但作为一地教科研管理指导参与的功能没有变化，任务也没有减轻，相反任务更为复杂，功能更为多元化，既要在"上面"搞好教育科研，指导本地开展教育科研工作；还要到"下面"基层去指导、引领，甚至参与学校、教师的教科研工作，这是新课程改革教科研部门必须改革转换的角色要求。如此多元复杂的角色和任务，一个学段一门学科一名教研员，面对一地几十所学校，几百位同科教师，每月若干次的教研活动，让他们全身心全方位全天候投入进去，恐怕是天方夜谭，等着耗着不作为那肯定不行，那怎么在这个问题上有所突破？笔者觉得如果能够利用好我区教育资源公共服务平台的课程社区、名师工作室、教师培训功能板块服务本地教科研应该会解决大部分的问题。

教研部门首先要科学管理好本地域课程社区、名师工作室、教师培训。动态评价管理课程社区、名师工作室、教师培训工作。其次要联合接入外地有特色的课程社区、名师工作室、教师培训，联合共享共促教学研究，促进更大范围的区域合作。比如教师的培训工作，就可以利用此平台，制订和发布每学年学期培训计划，安排培训讲师录制培训主题讲座实录讲稿发布到此平台，或者接入其他区域好的培训资源供老师无限次、不限地点地浏览学习，定期要求教师提交学习培训作业。

教研员则首先要站在教科研管理指导的制高点上，制订为期两三年的教科研计划和每学年每学期的教科研计划。

（1）以学科教育教学中的问题为突破口，以课题研究为抓手，以主题研讨活动为途径，分阶段分地域、线上线下扎实开展活动。利用好工作室和课程社区、教研培训中的课题研究栏目，分阶段落实研究任务。线上研讨完要整理好研讨记录，写好研讨总结，线下研讨要录制好视频上传存档。

（2）组织协调好主题教研活动。每学期应该协调各校教研组长，梳理教研主题，分配指导协调各校主办好主题教研活动，组织各校精心主办认真参与，线上线下互动与现场互动不同形式交错进行，避免教师因为教研活动耽误课程，路途远存在安全隐患，时间不统一耽误研讨等弊端，充分利用好网络平台的便捷性共享性。

（3）组织协调好跨区域的教研活动。便捷高效的网络和平台为大范围远程教研提供了可能。比如由教育部主导的"一师一优课，一课一名师"的会课室研讨，作为教研员就要协调指导本地各校要参与进去，观摩、互动、协同教研，提升本地教师教研能力，促进学校学科教师的发展。此平台提供的"一师一优课，一课一名师"的栏目链接，才能够发挥应有的作用，也让国家主导的如此规模的大研讨落在实处。

其次，教研员还应该定期到基层学校参与和指导引领学校教研组备课组的教研活动，利用平台线上线下都可以参与，这既是引领指导，也是监督和促进。这样一定能够促进各校开展教研活动的实效性和科学性，不至于各校开展教研活动随意盲目甚至空对空。比如各校的观课议课活动，就可以线上或者线下观课议课。

四、反思四：教师做什么

（一）教师熟悉功能板块

教师首先得完全熟悉从区、市、县、校、个人五级平台的功能板块，需要什么得知道从哪个层级哪个板块进入获取了解，就无须到百度等搜索引擎去找，当然很多资源讯息是无法到这些搜索引擎上找的，因为此平台不是全开放式平台。单单宁夏教育资源公共服务平台的教师个人空间里就有很多功能（笔者身边的许多老师不知道怎么用怎么添加）。比如"空间首页"，就是教师个人要建设的。发表文章、上传图片、上传资源，都在这里进行，所有自己的更新都是实时显示，好友的显示也是实时更新。"我的教学"板块实际上是PC端教学助手在线上的平台，而且线上和客户端的资源是共享的一致的。不论哪个方式进行的工作都互见。互动课堂是调用客户端使用的课堂教学软件。"我的班级"是了解发布班级相关信息，解答班级圈成员问题。"我的管理"主要是了解使用学校相关部门管理情况的。"我的研训"主要是直通你所参加的网络教研和名师工作室。"更多应用"则是提供了目前比较实用的一些国家级教育资源平台、涉及课程资源德育安全教育的资源库，这个课按需求添加。

（二）教师要建设好自己的空间

1. 先要对空间的版面进行设计装饰，以利于更好地展示自己的劳动成果

规划栏目，必须认真规划，不能随意，不然以后上传文章资料时分类不科学比较麻烦。一般大致分为教学、教研、生活三块板块，子栏目设计要详细，比如教学栏目，必须要分年级分册设计教学设计课件资源等资料栏，教研板块则设计课题研究专栏和日常反思案例论文等记录自己成长的栏目。课题研究要细分栏目，以便于上传收集资料，查找和检索资料。

2. 添加上传发表发布资源，尽可能原创

即便是收集来的别人的资源也应该详加整理，不要出现错误。发表发布注明出处，是对别人劳动和知识产权的保护认可尊重。切不可随意下载不加整理就上传，这样根本起不到任何学习和研究作用。平台运营部门应该利用智能软件对这些"网络浪费、网络垃圾"进行辨析，杜绝上传，净化网络空间，逐步促使使用者养成尊重原创，尊重知识产权的意识和习惯。

（三）教师要利用空间直通通道

经常性参与网络教研、课程社区和名师工作室的研讨活动。不论是线上还是线下活动，不论是学校还是教研室主导的活动，都应该认真参与，发表见解意见，不能只当看客。但凡活动就要写点东西，总结反思，不应当用消极的态度面对，本身学习加反思是教师成长的不二法门。

（四）教师要利用空间平台进行自我研修

1. 平台对接教师的继续教育部门进行积分考核

如果平台能够对接各类国家级和省部级教师培训成长的资源，教师自己就可以根据自己时间来安排自主学习，平台对接教师的继续教育部门进行积分考核，按年度积分考核，一年内达到多少积分考核通过，无须再到别的平台登录学习。

2. 教师要充分利用国家省市的三通两平台

"一师一优课，一课一名师"进行自我研修观课议课。或者利用优课为学生上课，利用"我的应用"教育部教学点资源解决师资不足的问题。利用网络课程实现教育均衡发展，实现自我提升。无须每年花大量的金钱外出培训学习。

3. 教师要利用平台科学合理地管理和解决自己教学中存在的问题

以小专题进行，作为自己空间的栏目，实时动态记录研究过程，督促自己积极投身教学研究，实现自身发展。

五、反思五：学校做什么

作为教育最基层的最小的管理建设单位，学校更应该充分利用好平台，管理好学校教师的同时要促进学校和教师的成长。在平台中不应该只有一些各处室文件规章通知告示等内容，应该把各类活动上传记录，包括教师的公开课、直播课堂都展现出来，实现老师网络听评课和现场听评课的结合。还有对教师的一些校内培训，或者一些优质的培训资源都可以引进放到平台上。同时要利用平台建立教师成长数据库，类似于教师的成长记录档案，与教师个人空间联系起来，由教师自己建设，包括教师每年的各类考核、成果荣誉、上课备课作业检查等记录、读书学习培训学时、新教师成长等，包括一些成果附件上传，无须学校考核时再问教师去收交，进入管理后台，一目了然，考核结果一目了然。真正实现无纸化智慧管理和办公。

当下教育信息化的发展把我们推到了风口浪尖，不论怎样也得去做这件前无古人的事，那就想方设法做好，而非图一时之快，去应付消极对待，自上而下应该是一个平台一盘棋，每位教师每个学校，每个管理部门都是棋盘中的卒子、车马炮，不是相互掣肘，而是相互协同、相互促进、相互依存，共同建设，才能共同分享"互联网+教育"教研的甜美硕果。

案例十四 《致女儿的信》教学设计方案的评价与反思

《致女儿的信》教学设计方案

表7

课题名称	《致女儿的信》		
科目	语文	年级	九年级
教学时间	一课时（45分钟）		
学习者分析	中学生正值青春期，异性之间会产生微妙的感觉。对于爱情这个既神秘又敏感，既好奇又困惑的情感，学生如处理不当，思想认识不足，就会产生早恋等的不良现象。因此，教师要在教学中对学生进行正确的指引。"如何面对爱情？爱情的真谛是什么？"这是作者写这篇文章的用意所在。由于学生对爱情这个话题比较好奇、兴趣较大，在教学中可以让学生开展形式多样的讨论，但学生可能有羞于发言或不敢发言的现象，因此，要多加引导和鼓励，让学生放下包袱，轻松参与到讨论当中。同时，相对于中学生而言，由于中学生"涉世未深"，缺乏丰富的生活经验，对于爱情的本质的理解会有些困难。另外，对于课文中一些含义较深较抽象的语句，学生理解起来会有一定的难度。		
教学目标	一、情感态度与价值观 1. 注意从正面去引导学生对课文进行分析和讨论，培养其正确的爱情观和人生观。同时也要体会文中作者作为父亲对女儿的深深的爱，通过学习使学生能以积极的态度去生活和学习。 2. 引导学生理解爱情的本质，适当进行青春期教育。		

教学目标	二、过程与方法 1. 进一步养成有感情朗读课文的习惯，提高其朗读感知能力。 2. 本文由于采用故事的形式去阐释道理，对学生有较大的吸引力，同时由于青少年学生正处于青春发育期，对爱情等问题比较好奇和敏感，因而比较感兴趣。教师应抓住学生的心理特点去教学，让学生积极大胆地开展讨论，引导学生树立正确的爱情观。 3. 配合优美动人的背景音乐，教师可以出示一些名言警句或者一些感人的爱情故事，让学生进一步受到启发和感悟，逐步形成正确的爱情观。 4. 继续学习在语境中领会语句含义的方法，提高学生的分析理解能力。
	三、知识与技能 1. 复习书信的格式和特点。 2. 学习本文用故事去阐释道理的方法，体会故事背后的寓意。 3. 了解爱情的真正含义，树立正确的爱情观。
教学重点 难点	1. 教学重点： （1）会运用故事阐述抽象道理的写法的好处。 （2）通过讨论去品味文中含义深刻的语句。 （3）理解爱情的真正含义，让学生树立正确的爱情观。 2. 教学难点： （1）一些含义较深的抽象的语句，学生理解起来会有一定的难度。这需要教师及时去引导，将问题分解变细。 （2）学生正处于生理和心理转变的特殊阶段，由于缺乏充分的生活经验，对于爱情本质的理解会有些困难。
教学资源	苏霍姆林斯基的资料、理性的名言警句及感人的爱情故事、多媒体、音频、课件、板书。
	《致女儿的信》教学过程描述
教学活动	一、创设情境导入新课 1. 导语（多媒体播放"泰坦尼克号"主题曲）； 2. 投影：自有史以来，爱情一直被传唱不衰：地老天荒、海枯石烂，这是关于爱情的成语； 牛郎织女、天仙配，这是关于爱情的传说；"曾经沧海难为水，除却巫山不是云"这是关于爱情的诗句；还有爱情的俗语：醉过方知酒浓，爱过方知情重……同学们，人在花季，多彩的心事正困扰着你，那些令人魂牵梦萦的情思正等着你长大，你真正懂得爱情的真谛吗？到底什么是爱情？大家也许能从苏霍姆林斯基《致女儿的信》中得到启示。 设计意图：创设情境，激发学习动机。利用多媒体投影收集到的关于爱情的成语、俗语、诗词句对学生进行正面的引导，同时也是对爱情的初步感知和认识。也是语文积累的一个环节。诱导性的令人深思的问题把学生带入对现实问题的思索中，当然也把文本与现实结合在一起，搭建起文本与生活体验之桥。

教学活动	二、初步感知　整体把握 1.字词积累 繁衍yǎn　　　志忑tǎn tè　　　一抔黄土póu　　　无与伦比lún 怒不可遏è　　　伫立zhù　　　幢zhuàng　　　麦穗suì 志忑：心神不定。 繁衍：逐渐增多或增广。 化为乌有：变得什么都没有，指全部消失或完全落空。 无与伦比：没有能比得上的。 怒不可遏：愤怒至极，不可抑制。 真谛：真实的意义或道理。 2.走进苏霍姆林斯基 瓦西里·亚历山德罗维奇·苏霍姆林斯基（1918—1970）是乌克兰卓越的教育家、教师、思想家和作家。他在帕夫雷什中学任教，担任这所农村中学的校长、教师和教育者长达22年。苏霍姆林斯基一生短暂，不满52岁，但他却持之以恒地探索和孜孜不倦地去写作，奇迹般地写出了40部专著，600多篇论文，约1 200篇儿童小故事。 苏霍姆林斯基的全部著作都是面向教师、教育家、教育者、父母和自己孩子们的。他把自己的思维、思索、建议和见解全部倾注在了他的著作当中，即怎样培养"真正的人"。教师和父母应当历经何等艰难之路，才能使孩子成长为好学上进、聪颖、心地善良而高尚的人和好公民。 瓦西里·亚历山德罗维奇·苏霍姆林斯基的作品在乌克兰国内人人皆知并喜爱，而且在国外许多国家也被广为出版，如众所周知的《我把心给了孩子们》《公民的诞生》《给女儿的信》以及某些论文和小故事。 3.整体感知、梳理结构 （1）大声将课文读一遍 问题1：读完文章你最大的感受是什么？为什么？ 问题2：大屏幕出示：上帝在创造了人后，三次来到人间，每次都分别看到了什么？每次看到的变与没变的又分别是什么？ （2）浏览课文，厘清文章的脉络：第1—4段：女儿提出问题及"我"（父亲）对此的态度；第5—24段：回忆从前祖母给"我"讲过的故事，得出爱情是什么的答案；第25段：告诉女儿该如何对待爱情。 （3）如果你拿同样的问题问自己的父母，可能得到的答案是什么？ 提示：学生给出的答案一定会涉及父母对待这个问题的态度，从而引出下面的问题： A.文中的"我"对此的态度如何？ 提示：文中的"我"把女儿提出的问题看成是女儿长大的标志，同时"我"对女儿的成长表示高兴并给予充分的尊重。

	B. "我"为何没有正面回答女儿的提问，却说到了我的少年时代和祖母玛利亚所讲的故事？这样写有什么好处？ 提示："我"用自己成长的经历告诉一个正确的引导带给"我"的巨大收获，希望女儿重视。同时运用故事揭示这个抽象的概念，深入浅出，形象生动。 设计意图：初步感知环节重点解决字词抓基础，感知作者的人格魅力。通过对结构的梳理来达到对课文内容的条理化掌握。初步感知作者对爱情的诠释以及诠释的方式方法，并能结合个人体验来感知作者的爱情观。抓住了教学重点，实施知识与技能的达成。抓双基，落实三维目标。落实情感体验，启发思维活动。
教学活动	三、品读交流　解读探究 阅读课文第5—25段： （一）请同学复述文中的故事。 （二）分析、讨论以下问题： 1. 故事中提到上帝在创造人后，三次来到人间，他从人的眼神中先后读到了哪三种不同的东西？ 提示：爱情，忠诚，心灵的追念。 2. 五十多年间，那一对男女的生活发生了怎样的变化？ 3. 促使那一对男女（后来的老头和老太婆）生活发生这么大的变化的基础是什么？ 提示：是他们之间相濡以沫的爱情。（爱情是人类永恒的美和力量，是人类种族的生命力永不衰败的纽带） 4. 故事中为何要把这对男女的爱情放在五十多年的时间历程中去表现？这说明了什么？ 提示：真正的爱情能够经历时间的考验。 5. 五十多年里是什么维系了他们的爱情？ 提示：是忠诚、心灵的追念（彼此的扶持、依靠……） 6. 文中的上帝面对人的爱情有何表现？为何多次写到上帝的态度？ 提示：表明爱情是人类独有的，是人类文明的产物，只有人才能够爱。 7. 作者在文章的结尾告诉我们该如何对待爱情？ 提示：善待爱情，以人的方式去爱。（人类的爱情不是仅仅为了繁衍后代，还要给对方以幸福……因为爱情是人类永恒的美和力量，是人类种族的生命力永不衰败的纽带） 设计意图：择段赏析，通过对重点部分的品读，来达到对重难点的突破，利用启发式问题对话式教学引导学生对作者所倡导的爱情观的理解感悟，引领学生树立正确的理智的爱情观。结合重点句子的品味，有力地进一步突破重难点，达成了教学的三维目标。

教学活动	品味语言： 1．做一个幸福的人，只能是在你成为有智慧的人的时候。 2．上帝久久地伫立凝视着。随后深沉地思索着离去了。从那时起人就成了大地上的上帝。 3．爱情，它高于上帝。这是人类永恒的美和力量。人们世代交替，我们每个人都不免变成一抔黄土，但爱情却成为人类种族的生命力永不衰败的纽带。 4．本身来说，只有能以人的方式去爱的人，才成为真正的人。 （三）品读上帝 问题1：上帝在前两次看到爱情时是什么样的表现？课文中分别用了一个成语来形容。试着把这种语气读出来。 问题2：第一次勃然大怒，第二次怒不可遏，照如此推理，第三次应暴跳如雷，可是上帝是什么样的表现？读一读，分析一下原因。 总结：上帝是被震撼了，他无论采用什么样的方法，都阻止不了人类的爱情，而且人死了，爱情没有死。更重要的是感动，他觉得是他创造了人类，可是却主宰不了人类的爱情，那就让人类自己主宰自己吧。因为人的思想、感情、尊严是任何力量阻挡不了的，于是人就成了大地上的上帝。 齐读最后一段，谈感悟。 四、拓展延伸体验交流 大屏幕展示：苏霍姆林斯基在给他女儿的另一封信中这样写道：人的爱情应当不仅是美好、诚实、坚贞的，同时也应该是理智和慎重的、机警和严肃的，只有那样的爱情才能带来欢乐和幸福。 苏霍姆林斯基的女儿的年龄和我们差不多大，他其实是在暗示女儿应当如何善待爱情，结合中学生早恋现象，谈谈你的看法。 设计意图：在知识和能力的升华中拓展迁移，延伸到作者另一篇书信对爱情的更明确的解说，对本文爱情观进行了有力的补充，再次让学生更深入的感知爱情。结合学生早恋现象让学生对照认识自我提升自我意识，强化学生对真正爱情的理解。培养表达能力，形成科学的爱情观。 五、总结 爱情很美，可中学不是恋爱的季节，过早的摘取恋爱的果实，品尝到的不是爱情的甜蜜，而是酸涩。就像文中所说：做一个幸福的人，只能是在你成为有智慧的人的时候。送给大家一句话，大屏幕展示：把握应有的爱是幸福的，放弃不应有的爱是轻松的。 课程进行到此，你应该对爱情有了一个重新的认识，那你认为什么是真正的爱情呢？用一句话总结出来。

教学活动	结语：播放图片、音频《最浪漫的事》 有首歌每次我听了都很感动，就像文章中的这对老人，爱一个人就应该和他一起慢慢变老，直到老的哪里也去不了，依旧把他当作手心里的宝。欣赏歌曲《最浪漫的事》我想再过若干年，等你们学有所成时，也一定能够收获甜蜜的爱情。这样的人生多么浪漫，多么富有诗意，但是，只有真正懂得爱情的人，才能够拥有诗意的人生！ 总结部分结合上一环节学生的交流，教师进行小结，并利用多媒体和一句话总结，此环节再次强化学生对爱情的理解。结语部分巧妙利用生活资源——优美的歌曲来轻松结束课文学习再次强化重难点，引导学生思索人生。 附板书设计： 板书1 真正的爱情＝爱情+忠诚+心灵的追念 板书2 爱情，它高于上帝　人成了大地上的上帝 板书3 爱情是理智和慎重的、机警和严肃的

【评价与反思】

新课程的实验教材更加注重了学习与生活的密切联系，注重联系生活培养学生的语文能力。九年级上册第二单元也正体现了这一点，通过选取两篇演讲词和三封书信，使学生在学习知识的同时，学会如何学习、生活和做人。《致女儿的信》位于本单元四篇文章中的第四篇，正处于知识学习向能力转化的时期，是培养学生阅读能力的重要阶段。另外课文用了一个充满诗情画意的故事，阐释了爱情的真谛。能够启发和培养学生树立正确的爱情观，这篇课文对于成长中的青少年学生来说有很重要的意义。本设计计划了一课时来完成。

对教学设计的总体评价与反思，从总体上来说，本设计具备以下优点和不足。

一、本设计的优点

（一）注重凸显语文"人文性工具性"相统一的特征

注重凸显语文"人文性工具性"相统一的特征，深入挖掘文本的"人文性工具性"教育与教学因素，强化语文教育人文性、实践性、民族性特点。语文是交际的工具、思维的工具、传承文化的工具。本篇文章作者是苏联著名教育家苏霍姆林斯基。面对正值花季的女儿，一个对爱情充满好奇与遐想的少女，针对"爱情"这一既简单又深奥的问题，身为父亲的作者没有回避，而是用了一个充满诗情画意的故事，阐释了爱情的真谛。从而启发和培养了女儿正确的爱情观。这篇文章不论从内容到情理，从主题到主题的载体方式角度而言，都承载着丰富的工具性人文性因素，因此本设计首要的出发点就是从此二者开始，教学目标的定位源于此，比如，"养成有感情朗读课文的习惯，提高其朗读感知能力。让学生积极大胆地开展讨论，引导学生树立正确的爱情观。学习在语境中领会语句含义的方法，提高学生的分析理解能力，复习书信的格式和特点。学习本文用故事去阐释道理的方法，体会故事背后的寓意"等教学目标的设计，还有教学过程中："师生互动、生生互动探讨交流，品读、拓展延伸、体验交流，感知、把握、探究"等环节和方式都无一不在体现文本的工具性特点，实现语文教育教学是为学生掌握语文这一工具而服务，是为学生提高听、说、读、写各方面能力素养而服务的终极目标。

而三维目标中"注意从正面去引导学生对课文进行分析和讨论，培养其正确的爱情观和人生观。同时也要体会文中作者作为父亲对女儿的深深的爱，通过学习使学生能以积极的态度去生活和学习。引导学生理解爱情的本质，适当进行青春期教育。配合优美动人的背景音乐，教师可以出示一些名言警句或者一些感人的爱情故事，让学生进一步受到启发和感悟，逐步形成正确的爱情观。还有情境导入部分利用音乐与诗词相结合。结语部分用歌曲《最浪漫的事》结束学习。作者作品人格魅力的简介"等目标设计和环节过程设计都充分体现了文本的人文性因素，教学设计、教学过程都一贯地挖掘人文情感因素和审美因素，提高优化学生的人文素养。

（二）听说读写训练的联系

注重课内课外的联系；文本与实际的联系；基础与能力的联系；文本与媒体的联系；整体感知与重点品读的联系；语言与内容的联系；感知与体验的联系；浅层次问题与深层次问题的联系。具体解说如下：

1. 注重课内课外的联系

从对课文文本的分析感知品味，拓展到作者另一部作品中与爱情相关联的阐述，丰富补充了对爱情这个话题的独特科学的理智的阐述，没有对学生爱情观的形成塑造留下空白。

2. 文本与实际的联系

文本的内容是教学的依托，但语文教学必须要结合学生生活实际，与生活建立联系，这样的语文教学才有根基，源于文本而又高于文本。本设计抓住学生特殊的年龄特点，让学生结合自己实际来对照谈论此话题，这样的教学才是有效的。

3. 基础与能力的联系

教学环节中设计字词的积累、课文的朗读、问题的探讨交流、重点句子的赏析品味、古今诗词中的爱情句的积累，都无疑在积累经典语言，强化语感训练和听说读写各项能力。

4. 文本与媒体的联系

多媒体的介入，让语文课堂增色不少，过多不当的应用会弱化语文教育的特点，只有恰当地与文本巧妙整合才会使语文教学有效高效。本设计在情境导入、初步感知、问题导读、拓展延伸、结语部分几个环节中使用了多媒体，用得巧妙而不泛滥，多媒体有效促进了课堂教学的高效。

5. 整体感知与重点品读的联系

语文阅读教学的基本步骤就是先整体把握后重点品读，整体感知是重点品读的基础，重点品读是整体感知的提高与深入，二者在本设计中体现出环环相扣的紧密联系。感知内容、感知思路、感知主题，为后面品读重点段落、重点句子、重点问题铺路搭桥。

6. 感知与体验的联系

语文阅读教学重视阅读者的体验，课改之初曾经一度泛滥，从阅读教学的课堂到阅读教学的测查这种主观色彩浓厚的体验式阅读方式和试题测查让语文课改迷失了方向，这无形中强化了语文的人文性，语文教育的实践性，弱化了语文的工具性。感知是体验的基础，体验是感知的延伸，二者相依为命。本文对文本主题的把握，对情感态度价值观这一目标的达成必须要从感知文本开始，伴随着个性体验，这点在本设计中表现突出，设计较合理。

7. 浅层次问题与深层次问题的联系

我们现在的课堂阅读教学，常常采用的方式就是以问题作为引导，逐步引导学生读懂文本。而问题的设置科学合理有层次，才能有效促进阅读教学目标的实现，无效的混乱的问题只能让学生思维混沌，课堂学习低效。教学活动二的问题不多，但两个问题指向父爱的感知和父亲对女儿提出的爱情问题的诠释方式即文章写法的探究。活动三的问题从三个方面设计：一是针对故事的理解，爱情的初步理解。二是针对语言的品味，加深对爱情的解读。三是对上帝三次不同表现的品味，感受爱情的伟大。活动四的问题是体验性问题，对比强化学生对爱情的正确认识。活动五的问题则指向于对正确爱情观明确的总结。几个环节问题设计就各环节而言层层深入，就整体设计而言也是由浅入深的。

8. 听说读写训练与实践教学的联系

语文的阅读教学应该是听说读写各项能力的综合训练与实践教学，此课时设计虽然只用了一课时，但是并没有因此而弱化四项能力的训练与实践。听、说、探讨、交流、感悟比比皆是。

（三）设计能表现出和谐民主的教与学的氛围

师生在共同创造的和谐、民主的氛围中平等地探讨敏感话题。中学生正值青春期，异性之间会产生微妙的感觉。对于爱情这个既神秘又敏感，既好奇又困惑的情感，学生如处理不当，思想认识不足，就会产生一些不良现象。因此，教师要在教学中对学生进行正确的指引。"如何面对爱情？爱情的真谛是什么？"这是作者写这篇文章的用意所在。由于学生对爱情这个话题比较好奇、兴趣较大，在教学中让学生开展形式多样的讨论，但学生可能有羞于发言或不敢发言的现象，因此，要善于引导和鼓励，让学生放下包袱，轻松参与到讨论当中。教学设计中的问题由浅入深、环环相扣，过渡衔接自然，加上设计中几次让学生结合生活体验来谈，就让学生放下了羞涩，能够直面爱情，这样营造出平等的和谐的氛围也就促成了学生对爱情的认识，从而有效达成了三维目标。

二、本设计的不足之处

（一）课时设计过紧

相对而言教学目标的设计也受到了限制，仅仅限于文本自身，不能充分地以点带面，拓展得再宽一些、深一些、广一些。

（二）教师引领过多

教师引领过多，对学生而言，就是约束的太多，虽然采用启发式教学，对话式教学，但也是仅限于问题引领，师生、生生、师生与文本的对话明显不足。不利于培养学生的体验式阅读习惯和能力。

三、教学过程设计的评价与反思

本设计的整个教学过程井然有序，布局合理，能高效地完成知识传授与能力培养的任务，比较充分而有效地达成了设计的三维目标。具体反思如下：

（一）设计得当之处

1. 创设情境导入新课环节

本环节在于创设情境，激发学习动机。利用多媒体投影收集到的关于爱情的成语、俗语、诗词句对学生进行正面的引导，同时也是对爱情的初步感知和认识。也是语文积累的一个环节。诱导性的令人深思的问题把学生带入对现实问题的思索中，当然也把文本与现实结合在一起，搭建起文本与学生生活体验之桥。

2. 初步感知整体把握环节

此初步感知环节重点解决字词抓基础，感知作者的人格魅力。通过对结构的梳理来达到对课文内容的条理化掌握。初步感知作者对爱情的诠释以及诠释的方式方法，并能结合个人体验来感知作者的爱情观。设计中有这样一个问题："如果你拿同样的问题问自己的父母，可能得到的答案是什么？"即引领学生思索交流自己的体验，又巧妙地进入下一个问题。父母的回答与作者的回答形成对照，作者的睿智与理智潜移默化地影响了学生。总之这个环节抓住了教学重点，实施知识与技能的达成。抓双基，有效落实三维目标。落实情感体验，启发思维活动。

3. 品读交流解读探究环节

此环节采用择段赏析形式，通过对重点部分"神话故事"的品读，来达到对重难点的突破，利用启发式问题、对话式教学引导学生对作者所倡导的爱情观的理解感悟，引领学生树立正确的理智的爱情观。尤其在问题的设置上，由浅入深，没有多余的话，直接切入重难点，再结合重点句子的品味，有力地进一步突破重难点，达成了教学的三维目标。最后的读后感悟又巧妙地把话题引向下一个环节——拓展延伸。

4. 拓展延伸体验交流环节

此环节目的是在知识和能力的升华中拓展迁移，延伸到作者另一篇书信对爱情的更明确的解说，对本文爱情观进行了有力的补充，再次让学生更深入地感知爱情，感知了作者的人格魅力，打开了学生的心扉，让他们能畅所欲言。学生对照认识自我提升自我意识，强化学生对真正爱情的理解。培养表达能力，形成了科学的爱情观，从而达成本设计的三维目标。

5. 结语部分巧妙利用生活资源

总结部分则是结合上一环节学生的交流，教师进行小结，并利用多媒体和一句话总结，此环节再次强化学生对爱情的理解。结语部分巧妙利用生活资源——优美的歌曲来轻松结束课文学习再次强化重难点，强化三维目标，引导学生思索人生。尤其是歌曲《最浪漫的事》中的歌词："爱一个人就应该和他一起慢慢变老，直到老的哪里也去不了，依旧把他当作手心里的宝。"与本课作者所倡导的爱情观有异曲同工之效。结语和开篇呼应，可以说开篇奇崛，收尾余味无穷。

6. 板书的设计

利用数学公式的方式，采用三条既独立又相互关联，层层深入的语言形式来呈现，形象、醒目又含有启发意义，真正实现了板书功能的最有效化。

（二）设计不足之处和改进设想

最明显的不足就是对文本的朗读设计较少，只在初步感知环节中设计了一次整体朗读，后面的两个环节中只就重点品读段落——神话部分和重点句子进行了朗读，可能是考虑到课前预习提前安排和课时设计时间为一课时等因素吧。这种设计是出于一种对学生课前预习自主学习习惯的最乐观的最完美的假想状态考虑，忽略了学生学习品质的差异，不能够做到对学生学情的充分分析考虑，当然在教学中就不能充分照顾到全体学生，"为了一切学生的发展"这一理念有可能不能完全实现。

改进方法：

（1）在进行教学设计中，要充分考虑到学生的各种情况，做好学情分析，充分处理好预设与课堂实际的关系。

（2）阅读教学首要的前提是读懂文本，多样化的朗读，做到以文为本，教师的引导性问题设计才能顺理成章达成预设的方案（当然课堂的即时生成也必须在学生熟知文本的基础上才能有效进行）。

四、教学技能与策略设计的评价与反思

（一）设计得当之处

1. 文本与多媒体资源的整合比较成功

在导入、整体感知、重点品读、拓展延伸、结语部分都整合了多媒体资源，运用恰当，它们的使用可以更好地帮助学生理解文章，拓展文章内容，并给学生带来听觉上美的享受，从而达到熏陶感染学生的目的。

2. 教学方法设计选用较恰当合理

开篇之处的创设情境导入新课，采用情境教学法，有效引导学生走进文本，放弃难言之苦。后两个环节的朗读教学法、整体感知、重点品读法、探究交流法、体验式教学法，不论对文本的解读还是对学生习惯能力的培养，知识、情感等人文素养的提升都起到了较好的效果。

（二）设计不足之处和改进设想

合作性学习在本课设计中没能体现出来，学生学习的主动性有被忽视的嫌疑。本课时设计有几处比如说："让学生谈自己询问父母关于爱情的话题"时仅限于个别学生在全体学生面前的交流，这种交流范围狭窄，不利于学生不同思维的碰撞和语言表达能力的训练。如果能够以小组方式，让他们互谈看法，交流思想。那么，不论是课堂氛围、思维训练、口语交际各方面的情况都将大为改观。真正实现了"为了一切的学生发展"这一宗旨。当然，这样做必然要花费时间，一课时的设计就明显不够用了。

总体而言，教学设计作为一种教学的预案，只要能够尽最大的智慧，能够最大限度地挖掘教育教学因素，在时间允许的范围内，能够扎实有效地训练学生听说读写各项能力，能够最有效地培养学生良好的情感态度价值观、学习习惯方法，最大限度地优化最多学生的品质能力，最大限度地提升最多的学生的语文素养，那它就是一份合理的高效的教学方案。绝不能求全、求完美，这不是唯物主义的教学设计观点而是唯心主义的唯美教学设计观点。

案例十五　《土地的誓言》教学设计

一、教材特点分析

《土地的誓言》是七年级语文下册第二单元中的第四篇课文。它是现代作家端木蕻良在1941年9月18日为纪念"九一八"事变十周年而抒的。当时，"九一八"事变已过去了整整十年，抗日战争还处在十分艰苦的阶段，流亡在关内的东北人依然无家可归，而作者作为其中的一员，再也难以遏制心中强烈的思乡之情，不由地向着黑土地，发出了自己的誓言：我要回来！我愿付出一切！

我根据本单元要在反复朗读的基础上，整体感知课文的思想内容，体会作者崇高的爱国主义情操这个总的教学要求，以及这篇课文要求的有感情朗读，领会蕴含在字里行间的感情，品味精彩短语，学会使用呼告、对比、排比等修辞方法这个特殊要求，我定下了本文的教学目的和教学的重难点。

二、教学目标

1. 知识储备点

了解作者及文章的创作背景。

2. 能力培养点

（1）理解文中关键语句的含义。

（2）领悟作者强烈的爱国主义情怀。

（3）学习运用呼告、排比等修辞方法。

3. 情感体验点

感受游子浓郁而炽痛的思乡爱国之情。

三、教材的重点、难点、疑点

（1）教学的重点是领悟并学习作者强烈的爱国主义精神。

（2）教学的难点是理解文中关键语句的含义，感受作者炽痛的感情。

（3）教学的疑点是文章的标题有什么深刻的含义。

四、学情分析

学生的爱国主义教育薄弱，本单元的课文着重强调了"爱国"的主题，课文是极好的爱国教育体裁。所以，在课上渗透爱国思想，激发爱国热情是十分必要的。生在和平年代的学生对当时的历史还没有更多更清晰的认识，所以导入很重要。"九一八"事变背景的导入，为后续学习奠定基础，文本学习中一首《松花江上》，希望可以引起学生的兴趣，同时从歌词着手，自然而然让学生情感过渡文本的情感。另外，巧妙运用信息化技术和手段，播放一些图片视频，使学生更直观形象进入文本和历史背景。

五、教法设计

（一）根据课文的特点和学生实际情况进行教学

根据课文的特点和学生实际情况，以背景回顾法、问题引导法、情感共鸣法、指导归纳法进行教学。据新《大纲》在《教学中要重视的问题》里指出："教学过程应突出学生的实践活动，指导学生主动地获取知识，科学地训练，全面提高语文能力。"我根据本课目标和内容，从学生已掌握的知识基础、发展水平出发，应用各种教学手段调动学生的主动性，以回顾历史、感受文本、促发情感来进行教学，使他们在教师的主导下，充分发挥自己的主体地位，相互合作、相互探究、相互感染，激发他们主动去阅读文本的兴趣，培养他们的爱国情感。

由于这是一篇课内自读型课文，因此，我先引导学生在课前广泛收集有关"九一八"事变的相关资料，了解东北人民在"九一八"事变之后家破人亡，流离失所的惨状和悲痛，加深对课文内容的理解。同时，把文本与秦牧的散文《土地》做比较阅读，学习文章的表情达意的方法。

（二）采用多媒体信息技术和手段，扩大教学容量，提高课堂效率

在教学中，我采用了多媒体教学来丰富教学手段，扩大了教学容量，这样既吸引了学生注意，激发学习热情，又通过直接感知，促进知识的理解和巩固，符合教育学中的自觉性、直观性原则。

（三）本文需要通过读来体会情感，教学中要多注意听读、朗读

《教学中要重视的问题》指出："语文教学中……要重视积累，熏陶和培养语感。"本文是一篇感情对比度非常明显的文章，作者的思乡、爱国之情总是流露于字里行间，这需要我们去读，去品味，所以，这堂课需要发挥音乐的渲染力和朗读的感召力。

六、学法指导

教学是学生与教师的双边互动活动，我遵循"教师为主导，学生为主体，质疑为主线"的教学思路进行学法的指导，采用了多角度朗读的方式引领学生进入文本。

在指导过程中，先调动学生参与课堂学习的积极性，然后紧扣教学提出一系列相关问题，使学生自主地思考、分析、讨论，从而解决问题，并在课文体会后完成课后问题进行巩固，使学生从感知到理解，从感性到理性，从学会到会学，学生既学到了知识，又提高了能力。

七、教学设想

本文是一篇略读课文，主要是通过对背景的了解，以读来体会，以读来加强情感熏陶，因此我在教学上偏重于读，还有课前的准备工作上。课时安排一课时，但充分利用了早自习的时间。

八、教学程序

导入新课情境创设（背景介绍——字词巩固）——品读家乡印象（感悟土地的前世今生）——触摸情感脉搏（体悟情感——倾听誓言）——反馈归纳（测学反馈——总结归纳）。

九、教学过程

（一）创设情境导入新课

1. 图片导入

（1）请看，这里有……（白桦林、红高粱、人参、貂皮、鹿茸），更有广袤的黑色的土地。

（2）展示"九一八"事变的图片。

（3）对比：这是同一个地方的景象，你信吗？但是这就是事实。

2. 介绍背景

播放微课"九一八"。

3. 引入课题

1941年9月18日所作。"九一八"已经过去了整整十年，抗日战争正处于十分艰苦的阶段，流亡在关内的东北人民依然无家可归。作者怀着难以遏制的思乡之情写下了这篇文章。

4. 目标展示

（1）了解作者及当时的写作背景：流利、有感情地朗读课文，整体把握课文内容。（重点）

（2）学习文本比喻、排比等修辞手法的运用；增强对语言的感受力和理解力。（难点）

（3）体会作者蕴藏在字里行间的浓烈的思乡爱国之情，培养爱国并立志为家乡作贡献的精神。（重点）

5. 字词积累

炽痛（　　　）　　泛滥（　　　）

呻吟（　　　）　　嗥鸣（　　　）

谰语（　　　）　　怪诞（　　　）

亘古（　　　）　　蚱蜢（　　　）

镐头（　　　）　　碾（　　　）

辘辘（　　　）　　污秽（　　　）

（二）品读家乡印象

1. 整体感知这土地——家乡美

教师范读或播放朗读微课，学生听读品味家乡的美。感知写家乡景物和家乡生活的图景。刚才大家听得都很投入，相信你对这片土地已经形成了一定的印象，现在请你来说：这在记忆中是一片_____的土地；也是一片_____的土地；现实里却是_____的土地。学生各抒己见。以下具体分析。

2. 认识土地的美丽、丰饶

（1）文中哪些地方描绘了这块土地的美丽、丰饶呢？（板书）描绘到的语句是不是比较多？那你就告诉大家在第几段，从哪一句开始到哪一句结束吧？

（2）这么美丽、丰饶的土地，这么丰富的景色描写，我们以第一段中的文字为例（投影），读一读：应该怎样读才能读出美感呢？（自己朗读，体会一下）

请你选择自己读起来感觉最好的一两句，给大家读一读。

（3）加点的文字。老师领读，学生齐读。

质疑：问题一：去掉修饰语或是删掉一些景物描写可以吗？为什么？

3. 认识土地的欢乐、耻辱

（1）同学们，作者热爱、怀念着这片土地，难道仅仅因为她是个美丽、丰饶的地方吗？（提示：作者还描写到了这块土地上的什么情景？）（家乡生养了他，家乡的土地上印下了他无数的脚印。）

问题二：文中哪些语言再现了他在这片土地上的生活场景呢？

（2）作者是带着什么心情来回忆这些生活场景的呢？（学生思考时老师可范读）（快乐）

（3）问题三：这部分描写中好像有一个词与"快乐"的氛围格格不入，发现了吗？（"埋葬"）一般用于什么？用在这里恰当吗？为什么会用"埋葬"？体现了作者怎样的情感？（"九一八"）过渡。

（4）知道"九一八"是什么特殊的日子吗？（学生说，老师补充：1931年9月18日，每一个中国人都应该铭记。这一天，对我国早已虎视眈眈的日本侵略者悍然发动对东北的侵略，东北沦陷了，东北人民从此成了亡国奴）

（5）那么在回忆家乡的美好情景时，除了对家乡土地热爱和怀念之外，作者还会带着什么心情呢?

（小结：这么说来，作者在回忆家乡的土地时的心情，也许是完全沉浸在美好中的热爱、欢乐，也许还带着忧伤和沉重）

（6）下面请同学们带着自己的情感体会，分组朗读第二段中回忆的文字，一组读曾经的生活，一组读春天的生机，一组读秋天的收获。（投影文中语言）比一比，看哪一组读得最好。

齐读"多么美丽，多么丰饶"。

（7）大家读得都很好，注意到后面的省略号了吗?你还会发出怎样的赞叹呢?（手指屏幕：多么——）

续说"多么"句。

但是，"九一八"之后，现实里却是＿＿＿＿＿＿＿＿＿＿的土地!这块土地就被侵略者无情地打上了哪些印迹呢?（提示：文中有没有这样的语言?）指名答。（污秽、耻辱）（板书）

（三）触摸情感脉搏

1. 体悟情感

美丽丰饶的家乡在侵略者的铁蹄下呻吟，快乐富足的生活被污秽和耻辱取代，十年了，东北的父老乡亲依然流浪，东北人民不想念家乡，不想回到家乡么?请听：

（1）接下来让我们跟随一曲《松花江上》来感受那惨痛的历史吧!

（2）（语调低沉）作者不得不离开了家乡，在关内流浪，但他何曾忘记自己的家乡?请看他的笔名"端木蕻良"，"蕻良"，它能让我们想起东北黑土地上的——红高粱。红高粱，代表了他的家乡。家乡就嵌在他的名字中，家乡更深深地嵌在了他的心头上!

在文中，作者情难自抑，他纵情地倾诉着对家乡土地的一片深情。请再读课文，找出文中最能打动你的抒情的语句，一边画一边动情地朗读。

（3）请读出你画出的抒情句，说说：这是一片令"我"＿＿＿＿＿的土地!（可引导学生用文中的词句来填空，以便理解关键词句）学生读、说。

随机指导朗读：他读得怎么样?

随机引导学生理解关键词句：（教师要抓住时机来引导重点词句的理解）

①"炽痛"：热烈而深切。什么意思?为什么?（十年了，有家不能归，

有乡不能回）

②"泛滥"：一般用于何处？（洪水）这里是用来表现什么？

（4）看来同学们已经被作者对土地深厚的感情所感染了。老师也选择了其中一些，让我们一起再来用心地朗读吧。（投影，突出关键词）

出示多个抒情句，配乐齐读。（大家读得真投入！）反复跟读读出感情。

随机品味人称的变换。作者感情的变化，先是平稳亲切的回忆，把东北大地比作母亲，用第三人称，随着回忆的加深作者的情感逐步变得激动悲愤，直到想让这片土地重获自由的迫切心情，改用第二人称，这种情感抒发得就淋漓尽致了。

2. 倾听誓言

（1）是啊，作者内心郁积了十年、火一般炽热的情感更加无法遏制。现在我们应该知道，课文的题目"土地的誓言"，原来是"作者怀念家乡的土地而发出的誓言"呀。

（2）这些情感句中哪些是作者震撼人心的铮铮誓言呢？

指名读。应该怎么读？（读出坚定语气）

哪些词语能体现出坚定？还有哪些誓言呢？

（3）这坚定的誓言仅仅应该由端木蕻良一人发出吗？（不！包括全体东北同胞，包括每一个炎黄子孙）

说得对！起来，不愿做奴隶的人们，为土地去战斗，甚至牺牲，去洗刷她的污秽与耻辱。

接下来让我们想象自己穿越了历史的时空，来到那血雨腥风的年代，一起宣读这掷地有声的铿锵誓言吧！请同学们全体起立，将右手放在胸膛上，庄严宣誓，齐唱国歌！"起来，不愿做奴隶的人们……"

（结束语）诗人艾青有一首诗，叫"我爱这土地"，老师就用这首诗中的最后两句，来结束本节课的学习，一起读："为什么我的眼里常含泪水？因为我对这土地爱得深沉……"

3. 板书设计

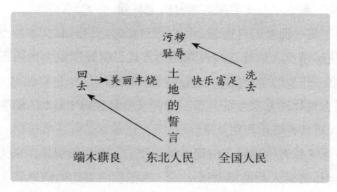

图44

十、教学反思

（一）注重文本意识和生本意识

教学中，教师充分利用文本，从整体感知到细读品味都紧扣文本。如整体感知环节：通过文本感知"家乡美"，设计成"这在记忆中是一片_____的土地；也是一片_____的土地；现实里却是_____的土地！"这样的格式，学生在听读课文基础上，很容易抓住文本关键词，来完成这一任务，实现文本信息的高度整合处理。然后并没有停留在文字表面，而是依托具体的家乡的语言描写，引导学生揣摩作者情感再回到文字中去朗读，通过把握朗读的技巧，感悟作者寄予文字的情感。如细读品味环节：设计这样的引导问题："这是一片令'我'_____的土地！"，来引导学生从文本语句中寻找作者对东北大地的那种热爱之情和急切盼望回到家乡的心情。尤其抓住修饰语、表达情感的词语，人称代词的变化，标点符号的运用等通过反复朗读揣摩，感悟作者的情感。

（二）注重语文教学的"六度"

注重文本与信息化技术资源的融合度，注重语文教学的深度、高度、宽度、语文味、温度，实践"零距离语文"的倡导。

（1）教学中导入环节把契合文本描绘的景物图片采用分类呈现的方式，过去和日本侵略者占领后的形成鲜明对比，从视觉和心理上造成反差，巧妙引入课题。

（2）在介绍"九一八"事变这个背景时，教师自主录制了小微课，精要的介绍"九一八"事变。为文本深入学习奠定基础。

（3）由于是一课时的自读课，所以设计是考虑到教材文本特点比较长和学生预习不到位等情况，教师选用视频朗读方式，引导学生再次熟悉文本，并实现整体感知第一环节的文本信息处理，"感知家乡美"。

（4）当在整体感知家乡的环节，教师充分利用PPT文本的鲜明对比标注关键词汇，醒目而具有暗示作用。

（5）在体味作者情感时，引用《松花江上》歌曲做引导，来为学生进一步从文本中体会作者融入的情感做铺垫，学生把歌曲表达的情感和文本表达的情感进行对接，同题材同背景的两种艺术实现交融，更好地实现跨学科的融合。

（6）在感悟作者题目中的"誓言"时，又依托当时中国大地抗日救国的大背景，进行了深度延伸，由东北人民的"誓言"延伸到中华民族抗日救国的"誓言"——即义勇军进行曲的创作，并起立播放和跟唱义勇军进行曲，达成语文教学拓展延伸的目标。

（7）紧扣文本"抒情性"特点，把教学的重点放在情感的把握上。占用课堂三分之二的时间，以语言文本为基点，以"时代背景"为风向标，把音乐、图片等形式融合起来，把历史和文本结合起来，把"小文本"中东北人民的情感和当时"抗日救国的大背景"下的中华民族的命运结合起来，充分体现语文教学"六度"的思想。

案例十六 《钱塘湖春行》教学设计

一、教材分析

纵观新教材诗歌,诗歌内容、习题的安排都遵循了循序渐进的规律,由浅入深提出了要求。我认为大致可归纳为以下几点:

(1)强调诵读,读出节奏,读出轻重,读出韵味。

(2)体会诗歌感情。

(3)品味字句,体会诗歌语言精妙。

(4)体会诗的意境、情趣,训练学生掌握一定自读和初步赏析诗歌的能力。

二、学生分析

初二学生仍以形象思维为主,基础较差、文学底子薄,各方面能力相对低下。没有学习诗歌的意识和方法,教学目标制定应综合考虑这些因素。

三、教学目标

根据上述情况,我定出了以下教学目标:

(1)体会诗歌情感性。

(2)学习阅读诗歌的方法并初步赏析诗歌。(重点)

(3)培养学生想象能力,朗读能力及初步赏析能力。(难点)

(4)了解我国古代诗歌重要性,培养阅读诗词兴趣。

四、教法学法

新的语文教材更为注重学生想象能力培养，注重学生创造性思维培养。美国心理学家布鲁纳曾在发现理论中认为："应可能的让学生参与到探索知识过程中去。"叶圣陶也有理论："教材无非是一个例子。"

初二学生以形象思维为主，活跃好动，再加上诗歌教学有一定的难度性，必然采用灵活多样、形象直观的方法突破难点。方法定为：

（1）情境法（直观画面，音乐）。

（2）诵读法（反复诵读，多种形式的诵读）。

（3）讨论法（交流体验，师生交流互动）。

五、教学过程（穿插媒体分析）

（一）课前预习自学

预习要求：①熟读诗歌，扫清字词障碍。

②了解诗人及创作背景。

（设计理念：通过课前预习对新课有一个感性认识，为课堂教学顺利进行做准备，并且可以培养学生读书习惯。提高释词识字能力）

（二）课堂互动学习诗歌

第一步：导入新课。

师：同学们，有句俗语"上有天堂下有苏杭"，说了什么意思？

生：我们虽没到过苏杭，但是我们从大量的诗词文章中早已领略了苏杭的美景，投影：写西湖的诗词句，诵读感知。

师：今天我们跟随唐代诗人白居易再次领略西湖的美景。

（设计理念：由学生熟悉的诗句引入新课。利用多媒体，播放流动的春景为课堂创设情境。随着柳枝摇曳，伴着春花竞放，他们会很快走进万物复苏、争奇斗艳的春天里。把学生思维引入了正轨，激发了兴趣）

第二步：诵读诗歌。（介绍诗歌方法，授以新知）

投影诗歌，学生试读，谈谈初步的感受。（可从内容、情感、音韵等角度谈）

介绍作者和写作背景。（知人论世）利用希沃白板功能"诗词"来展示作者作品。

指导朗读。①读准字音、节奏。（学生划分停顿节奏和标注韵脚）②读出诗意。（师生互动说说句子意思，感知内容，利用希沃功能对照诗歌大意）

（设计理念："授之以鱼，不如授之以渔"。这一方法符合初中学生心理、生理特点，并且遵循了循序渐进的规律。"读诗"——利用多媒体声、像具备的特点，展开诗句所对应的图景。学生跟着读可读出节奏、读出轻重音。在琅琅书声里，在生动的画面中学生快乐的学习着）

第三步：解读诗歌。

①解题。从题目《钱塘湖春行》你发现哪些信息？

②找出行踪路线。（孤山寺—贾亭—白沙堤）

③找出诗中所绘景物并且寻求游踪。

（设计理念：这一步由学生讨论完成，充分调动学生的主体地位。解诗是解作者、解诗意，对初中学生而言通过这一步骤可以拓展知识面，同时为后几步的学习储备力量。它是必不可少的一步）

第四步：悟读诗歌

①诗中写了哪些景物？什么时候的景物？有什么特征？

②你能感受作者的心情吗？从哪发现的？

③自由诵读，融入诗情（配乐）。

（王国维曾在《人间词话》中指出"一切景语皆情语"，可见景产生于情，情是作品的灵魂。悟也就是悟诗情。以情为桥梁与诗人交流容易产生共鸣，体会到了情才会看到诗词的精妙。这一步我仍然让学生各抒己见，同时将诵读作为手段来让学生悟情。这样学生口、脑并用，在热热闹闹的课堂里大胆的发挥）

第五步：赏读诗歌

①点击赏诗办法

A.抓字眼（抓关键字，美词美句）。

B.品诗情（如游子思乡情、忧国忧民情、热爱自然之情等）。

C.抓意象，现画面，品意境。

D.品诗韵（如平仄和谐、末字押韵，对仗、对偶等）。

②赏析诗歌（实践活动）

A.请说说"几处早莺争暖树，谁家新燕啄春泥。"诗句中"几处"和"谁家"能改成"处处"和"家家"吗？"早莺"和"新燕"能改成"黄莺"和"燕子"吗？为什么？

B.品析："乱花渐欲迷人眼，浅草才能没马蹄。"

C.哪句直接表达作者游西湖的情感？

（设计理念：教师点击赏诗方法目的在于发挥其主导作用。初中生三年下来不会阅读、赏析诗歌是屡见不鲜的事情。在这里提供方法在于为他们终身阅读和赏析诗歌奠定基础。叶圣陶曾说："文学鉴赏犹如采矿，你不动手，自然一无所获，只要你动手，就会采到晶莹的矿石。"让学生将体会到的用笔写下来，或者鼓励他们用画笔将脑海中已有的图画勾勒出来，这样，他们是会有所收获的。在他们寻找美的过程中，表达与创造已经和谐统一）

第六步：想读诗歌（作业设计）

结合所给图片和诗歌内容，请以"小导游"身份将游者带到钱塘湖游览。或者写一篇游记散文。

（设计理念：诗词改写，读写结合，提升学习实效）

第七步：背诵诗歌。（当堂完成）

（设计理念："熟读唐诗三百首，不会作诗也会吟"。用竞赛形式让学生进行诵读。这一读不仅把前几个环节有机衔接了起来，在书声里，诗情、诗意、诗韵综合感受。同时，达到熟读成诵的目的）

第八步：总结诗歌

这首诗的题意主要在"春行"上。写诗人初春骑马游西湖的乐趣，截取从孤山寺北写起至白沙堤止。开头写"水面初平"是孤山寺所见之景，中间写游程中所见，展现一派生机盎然的西湖早春景象，寓惊喜愉悦之情于明丽活泼之景，最后用"绿杨阴里"写白沙堤之景，明丽轻快，再次表露诗人无比喜悦的心情。

（三）延伸性阅读（课外进行）

天净沙·秋思

马致远

枯藤老树昏鸦，

小桥流水人家，

古道西风瘦马。

夕阳西下，

断肠人在天涯。

（设计理念：授人以鱼，不如授人以渔。这一阶段是知识的巩固运用性阶段，同时也是能力深化培养的阶段。用本课所授方法自学此词可以培养学生迁移知识的能力和自学能力）

板书设计：

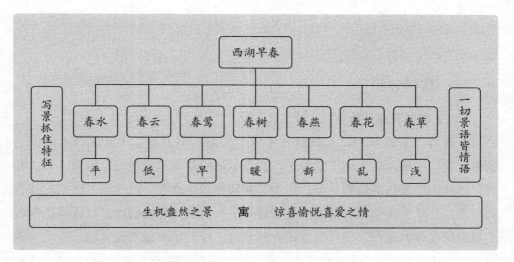

图45

六、教学反思

（1）这堂课体现以学生为主体，教师为主导，教材为例子的原则。

（2）具有理论与实践相结合的特点。课程设计以文本为依托，延伸课外。课堂有深度有广度。

（3）古典诗词结合现代信息技术媒体，提高课堂教学效率，增加诗词魅力，课堂魅力。

（4）课堂具有文化传承的意识。对传统文化的传承体现在诗词的一些常识，鉴赏诗词的一些方法。如诗词的押韵节奏，诗歌的意象意境，诗歌的鉴赏方法等。为学生开启诗词文化的学习方法之门。

案例十七 《破阵子·为陈同甫赋壮词以寄之》教学设计

一、教材分析

（一）教材特点分析

《破阵子》这首词是人教版九年级上册第六单元第二十五课词五首当中的第五首。本单元以宋词文学为主，涵盖了词的豪放派和婉约派风格。通过鉴赏，体味词中表达的情感，分析作者是如何传情达意的。进一步了解词的特点和写法，让学生在学习后对词的鉴赏建立一个初步的感性的理念。该词是作者失意闲居信州时所作，通过创造雄奇的意境，抒发了渴望杀敌复国、建功立业的壮志情怀但是却壮志不酬的悲愤心情。这首词基调豪迈高昂、大气磅礴，艺术成就极高。构思层层递进。整首词按照"醉态—梦境—现实"谋篇布局、有条不紊。结构奇特巧妙。这首词打破了上阕写景，下阕抒情格式，梦境追忆，豪迈激昂，现实无奈，沉痛悲愤，中间八句一气呵成，二者对比鲜明，深化主题。这种奇特巧妙的结构与内容配合得天衣无缝，显示了辛弃疾在艺术上的独特风格。

（二）教学目标设计

（1）通过诵读，体味课文的意境。

（2）掌握一定的诗词鉴赏技巧。

（3）理解作者思想感情。

（三）教学重难点设计

（1）领会诗歌的韵律美和意境美。

（2）背诵积累诗词名句，体会诗词的精妙之处。

二、学情分析

九年级的学生随着年龄的增长，课堂上不再如以前积极踊跃，因此在设计课堂教学时我采用了多种朗读方式来调动学生的学习积极性。中学生正处于情感迅速发展的阶段，他们开始关注自我、反思生活、感悟人生，这是学习词的良好条件，但由于社会历史背景的遥远，使得词中所描述的景与情与学生之间产生了一定的距离，因此课前了解与掌握词人的生平与写作背景就显得十分重要。

三、媒体设计

（1）课前利用网络了解背景作者及其相关情况。

（2）课堂上利用手机、电子白板、微课、课件等资源丰富课堂内容，激发学生兴趣，辅助课堂教学，尤其在朗读激趣方面利用音频配乐来达到教学目的，激发学习兴趣，提高课堂效率。

四、教法设计

（1）资料助读法：《破阵子·为陈同甫赋壮词以寄之》是辛弃疾晚年的作品，是赠给志同道合的好友陈亮的，全词描写了激昂的斗志和满怀的豪情，给好友以慰藉，也抒发了自己渴望杀敌报国的豪情和壮志未酬的愤懑。由于词人的心境毕竟离我们的同学们过于遥远，因此我在教学设计中的品读环节穿插出示当时的宋金对峙局面材料，让学生在看到写作背景时更好地体会作者的雄心壮志以及壮志难酬、报国无门的悲愤。

（2）朗读品味法：诗词教学离不开一个"读"字，而本首词的作者辛弃疾系豪放派词人，词的意境广阔、深远，因此本词不宜作太多字面上的解释，让学生在反复诵读中体会词意以及作者想要表达的思想感情。所以我在教学设计中以"读"来贯穿整个课堂，从"字正腔圆，读出停顿，初步理解词意"的"朗读"到"有情有境"的"品读"，再到"身临其境，体会感受"的"悟读"，希望通过多层次的诵读，去感受《破阵子》的雄壮与悲凉，体悟词人空有一腔热血却壮志难酬，报国无门的悲愤，使学生对辛弃疾为何发出"可怜白发生"这一无奈而又愤懑的情感有了更为深刻的认识。

（3）信息技术辅助法：由于九年级学生学习兴趣、状态的怠惰和缺乏积极性，所以课堂中利用多媒体视频音频课件、微课和手机白板互动功能来激发兴趣，丰富学习内容，提高课堂效率。

五、教学过程

（一）创设情境导入壮词（活动一：导入文本）

1. 导入新课（配图和文字投影）

师：俗话说"日有所思夜有所梦"有一个人他夜夜做梦，他是谁呢？

师：他，是个词人，更是位英雄。他曾组织2 000义军部队抗金，在得知义军首领被害的噩耗后怒不可遏，率五十骑兵连夜直闯五万金兵大营，活捉叛徒张安国，重新鼓舞了士气，就连当朝的皇帝也不禁"三声叹息"。这位青年将军便是当时年仅23岁的辛弃疾。他不仅是一位驰骋沙场的爱国战将，也是一位杰出的词人。俗话说"文如其人"，今天，就让我们一起走近词人辛弃疾，走进他的《破阵子》。（板书课题）

（设计意图：此环节主要抓住文本特点和作者经历遭遇来激发学生阅读学习兴趣，引入新课）

2. 目标展示（投影）

3. 题解（学生解读）

在题目中你获得了什么信息？（预设：词牌题目，赠诗和诗，豪放词，表达情感）那题目怎样读？（读出豪气）

（二）朗读壮词整体感知（活动二：走进文本）

1. 朗读壮词，读准音韵节奏（明确要求：字正腔圆，读准字音，读出停顿）

（1）学生自由朗读课文。（标示字音）

（2）初读课文，读准字音，读出节奏。（标示停顿）

（3）朗读示范，播放朗读微课。

（4）学生试读，初步感知作者情感。

（设计意图：此环节是为了扫清文字障碍，让学生在指导下初步有感情地朗读诗词，为后续学习，学生进入情境做铺垫）

2. 朗读壮词，读懂词意

（1）再读课文，初步感知词意。

（2）结合课下注释和教师补充注释说说每句意思，并能用完整的句子表述意思。

（3）交流评价。

（设计意图：此环节主要是在朗读状态下，学生能够感知文本意思，利用课下注释和工具书等对文本有个粗浅的认识，为深入学习和品析诗词做基础）

3. 品读壮词，表述情境

明确感情基调：整首词是围绕题目中哪个字来写的？体现在哪里？

活动一：词中选取了哪些意象？描绘了哪几幅场景？分别用精练的语言概括并用连贯的优美的语言描述画面。（描述诗境，从选材题材上体味壮词之"壮"）

（1）自主与小组合作完成。

（2）投影展示并评价。（意图：利用手机与白板互动功能，训练指导学生描述诗词情境）

活动二：你从词中的哪些词句里读出了雄壮？尝试读出来并谈谈你的理解。（品味词句及情感，从语言和情感上体味壮词之"壮"）

（1）自主与合作完成。

（2）投影展示并评价。（意图：利用白板手机交互功能，训练指导学生从感情角度和词句品析角度品味诗句）

小结：结合以上学习小结壮词之"壮"。教师归纳：（题材、语言、情感、风格——适度拓展比较《望江南》，区分两首词风格）

（设计意图：此环节主要利用主问题的导向作用，比较精准地对文本实施较深入的提炼归纳式信息处理，从文本中探寻作者的情怀情感，为下一步使学生能从文本走向作者心里，构建作者与读者交流的桥梁，同时也逐步渗透诗词品析的技巧）

（三）走近词人体悟其情（活动三：走进作者）

探究：理想中的作者是怎样的？现实中的作者是怎样的？（利用微课介绍辛弃疾生平）

预设分解问题1：全词哪些是现实？哪些是梦境？作者为什么会发出"可怜白发生"的慨叹？（主题思想的探究）

明确：作者一生抗金收复失地，连梦中也不忘抗金的战斗生活，但由于朝廷的无能与冷漠，自己的理想难以实现，当看到两鬓新生的白发，感到自己已入暮年，空有一腔凌云壮志，"报国欲死无战场"只能在沉醉后驰骋沙场，心中不由涌起壮志未酬的悲情。

（微课）补充写作背景：

这首词约作于1188年，材料：辛弃疾出生时，家乡已被金兵占领，北方人民的深重灾难在他童年生活中留下深深的印记。青年时代，词人就积极投身军事斗争，他集结两千余人起义，投奔抗金将领耿京部下，抗击敌人。在他率众投归南宋途中，辛弃疾亲自带领五十轻骑长驱直入金营，生擒叛徒张安国，立下卓著的功勋。回归南宋后，他历任湖北、江西、浙东等地安抚使，但朝廷没有再让他到抗金的前线。他一生反对和议、盼望早日恢复中原的主张，也未能为南宋小朝廷所采纳，而且两次被弹劾革职，从42岁至68岁的漫长岁月，词人主要在江西上饶一带的农村中度过，把满腔的忧国忧民的热情，都寄托在所写的词里。

预设分解问题2：为什么把这首词写给陈亮？（写作意图的探究）（插入微课辛弃疾和陈亮生平事迹简介）

明确：这首词托名为安慰朋友，实则是抒发词人自己对青年时代抗金的战斗生活的念念不忘之情，以及坚决恢复中原，建功立业的壮志，还有壮志难酬的悲愤。

投影：资料链接：

陈同甫——力主抗金。所作文章，笔力纵横驰骋，气势慷慨激昂。曾多次上书，痛斥秦桧奸邪，倡言完成祖国统一大业。曾两次被诬入狱。

辛弃疾——一生坚决主张抗金。词作热情洋溢，慷慨悲壮，笔力雄厚。所提出的抗金建议，均未被采纳，并遭到主和派的打击，曾长期落职闲居。

预设分解问题3：如何理解这首词？（写法技巧的探究）

明确：这首词是词人爱国词篇中的代表作之一，虽是为鼓舞爱国壮士、好友陈亮而作，但更是自己心志的流露。词人以早年战斗生活为基础，融梦境幻觉为一体，描绘了一幅爱国将士驰骋沙场，雄伟壮阔的场面，全词内涵丰富，造句豪壮，结构谨严，构想奇特，以梦境贯穿上下篇，情感雄奇高昂。末尾"可怜"一句将感情一落千丈：词人的功名只能是在醉里和梦中实现。理想和现实的对比形成极大的反差，有力地突出了词人的悲愤。

（设计意图：此环节设计贯穿作者情感的宣泄这一主旨，设计一个主问题串起三个分解问题,从文本内容主题到写作意图再到写作技巧的探究水到渠成。利用微课网络资源整合作者重点信息,结合以上环节的学习有力地推进学生由文本学习进入作者心里)

(四)强化体验练习背诵(活动四:走进读者)

1. 全词从想象着笔,描绘了理想中的抗金队伍和战斗场景

全词在感情基调上是雄壮高昂的,而结句又是悲凉低沉的。前后形成了一个鲜明的对比。这种抑扬法赋予了本词特有的艺术魅力,有力地表现了词人满怀壮志而志不得伸的苦痛。不仅仅可惜自己不能为国尽力;也可惜因为不能指挥战斗统一国家,从而不能名垂青史了。那么,再回到本词的文眼"壮",仅仅是雄壮吗?

不是,最后一句壮和悲,理想和现实,形成强烈的反差。而当翱翔天际之时,陡然下跌,这里的"壮"还有"悲壮"的含义。

作者化"雄壮"为"悲壮",由理想回到现实,形成了强烈的对比,作者有抗金收复失地的强烈愿望,却只能在沉醉后的梦里驰骋沙场,心中有壮志未酬的悲情。(意图:在上面学习基础上总结全文,为下一环节铺垫情感)

2. 诗意感悟写作训练

请以"辛弃疾我想对您说"为题,用上一些诗词句,表述自己的想法感受,100字左右。(意图:强化文本学习和学生体验,着力构建文本、学生、作者之间的共鸣)

3. 再读或有感情朗诵诗词,表达对英雄的敬仰

教师引导学生有感情朗读、诵读、配乐或击打节奏,读出雄壮和悲壮强烈的反差展现作者独特的情感。(意图:指导深情诵读、体验式诵读,在深入理解的基础上背诵文本)

有人说辛弃疾的词不是用墨来写的,而是蘸着血和泪涂抹而成的。1206年,宋金再度交战,辛弃疾却在大病中与世长辞,临终最后一句话还是"杀贼,杀贼"。三百年宋朝的动荡造就了辛弃疾,一腔爱国热血一身雄才大略成就了辛弃疾,一群乌合之众,一帮奸臣贼子却毁灭了辛弃疾……最后让我们全体起立,再次读起这首词,向我们的词人致敬!(击鼓朗诵)

(设计意图:本环节设计基于学生前面学习积淀的情感为基础,进一步激发引领学生走进作者情感世界,达到文本、读者、作者深入对话共鸣,升华读

者体验与情感，并在此基础上背诵诗词）

（五）测学反馈当堂达标

1. 给下列加点的字词释义

八百里分麾下炙（　　　　）（　　　　）五十弦翻塞外声（　　　　）

沙场秋点兵（　　　　）马作的卢飞快（　　　　）

可怜白发生（　　　　）了却君王天下事（　　　　）

2. 默写诗句

（1）表达了词人对战场的眷恋的句子是：＿＿＿＿＿＿，＿＿＿＿＿＿。

（2）＿＿＿＿＿＿，＿＿＿＿＿＿。写出了战斗场面的激烈。

（3）＿＿＿＿＿＿，＿＿＿＿＿＿。表达了词人渴望统一祖国，使自己名垂青史的心愿。

"了却君王天下事"中"了却"的具体内是什么事？

"可怜白发生"这句话表达了作者怎样的一种心情？反映了当时怎样的一种社会现状？

（六）作业设计能力迁移

结合诗境的描绘和你对诗词的理解，进行诗词的扩写改写，完成一篇散文。要求运用第一或第二人称叙写。

板书设计：

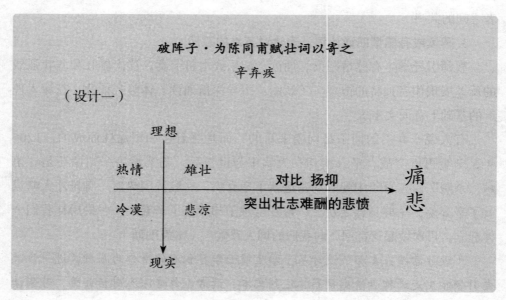

破阵子·为陈同甫赋壮词以寄之

辛弃疾

（设计一）

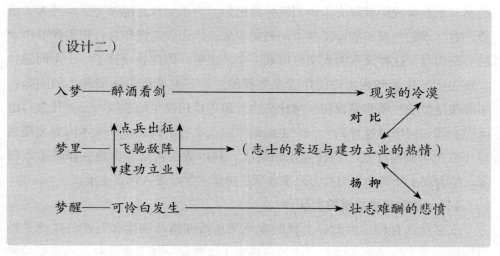

图46

六、教学反思

古诗词教学是大多数语文老师的教学难点，授课设计时要么容量小空洞无物，要么粘粘连连太多琐碎不堪，要么就被所谓的朗读占去很大部分时间，课停留在读的层面，不能因读而深入文本，深入作者，导致为了学这首诗词而学习，不能给予学生学习诗词方法的引导。现反思总结如下。

做得好的方面：

（一）重视朗读教学

语文课的本色应该是朗读为先，但是以往的教学中，过于重视教学设计时的问题，一堂课下来，看似课容量很大，但只是解决了一大堆罗列的问题，自己的课堂也在一堆问题中逐渐地失掉了语文味儿。因此我设计时首先就从朗读入手，从读准字音，到读出节奏；从情境朗读到读出意思；从读出诗词情感到读出作者意图，用读来推动诗词的学习，推动读者、作者、文本之间情感的交流，这才能发挥朗读的作用。

（二）注重主问题设计

问题是引导思维的关键，问题的泛滥又是语文课的大忌，因此我在设计时为了品味诗词的主题，主要抓住题目中的"壮"来设计了主问题："围绕哪个词？具体表现在哪里？"，然后分解成三个小活动：从抓意象到绘情境到悟情感，水到渠成地就解决了诗词情感的把握。为了更深入地探究文本的人文价值，对文本的把握不能停留在诗词的文本层面，而应走进作者心中去探寻作者的心路历程，这样文本的人文价值就不会被误解。因此我设计了一个主问题："理想中的作者和现实中的作者是怎样的？"在此基础上逐层深入的问题：①哪些是梦境？哪些是现实？为什么会发出可怜白发生的感叹？②为什么写给陈亮？③如何理解这首词？一个主问题串起三个分解问题，从文本内容主题到写作意图再到写作技巧的探究水到渠成。利用微课网络资源整合作者重点信息，结合以上环节的学习有力地推进学生由文本学习进入作者心里。

（三）注重师生情感的交融

我喜欢这首词，因此，上课时我便采用微课情境朗读和自己的跟读，极力地渲染学生的情感，加上三年的训练学生也跟我一样喜欢这种情感类型的文章，所以在朗读时很不费力的师生共同走进了朗读的氛围，文本、老师、学生之间很快形成了共鸣。因此学习起来显得轻松而投入，师生情感饱满。有力地达到了本课学习目标。

（四）尝试利用微课融入课堂

本次设计中两次运用微课来推进课堂教学内容的深入，对学生的学习的确起到了应有的作用，尤其情境朗读对学生朗读的指导引领效果明显。

不足之处：

（1）教师多年的积习口头禅时不时就显露出来，语言的精简性不够。

（2）学生的练习测试反馈没有进行到位。缺少课堂学习效果量的反馈。

案例十八 《桃花源记》说课

说课人：周永福

一、说教学内容

（一）课文在教材中所处的地位及作用

《桃花源记》是八年级语文上册第三单元的一篇文言文。这是一篇美文，居单元之首，又是我们语文中考篇目，学好它是极其重要的。

（二）教学内容

《桃花源记》借助虚构的故事来表现作者的社会理想，表达了陶渊明对理想社会的追求，反映了古代劳动人民对美好生活的向往。

这是篇文言文，在教学上，首先还是要帮学生解决文字障碍，然后引导他们把握文章的大意，了解文章的主旨。于是，我把本课共分两课时完成，第一课时了解作者，解决文言字词，疏通文义并熟读；第二课时，在整体感知的基础上，分析理解文章的主旨，这里我要讲的是第二课时。

二、说思想融合

由世外桃源延伸到伟大中国梦。启迪学生能够结合时代主旋律，将生活和社会与学习融合起来，从自己的角度感知中国梦的实实在在。通过引用相关内容，结合自己了解的社会生活知识储备来解读中国梦。感受中华民族的历史演进历程，感受中华民族的不屈不挠，感受我们党和人民的复兴大业。把课内学习与社会生活联系起来，增强学生的自豪感，增强学生的责任意识。

三、说教学目标

根据新课标的要求：培养学生"具有一定语言感受能力""初步具有欣赏文学作品的能力"，再加上八年级的学生已经具备了一定的文言文阅读能力，他们已经能够借助课文注释和工具书读懂课文的意思。所以我在处理教材时，将第二课时定为"品读美文"，把本课的目标定为以下的几点：

（1）厘清文章结构线索。

（2）品味文章的美点。

（3）评价作者笔下的理想社会。

（4）增强学生的民族自豪感和责任意识。

四、说教学重、难点

由于八年级学生的抽象思维能力还不是很强，学生正确评价作者的理想有一定的难度。因此依据教材内容的特点，结合学生的实际，本课的教学重点、教学难点这样设定：

教学重点：感受"桃花源"的美。

教学难点：理解、评价作者心中的理想社会，并由此延伸到对伟大中国梦的理解。

五、说教学方法

结合本篇课文的实际特点，确定本课时教法、学法如下：

（1）品读法、诵读法。

（2）信息技术手段辅助法。

（3）点拨探究法。

（4）理论联系实际法。

（5）问题引导法。

教法的根本是学法，只有把"学法"教给学生，才能达到不教。这也是课堂能否高效的关键。本文是一个富有传奇色彩的故事，学生学习的兴趣很浓。但是，学生阅读面窄，写作水平低，他们对作者思想根源把握不了，造成了对课文的品读、理解比较肤浅，所以教师采用搭桥铺路的方式，利用主问题逐步将学习由易而难的推进。

六、说信息化融合

（1）采用在线课堂。与青铜峡市三中进行在线课堂的互动教学，实现教育教学资源的共享，实现"互联网+教育"的实践与运用。

（2）利用希沃一体机系统和互动课堂软件实现课堂教学的支撑融合。课件制作融入图片视频文字。课堂实现多方软件的综合调用和配合使用。

七、教学过程

教学基本流程如下：

【课前自学】

学生课前先进行自学，熟悉课文。

【课堂学习】

1. 导学

图片导入，引出世外桃源。创设情境，导入新课。（简洁明了引出学习重点：桃花源的美）

2. 自学

学生课前先进行自学，提出问题，带着问题上课。

3. 互学

【步骤一：整体感知】讲讲桃花源的故事

（1）本文按照什么顺序写的？线索是什么？

【明确】全文按照：发现—进入—离开—再寻的顺序。以武陵渔人进出桃花源的行踪为线索。

（2）按照行踪背诵课文。

（复习旧内容，引入新课内容。检查背诵情况，同时熟悉文本，为下面学习铺路）

【步骤二：研读赏析】说说桃花源的内涵特点

（1）请用一个字说出你对桃花源的印象。表现在哪里？

【明确】美。美在环境（桃花源里、外）；美在生活（和平安定、安居乐业）；美在精神状态（自得其乐）；美在民风（热情好客、民风淳朴、社会和谐）。

（2）桃花源外的人是怎样的？找出文中的"外人"结合写作背景，说说他们的生活。

创作背景：三国两晋南北朝时期历史特点：封建国家分裂，政权交替战争频繁。东晋王朝极端腐败，统治集团内部互相倾轧，连年混战，赋税徭役繁重，加深了对人民的剥削和压榨。

【明确】战乱频繁民不聊生。

作为一个追求大济苍生理想的陶渊明在这种社会状况下，他有何感想？

【明确】对战争和黑暗现实的不满，对没有剥削没有压迫，人人安居乐业和平安定幸福生活的向往。寄托作者美好的社会理想，也反映了广大劳动人民反对压迫，反对战争，追求和平安定生活的强烈愿望。

【小结】概括主旨：本文以渔人进出桃花源的行踪为线索，描绘了一幅没有剥削、没有压迫，人人安居乐业、和睦相处的生活图景，寄托了作者美好的社会理想，表达了对黑暗现实的不满和对和平生活的向往。也反映了广大劳动人民反对压迫，反对战争，追求和平安定生活的强烈愿望。

（这个环节主要是解决主旨的理解，这是教学的重点。由文本出发结合创作背景，理解作者写作意图和所要表达的中心）

【步骤三：写法探究】说说桃花源的写法特点

思考：作者创作的桃花源的故事具有奇幻神秘的浪漫色彩，可读起来却给人一种"逼真"的效果。作者怎样做到的？

【明确】神秘性：忽逢桃花林、洞口、开朗、志之、遂迷、病终、无问津。

逼真性：详细叙写了渔人进出的过程、经历的桃花源里的情况、首尾人物设计。

用这种充满奇幻神奇浪漫主义色彩的"虚构"和真实感人的"写实"相结合。详细叙写了渔人进出桃花源的路径。详细描写了桃花源的所见所闻的经历。略写了故事背景和离开、再寻的事，详略结合的写法，既通过渔人的角度描绘出自己的美好理想社会，又以渔人地再寻否定了世外桃源的存在，告诉我们在那样的社会状况下理想社会是无法实现的，只能是空想。

（这个环节主要针对教学难点而设计，通过从作者的写法中深度理解作者的社会理想，从而感悟到树立理想要结合社会现实）

【步骤四：拓展延伸】思学：说说桃花源的深远的意义

世外桃源是陶渊明的梦想，也是战乱中古代劳动人民的愿望：环境优美、生活富足、和平安宁、安居乐业、自得其乐、民风淳朴、社会和谐。但是那梦想代表的是农耕文明时代人民的梦想，在现代文明时代里我们的伟大中国梦是怎样的呢？

出示：伟大中国梦的内涵：中国梦是中国共产党第十八次全国代表大会召开以来，习近平总书记提出的重要指导思想和重要执政理念。习近平总书记对中国梦战略思想作出过系统阐释。他指出，实现全面建成小康社会、建成富强、民主、文明、和谐的社会主义现代化国家的奋斗目标，实现中华民族伟大复兴的中国梦，就是要实现国家富强、民族振兴、人民幸福。

【明确】交流中国梦的理解，对接生活和社会。增强时代感。

"绿水青山就是金山银山"："绿水青山"就是优质的生态环境，就是与优质生态环境关联的生态产品；"金山银山"就是经济增长或经济收入，就是与收入水平关联的民生福祉。因此，践行"绿水青山就是金山银山"，一方面要生态经济化；另一方面要经济生态化。"退耕还林还草"保护黄河长江生态等。

"脱贫攻坚"：2021年2月25日，全国脱贫攻坚表彰大会在北京人民大会堂举行，习近平总书记庄严宣告："经过全党全国各族人民共同努力，在迎来中国共产党成立一百周年的重要时刻，我国脱贫攻坚战取得了全面胜利，现行标准下9 899万农村贫困人口全部脱贫，832个贫困县全部摘帽，12.8万个贫困村全部出列，区域性整体贫困得到解决，完成了消除绝对贫困的艰巨任务，创造了又一个彪炳史册的人间奇迹！这是中国人民的伟大光荣，是中国共产党的伟大光荣，是中华民族的伟大光荣！"

"综合国力"：成为世界第二大经济体，综合国力大幅提升。

国泰民安、科技创新飞速发展。探月工程、蛟龙入海、航母巡航、北斗组网等国防建设、经济发展、民生幸福、科技创新、生态环境的方方面面。

小结：在深深地叹惋中，陶渊明远去了，但是他追寻理想的身影，深深地印在我的心里。年轻时候，他做官，希望大济苍生，即使官场污浊，他也不为五斗米折腰；后来选择了归隐田园，求得精神的寄托；田园梦破，继续寄梦于桃源，给世人一方心灵的守望。一代代有识之士不断地在为这样的世外桃源的梦想前赴后继，不懈追求。现如今，我们的中国梦：国家富强、民族振兴、人民幸福、天蓝水净、社会和谐正一步步地实现，这是一个比桃花源更值得期待，也更切合实际的梦想，让我们共同努力去实现这个梦想吧！

创新读写结合。"及郡下，说如此。"请围绕"如此"，利用倒叙方式，第一人称改写桃花源记。

（这一环节主要是对接思政目标，实现语文教学立德树人的总目标，实现党史及四史教育融入课堂的目的。并没有简单地说教，而是采取从学生了解的当前我国的发展状况出发，谈自己的认识，引导学生不仅要用心只读圣贤书，还要两耳尽收天下事。增强学生的自豪感、责任感）

4. 测学

（1）古今异义词。

（2）补充省略内容。

（3）翻译句子。

（4）课文理解。

【课后思学】

作业布置：

（1）有人说陶渊明的《桃花源记》是积极追求美好生活，也有人说是消极避世，你怎样评价？

（2）找出出自本文的成语。

5. 教学板书

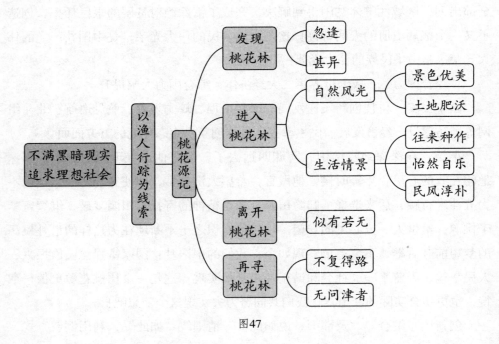

图47

八、教学反思

1. 课堂设计紧凑

紧扣教学目标，精心设计课堂环节和问题，利用三个主问题推进课堂教学。而且三个主问题呈梯度进行，由浅入深，由文本内容到作者意图再到生活、社会的对接。过渡自然，水到渠成地解决了重难点，达成了教学目标。

2. 信息化2.0的融合也是尽其所能

利用在线课堂和希沃一体机、互动课堂，实现课堂教学的辅助，没有因用信息技术而用信息技术，在互动技术的同时又充分实现了"互联网+教育"的初衷。

3. 思政融入课堂处理也比较可行

杜绝说教式硬性融入，而是把社会生活与学习文本结合起来，在对照中实现深度理解和融合。四史教育也是以当前学生可能掌握的一些内容为基点慢慢拓展开来。

4. 读写结合的创新练习能够实现学以致用的目的

把读和写完美统一起来。引导学生改写文本的方式，既要改内容，还要改写法，并非是纯粹地把文言文扩写一遍，具有创新性。

5. 不足

部分学生对文本中的一些琐碎的小知识点可能存在疑惑，尤其是面对考试来说，很大一部分学生的学习思维的依赖性弊端，需要老师把所有的知识点都要讲到位。所以在课件后面预设了一些琐碎的问题，以利于课后对这类型学生的辅导。